O PROCESSO ACUSATÓRIO
E A VEDAÇÃO PROBATÓRIA

1463

A494p   Ambos, Kai

O processo acusatório e a vedação probatória: perante as realidades alemã e brasileira: com a perspectiva brasileira já de acordo com a reforma processual de 2008 – Leis 11.689, 11.690 e 11.719 / Kai Ambos, Marcellus Polastri Lima. – Porto Alegre: Livraria do Advogado Editora, 2009.

192 p.; 23 cm.

ISBN 978-85-7348-588-2

1. Acusação. 2. Prova criminal. I. Lima, Marcellus Polastri. II. Título.

CDU – 343.123

Índices para catálogo sistemático:

Acusação   343.123
Prova criminal   343.14

(Bibliotecária responsável: Marta Roberto, CRB-10/652)

Kai Ambos
Marcellus Polastri Lima

O PROCESSO ACUSATÓRIO E A VEDAÇÃO PROBATÓRIA

Perante as realidades alemã e brasileira

COM A PERSPECTIVA BRASILEIRA JÁ DE ACORDO
COM A REFORMA PROCESSUAL DE 2008
— Leis 11.689, 11.690 e 11.719 —

Porto Alegre, 2009

©
Kai Ambos
Marcellus Polastri Lima
2009

Tradução da versão em espanhol dos estudos do Prof. Kai Ambos sobre
princípios e sistema acusatório e a prova vedada na Alemanha,
com notas explicativas e abordagem do tema perante o direito brasileiro,
além de enfrentamento do tema perante a nova reforma
pontual brasileira do processo penal

Capa, projeto gráfico e diagramação
Livraria do Advogado Editora

Revisão
Rosane Marques Borba

Direitos desta edição reservados por
Livraria do Advogado Editora Ltda.
Rua Riachuelo, 1338
90010-273 Porto Alegre RS
Fone/fax: 0800-51-7522
editora@livrariadoadvogado.com.br
www.doadvogado.com.br

Impresso no Brasil / Printed in Brazil

Sumário

Apresentação 7

**Capítulo I – O princípio acusatório e o processo acusatório:
uma tentativa de compreensão de seu significado atual,
a partir uma perspectiva histórica – *Kai Ambos*** 9

1. A antiguidade: processo penal na Grécia e em Roma 10
2. A Idade média: direito germânico e direito canônico 14
3. A Baixa Idade Média e o período inicial da idade moderna:
   estatização da justiça penal e a verdade material 19
4. O caminho percorrido até se chegar a um processo penal reformado 29
   4.1. Evolução histórica 29
   4.2. A distinção dogmática entre o princípio acusatório
   e o princípio da averiguação 34
5. Princípio acusatório e processo acusatório vistos sob uma
   perspectiva atual 38

**Capítulo II – O processo acusatório, a denominada verdade real e a busca
da prova no processo penal – *Marcellus Polastri Lima*** 43

1. Processo acusatório e prova 43
2. O mito da verdade real 56
3. O chamado processual acusatório brasileiro e como deve ser a busca da
   prova em um processo acusatório 63

**Capítulo III – As vedações de utilização das provas no
processo penal alemão – *Kai Ambos*** 81

1. Introdução: fundo teórico e histórico 81
2. Definição terminológica e sistemática 85
3. Proibições expressas (escritas) na lei sobre utilização de provas,
   com especial referência ao § 136, *a*, III 88
   3.1. O § 136, *a*, do Código de Processo Penal alemão 89

3.2. Monitoramento e vigilância das telecomunicações e gravações secretas 96

3.3. Outras proibições expressas de utilização de provas 99

4. Proibições não-escritas, ou não-expressas em lei, de utilização de provas 102

4.1. À guisa de introdução 102

4.2. Exemplos de proibições de utilização de provas dependentes ou derivadas 109

4.2.1. Falta de informação ou de instrução ao imputado 109

4.2.2. Instrução deficiente de testemunhas que tenham o direito de se negar a prestar declarações ou de dar certas informações (§§ 52-55) 112

4.2.3. Execução ilícita de medidas coercitivas 115

4.2.3.1. Infração contra a proibição de entrega de bens (§ 97, I) 115

4.2.3.2. Prática ilícita de exames corporais (§ 81, *a*) 115

4.2.3.3. Vigilância ilícita de telecomunicações (§ 100 *a, b, g, h*) 116

4.2.3.4. Registro ilícito de domicílio (§§ 102 e ss.) 117

4.2.3.5. Investigações secretas 118

4.3. Exemplos de proibições probatórias autônomas 120

5. Efeito reflexo ou extensivo? 123

Capítulo IV – As provas vedadas no processo penal brasileiro – vedação de produção e eventual possibilidade de sua utilização – *Marcellus Polastri Lima* 127

1. A prova vedada no Brasil 127

2. Proibição de produção de provas e de utilização de provas 133

3. Possibilidade de utilização da prova ilegítima.Algumas hipóteses específicas 148

4. Possibilidade de utilização da prova ilícita. Algumas hipóteses específicas .. 160

4.1. Tortura e direito ao silêncio 160

4.2. A questão da produção e utilização da prova obtida através de agente provocador 166

4.3. A captação de conversas e a interceptação telefônica 168

4.4. A não-auto-incriminação 178

5. Vedações não-escritas de utilização de provas. A proporcionalidade 185

6. O efeito extensivo 188

Apresentação

Já dizia Stephen Breyer, Juiz da Suprema Corte dos Estados Unidos da América, que "a necessidade de compreender o direito estrangeiro cresce, assim, na medida em que as viagens no exterior, as comunicações e o comércio internacional se intensificam e os negócios se globalizam (...) o desejo de compreender o direito estrangeiro ultrapassa, entretanto, o comércio. No decurso dos últimos cinqüenta anos, vem se desenvolvendo um consenso, agora quase mundial: o direito não pode se contentar em facilitar as trocas comerciais, ele precisa também proteger os direitos fundamentais da pessoa humana (...) e os juízes de diferentes países retomam formulações idênticas em circunstâncias análogas para julgar os mesmos problemas jurídicos (...) O estudo de outros sistemas jurídicos ajuda a compreender melhor o próprio sistema: como é ele, como deve ser e em que pode converter. A cada dia cresce a necessidade de um estudo minucioso e de uma comparação aprofundada entre os sistemas jurídicos".[1]

E o tema escolhido para a presente obra reflete bem esta visão, pois, é exatamente na correta identificação das diferenças entre os sistemas processuais, que vamos encontrar a resposta acerca da matéria que versa sobre a produção da prova no processo penal, bem como acerca de eventuais vedações de produção e utilização da prova vedada.

Aliás, em um estudo comparado sobre o tema, se nota identidades entre o sistema alemão e brasileiro, além de uma clara tendência de surgimento de um novo tipo de sistema processual penal que,

---

[1] Prefácio para a obra "Julgar nos Estados Unidos e na França", de Atoine Garapon e Ioannis Papapoulos, Rio de Janeiro: Lumen Juris, 2008.

sem se descurar da adoção do sistema "acusatório", não abandona vantagens que se pode extrair do sistema "inquisitivo".

Verifica-se, uma convergência entre os processos penais da Alemanha e Brasil, talvez até não intencional, sendo que processo penal brasileiro, de fortes raízes portuguesa e italiana, vem tomando feições que já existem no processo penal alemão, o que vem se cristalizar na recente reforma processual penal pontual, que ora se realiza no Brasil.

Pode-se perguntar, porque o direito alemão? E a indagação e resposta já foi dada, anteriormente, por outro autor latino-americano: (...) "porque a doutrina penal alemã, por seu caráter científico, como se verifica, não está limitada a um *acordo das maiorias* que originou o seu direito positivo, mas é, sobretudo, de caráter e *alcance universal*, o que fez, há mais de um século, Von Liszt afirmar que esta pode ser adaptada a vários ordenamentos positivos diferentes (...)"[2] e, aduzimos, tal conclusão igualmente se aplica ao processo penal.

O presente livro segue trajetória de outro em que, também em uma perspectiva de direito comparado, se analisa o Processo Penal Europeu e a influência da Convenção Européia dos Direitos Humanos (*Processo Penal Europeu*, Rio de Janeiro: Lumen Juris, 2008, Kai Ambos, com tradução e perspectiva brasileira por Marcellus Polastri Lima), mas sendo abordados, agora, temas que atingem a própria alma do processo penal, que são justamente os relativos aos sistemas penais e a busca e validade probatória e, portanto, esperamos que a obra por nós idealizada seja de utilidade para a doutrina processual penal brasileira, mormente neste momento de transição e de reformas, a demandar novos posicionamentos sobre temas de há muito não revisitados.

Göttingen (Alemanha) e Rio de Janeiro (Brasil), setembro de 2008.

Kai Ambos e Marcellus Polastri Lima

---

[2] MATUS, Jean Pierre. Por qué citamos a los alemanes y otros apuntes metodológicos (Director del Centro de Estudios de Derecho Penal de la Universidad de Talca-Chile), p. 7, *in Revista de Política Criminal*, n° 5, Centro de Estúdios de Derecho Penal, UNiversidad de Talca, Santiago de Chile, julho de 2008, disponível na internet em http://www.politicacriminal.cl (tradução nossa).

Capítulo I

O Princípio acusatório e o processo acusatório: uma tentativa de compreensão de seu significado atual, a partir uma perspectiva histórica*

Internacionalmente, na busca de um processo penal ideal (ou melhor) há uma tendência em se identificar o princípio acusatório dando-lhe atributos superlativos de mais "progressista" e "democrático", enquanto, em relação ao principio inquisitivo, este é sempre visto pejorativamente como sendo "conservador" ou "autoritário". O processo acusatório (da raiz latina *accusare*) pode ser definido como um processo contraditório (ou *adversarial*), contando com um órgão que tem por missão levar a cabo a instrução criminal e a acusação (Ministério Público e/ou Juiz de Instrução, dependendo do sistema adotado no país respectivo) e no qual as partes se enfrentam perante um órgão que se incumbe de decidir (juiz ou tribunal). Ao contrário, o modelo inquisitivo (do latim *inquirire* = inquirir, indagar) se caracteriza, em primeiro lugar, pelo fato de que o mesmo órgão que instrui e acusa também decide a causa (o inquisidor) e, em segundo lugar, porque o fim do processo se traduz na busca da verdade material (*veritas delicti*) e, também, porque na investigação

---

* Agradeço ao Dr. Shahryar Ebrahim – Nesbat por seu apoio na busca de material e sugestões importantes e ao Prof. Dr. Wolfgang Sellert, de Göttingen, por suas observações valiosas. Tradução do alemão realizada pela Profa. Dra. Lorena Bachmaier Winter, da Universidade Complutense de Madrid; e, para o português, tendo por base o texto em espanhol, pelo Prof. Dr. Marcellus Polastri Lima, do Rio de Janeiro, Brasil, ambas as traduções com revisão pelo autor.

vigora o princípio da oficialidade (*indagatio*). Não obstante tal visão, a história nos demonstra que as coisas não são tão simples, pois se revestem de uma maior complexidade. Por um lado, o conceito de "princípio acusatório" foi e tem sido, por muito tempo, utilizado tão-somente para se referir ao modo de se iniciar o processo, em particular quando se trata de um processo iniciado por demanda de uma parte[1] e, por outro lado, a "estatização" do processo penal, que se realizou na Idade Média, e que teve por pressuposto a implantação do processo inquisitivo, na verdade, acabou por trazer avanços importantes no que diz respeito ao modelo acusatório privado que anteriormente existia.

1. A antiguidade: processo penal na Grécia e em Roma

O processo penal na Grécia (dos séculos VI ao IV a.C.) – mais exatamente, o processo na cidade de Atenas[2] – correspondia ao modelo acusatório puro, já que qualquer cidadão ateniense (isto em torno do século 399 a.C.) podia formular a acusação perante o oficial ou "autoridade" competente (*arconte*),[3] existindo, assim, uma verdadeira *acusação popular*.[4] Aristóteles destaca a existência da acusação popular como um dos elementos principais do sistema jurídico de Solon.[5] O arconte competente fazia o controle da presença dos pressupostos de admissibilidade da acusação – entre outros requisitos aferia se ocorria ou não algum impedimento de procedibilidade (em particular se havia anistia para a hipótese). Uma vez admitida a queixa, fixava uma data para a audiência e dava publicidade à

---

[1] Neste sentido, E. SCHMIDT. *Einführung in die Geschichte der deutschen Strafrechtspflege*, 3ª ed. 1965, p. 198: "hat seinen Namen von der Prozeßeinleitungsform".

[2] Na Grécia só existiam direitos particulares, e a situação de Atenas como fonte dos mesmos, é algo de especial interesse (U. WESEL, *Geschichte des Rechts*, 1997, p. 117 ey ss.)

[3] Neste sentido, U. WESEL, ob. cit. na nota n° 2, p. 123.

[4] M. BREITBACH, "Der Prozess des Sokrates – Verteidigung der oder Anschlag auf die athenische Demokratie", *Gymnasium* 112 (2005), p. 321; U. WESEL, ob. cit., p. 125.

[5] "Aristoteles, Staat der Athener", in Hellmut Flashar (ed.), *Aristoteles, Werke in Deutscher Übersetzung*, 1990, vol. 10, parte I, capítulo 9 (p. 18-19).

queixa.[6] Interpor uma queixa acarretava para o acusador privado assumir custos onerosos. Por um lado, devia prestar uma caução para assegurar uma eventual indenização ao acusado, para garantia, acaso, posteriormente, restasse demonstrado que a queixa retratava uma acusação falsa. Por outro lado, no caso de o acusador não conseguir obter pelo menos uma quinta parte dos votos do tribunal – o tribunal podia ser composto de muitos membros – a seu favor, tinha que pagar uma multa de 1000 dracmas.[7] Tratava-se, assim, efetivamente de um *processo acusatório privado*, pois além da iniciativa e do modo de se iniciar o processo, o acusador podia ver sustentada sua acusação inclusive por outros cidadãos, enquanto o acusado é que devia fazer sua defesa, podendo, ainda, sua defesa ser apoiada por outros cidadãos.[8] O processo era regido pelo *princípio dispositivo*, o que significava dizer, entre outras coisas, que os juízes estavam vinculados às petições formuladas pelas partes, através das peças escritas da acusação e defesa. A vinculação era de tal monta que nem mesmo tinham os juízes discricionariedade para determinar o alcance da punição ou mesmo fazer a fixação da pena.[9] Os membros do tribunal eram eleitos através de um complexo sistema de sorteio entre os cidadãos romanos. O número de juízes que compunham o tribunal dependia da gravidade do caso concreto, podendo ser composto por 501 juízes até o máximo de 6000 (!).[10] O processo penal se caracterizava por seu caráter plenamente privado – já que a iniciativa, a interposição e as partes do processo não eram submetidas a uma intervenção ou controle público –, o que explica a afirmação generalizada de que a sentença era considerada como verdadeira expressão direta da soberania popular e o fato de que a justiça ateniense foi considerada como um exemplo de absoluta democratização da justiça.[11]

No direito romano, temos que fazer uma distinção entre a fase da *República* (510 a 27 a.C.) e a fase do Império (que vai do ano 27 a.C. até o século XI d.C.). O antigo direito penal romano (que re-

---

[6] M. BREITBACH, ob. cit. na nota de rodapé n° 4, p. 330.

[7] U. WESEL, ob. cit. na nota de rodapé n° 2, p. 125.

[8] M. BREITBACH, ob. cit. na nota de rodapé n° 4, p. 330.

[9] Ibidem.

[10] Ibidem. segundo U. WESEL, ob. cit. em nota de rodapé n° 2, p. 125 no processo penal o tribunal era composto de modo ordinário por 500 juízes.

[11] Cf. M. BREITBACH, ob. cit. na nota de rodapé n° 4, p. 112, 330.

monta à fundação da República, no ano 510 a.C.) distinguia entre os delitos capitais, que se traduziam no *percidium* (böse Tötung) e no *perduellio* (alta traição), e os demais delitos. Formulada a acusação privada (*accusatio*), os delitos ordinários praticados por cidadãos romanos eram apreciados e julgados por uma assembléia popular através do *iudicium populum*. Com a apresentação da *accusatio*, o acusador assumia a obrigação ética de apresentar uma acusação justa contra o acusado, sendo que o processo podia se voltar contra o próprio acusador.[12] Já para os delitos de alta traição, havia um interesse público na persecução, existindo um processo de instrução oficial (a denominada *inquisitio*), que era levado a cabo por um funcionário nomeado pelo cônsul para o caso concreto, denominado de *questor*.[13] Em conseqüência, este processo era regido pelo princípio da oficialidade, pois seu objetivo não se centrava na averiguação da verdade material, mas unicamente em se determinar (ou não) a culpabilidade ou responsabilidade do imputado pela prática do fato delituoso, utilizando-se, para isso, de meios de prova de caráter irracional como o *"Reinigungseid"* (juramento purgatório ou purificador), os *"Eideshelfer"* (jurados auxiliares ou pessoas que juravam a favor do acusado) e as ordálias ou juízos de Deus.[14] Portanto, pode ser afirmado que no direito romano, por não haver propriamente uma instrução, não existia um processo inquisitivo naquele sentido inicialmente indicado.[15] Com a expansão de Roma, tornou-se necessário se institu-

---

[12] Cf. R.von HIPPEL, *Deutsches Strafrecht*, vol.I, 1925, p. 59; T. MOMMSEN, *Römisches Strafrecht*, 1961, p. 152, assim como os comentários sobre esta obra de H. F. HITZIG, *Schweizerische Zeitschrift für Strafrecht* 13, p. 182-229 (1900); H. ZILKENS, "Entwicklung und Verfahren der Inquisition", *Die neue Ordnung* número 6/1999, I (sem numeração de páginas).

[13] Cf. T. MOMMSEN, ob. cit. em nota de rodapé n° 12, p. 154; e também H. ZILKENS, ob. cit. na nota de rodapé n° 12 (sem numeração de página).

[14] No juramento purgador o acusado podia ficar livre das acusações formuladas mediante um juramento sobre sua própria integridade. Desta forma, portanto, por ele mesmo era afirmada (jurada) sua própria integridade, enquanto, no caso dos processos em que se recorria aos chamados jurados de auxílio, o acusado se servia da reconhecida integridade e credibilidade de outras pessoas que por ele "juravam". Eram enviados para os chamados juízos de Deus ou para as ordálias, aquele acusado cuja reputação e nome eram tão ruins, que somente Deus teria condições de ajudá-lo (cf. A. IGNOR, *Geschichte des Strafprozesses in Deutschland 1532-1846*, 2002, p. 48, 59, 99 e ss.; E. SCHMIDT, ob. cit., nota de rodapé n° 1, p. 39 y ss.)

[15] W. TRUSEN, "Strafprozeß und Rezeption" em sua obra *Gelehrtes Recht in Mittelalter und in der frühen Neuzeit*, 1997, p. 145 (230).

cionalizar a persecução penal. E isto fez com que, no século III a.C., fossem criados os *tresviri capitales*, uma espécie de órgão de persecução penal.[16] Aproximadamente um século depois, foram criados e mantidos tribunais de maior tamanho, integrados por jurados, da mesma forma que se dava em Atenas, e ao mesmo tempo, foi conferida a atribuição a um funcionário profissional (*questor*), para proceder a uma instrução, o que acabou por se tornar a regra geral. Não obstante, o início do processo continuava dependendo do exercício da ação por parte de algum cidadão e, desta forma, vigorava no processo um princípio processual acusatório, se isto for entendido na sua acepção estrita.[17] A decisão acerca da acusação privada era exarada por um tribunal de jurados, presidido por um pretor designado para o caso – sendo que o pretor, até o estabelecimento dos cônsules, era o funcionário mais graduado da República romana.[18]

A fase *imperial romana* que se estendeu até a Idade Média, se traduziu em uma dominação absoluta que se sedimentou também no direito penal. O princípio acusatório e o princípio da oficialidade começaram a coexistir de tal maneira que o processo podia ter início tanto por iniciativa de um particular (*accusatio*) como de ofício (*cognitio*). Assim, até que ponto se pode qualificar este processo de inquisitivo é uma questão muito debatida e requer, como premissa lógica, a definição prévia do conceito de "inquisitivo". Segundo Biener, o direito romano já conhecia o processo inquisitivo.[19] De acordo com Rofreddus, o direito de Justiniano (qualificado assim pelo Imperador Justiniano I, aproximadamente entre os séculos 482 a 565) já previa uma investigação e um ajuizamento de ofício para determinados delitos, sem necessidade de acusador particular.[20] Assim, no direito romano, existiam, também, processos iniciados de ofício, como era o caso do processo para julgar delitos graves de incêndios, roubos e crimes análogos. Nos delitos de incêndio, o *praefectus vigelum*, autoridade responsável por extinção e combate a incêndios, que tinha

---

[16] U. WESEL, ob. cit. na nota de rodapé n° 2, p. 167.

[17] U. WESEL, ob. cit. na nota de rodapé n° 2, p. 168 e ss.

[18] VON HIPPEL, ob. cit. na nota de rodapé n° 12, p. 63; H. F. HITZIG, ob. cit. em nota de rodapé n° 12, p. 197.

[19] F.A. BIENER, "Beitrag zur Theorie des neueren Kriminalprozesses", *Das Gerichtssaal* ("GS") 1855, p. 420; do mesmo autor, também, *Beiträge zu der Geschichte des Inquisitions – Processes und der Geschworenen – Gerichte*, 1827, p. 11-15.

[20] Citado por F. A. BIENER, *Beiträge...*, cit, nota de rodapé n° 19, p. 82 e ss.

7000 homens sob seu comando, iniciava de ofício o procedimento e apresentava o caso ao *praefectus urbi*, que era o equivalente ao hoje denominado chefe de polícia, para que este procedesse à apuração.[21] Também na área do direito civil se admitiu, se bem que em caráter excepcional, a inquisição, sistema de ajuizamento que foi instalado na prática dos tribunais civis das cidades italianas, sem diferenciação.[22] O que é certo é que, para os casos de delitos graves, existia um processo regido pelo princípio da oficialidade, mas que, de qualquer forma, não podemos qualificar como forma de processo inquisitivo *stricto sensu*, por não ser dirigido a uma busca da *veritas delicti*.

2. A idade média: direito germânico e direito canônico

O direito germânico (séculos V a IX)[23] era regido pelo princípio clássico do modelo acusatório *nemo iudex sine actore* (sem acusador não há jurisdição).[24] A persecução penal era condicionada a uma formulação de uma acusação particular ou popular. O particular lesado ou seus parentes buscavam a reparação do dano sofrido através de um contrato de reivindicação ou de reparação (*Sühnevertrag*) prévio ao próprio processo, ou através de uma demanda de reparação.[25] No ordenamento jurídico das estirpes[26] da *época dos francos* (aproxima-

---

[21] F. A. BIENER, *Beiträge...*, cit. nota de rodapé nº 19, p. 11 e ss. Sobre o *praefectus vigelum* e o *praefectus urbi*, cf. também U. WESEL, ob. cit., nota de rodapé nº 2, p. 169.

[22] F.A. BIENER, GS cit. nota de rodapé nº 19, p. 420; e do mesmo *Beiträge...*, cit. nota de rodapé nº 19, p. 103 e ss.

[23] Sobre a ordenação cronológica do direito germânico cf. U. WESEL, ob. cit., nota de rodapé nº 2, p. 262, sustentando que não há coincidência entre tal ordenação e a data de surgimento do povoamento dos germânicos (fase germânica que se deu até a a migração no século V) e a sucessiva época dos francos (vide *infra* nota de rodapé nº 27).

[24] W. SELLERT, (ed.), *Handwörterbuch zur deutschen Rechtsgeschichte*, vol. II, 1978, colunas 853 e ss.; do mesmo autor, *Studien und Quellenbuch*, vol.I, 1989, p. 51.

[25] E. SCHMIDT, ob. cit., nota de rodapé 1, p. 37 e ss.

[26] Agradecemos aqui a indicação de Wolfgang Sellert sobre a denominação dos direitos da estirpe (*Stamm*) ao invés da denominação " direitos do povo" (*Volk*), já que as *leges barbarorum* não eram direitos acordados pelo povo, mas sim atos legislativos do rei.

damente entre os séculos V ao IX),[27] e nas denominadas *leges barbarorum*,[28] se dá o desenvolvimento da "compositio"[29] – já mencionada por Tácito – que passa a se desenvolver de forma a se converter em um verdadeiro "sistema" de resolução de conflitos, que podia servir tanto para a compra do direito de vingança (*Wergeld*)[30] como para a reparação do próprio dano causado.[31] Mas, não se fazia distinção entre a reparação do dano e a pena, e tampouco se diferenciava a demanda civil da acusação penal; a reparação do dano se produzia dentro do processo penal – de maneira análoga à idéia que persisite no atual *Adhäsionsprozess** alemão (§§ 403 e ss. StPO**).[32] Porém, como acontecia também com o direito romano, no direito dos francos o processo penal não se centrava na busca da verdade material, mas na determinação da culpabilidade ou inocência do suspeito dentro de um processo estritamente formal:

> "O processo acusatório evoluiu a partir do processo germânico que vigorou durante toda a Idade Média para a resolução de acusações relativas a ilícitos. O acusatório é um processo que, como regra, se inicia por demanda do ofendido o de seus parentes mediante a formulação de uma acusação (*Klage*) e nele não

[27] Os francos como parte da família das línguas indogermânicas, se enquadran dentro dos germanos (*Rüping/Jerouschek, Grundriss der Strafrechtsgeschichte*, 4ª ed. 2002 § 1, nota marginal [nº] 4) e seu reino era constituído pelas dinastias dos merovíngios (iniciada com Clodoveo, nos anos 481-511, até o século VIII) e os carolíngios (séculos VIII a IX). Vide. U. WESEL, ob. cit. na nota de rodapé nº 2, p. 273 e ss.

[28] *Rüping/Jerouschek*, ob. cit., nota de rodapé 27, nº 8.

[29] No capítulo 21 da obra "Germânia" de Tácito se mostra como, mediante a "compositio", através de pagamento de um multa (que podia ter natureza de pena ou de indenização) se retribuía a ofensa (cf. K. O. SCHERNER, ed. vol. 2, colunas 995 e ss.; W. SELLERT, *Studien und Quellenbuch* nota de rodapé 1, p. 56 e ss.

[30] Wergeld, que derriva do latim "vir" ou no sentido do idioma alemão antigo "wer"= *Mann* (homem), portanto, *Manngeld* reflete o sentido de um "pagamento por retribuição" ou multa (*Sühnegeld*).

* NT – "Processo de Adesão", na tradução literal para o português, sendo que entre nós se reconhece o princípio da adesão, antes com o Código de Trânsito Brasileiro, na chamada multa reparatória e, agora, uma adesão mitigada que foi reconhecida na reforma do processo penal ocorrida em 2008, com a mudança do art. 63 do CP.

** NT – Ordenação Processsual·Penal Alemão ou CPP alemão.

[31] G. BUCHDA, *HRG* vol. I, 1971, coluna 172; *Rüping/Jerouschek*, ob. cit., nota de rodapé 27, nº 8 e ss.

[32] Neste sentido, sobre o direito penal privado veja também U. WESEL, ob. cit., nota de rodapé nº 2, p. 269, 287.

se busca a verdade material nem se investigam todos os fatos para se extrair dos mesmos um juízo de fatico definitivo. O objeto da prova neste processo centra-se, fundamentalmente, na questão jurídica relativa à culpabilidade ou inocência, e a prova é apresentada unilateralmente por uma das partes, aquela parte que se encontre mais próxima do elemento de prova".[33]

A característica deste processo (exceto quando o acusado tivesse sido preso *in flagranti*)[34] residia na realização de uma instrução através de um processo probatório formal – sem juramentos (com ou sem jurados de apoio*), juízes de Deus ou duelos – cujo resultado apontava de forma definitiva (sem necessidade de práticas ulteriores probatórias), a culpa ou a inocência do acusado.[35] Entretanto, da mesma forma que se sucedeu no processo penal romano, também no processo germânico, com o tempo a persecução de ofício foi adquirindo um maior significado, com uma crescente influência do poder do rei:

"O princípio inquisitivo só vamos encontrar mais tarde, por volta da época carolingia [751-911, K.A.] nas diversas fases dos processos medievais: no processo e na atuar repressivo (*Rügeverfahren*) com o fim de esclarecimento dos delitos capitais, segundo o direito dos *Kapitularien* [ordens reais, em particular,

---

* NT – Pessoas que prestam juramento a favor da parte.

[33] E. SCHMIDT, "Inquisitionsprozess und Rezeption" en *Festschrift der Leipziger Juristenfakultät*, 1941, p. 99 e ss. A citação original no idioma alemão se dá desta forma:
"Ein Anklageverfahren ist zunächst der aus dem germanischen Verfahren erwachsene Prozess, der für Klagen um Ungerichte sich während des ganzen Mittelalters erhalten hat. Es ist jenes Verfahren, das in der Regel vom Verletzten oder einem Sippegenossen durch Klage eingeleitet wird, in dem nicht nach der materiellen Wahrheit geforscht, nicht alle Einzelzüge eines Sachverhalts ermittelt werden, um daraus ein geschlossenes Tatbild zu gewinnen, in dem vielmehr die Rechtsfrage schuldig oder unschuldig den Gegenstand eines formalen Beweisverfahrens mit nur einseitiger Beweisführung desjenigen ausmacht, der zum Beweis näher ist".
Cf., também, W. SELLERT, "Die Bedeutung und Bewertung des Inquisitionsprinzips aus rechtshistorischer Sicht", en Norbert Achterberg et. al. (eds.), *Recht und Staat im sozialen Wandel. Festschrift für Ulrich Scupin*, 1983, p. 166.

[34] Sobre este "processo de detenção em flagrante" (*Handhaftverfahren*) sem maiores formalidades, cf. E. SCHMIDT, ob. cit., nota de rodapé 1, p. 40, 81 e ss.

[35] Ver o que foi dito na nota de rodapé 14, assim como se manifesta G. BUCHDA, citado na nota de rodapé 31, coluna 173; além de E. SCHMIDT, ob. cit., nota de rodapé 1, p. 39.

durante o reinado de Carlos o Grande, K.A.], nos Tribunais de Vehma (Send – und Femegerichte), que, mais tarde, foi reduzido à "repressão no campo no bosque" (*Feld – und Forstrüge*).[36] "Portanto, conclui-se que o processo germânico era um processo acusatório, na medida em que se iniciava mediante uma demanda (querela) particular e o conceito de 'acusação' era utilizado de modo a se referir únicamente à forma de se inciar o processo".[37]

Com o Papa Inocêncio III (1161-1216), implanta-se, no direito canônico do século XIII, o processo inquisitivo *stricto sensu*.[38] Este novo processo se diferenciava do processo canônico anterior, no qual não era necessária a queixa de um particular – queixa que, na prática, raramente chegava a ser formulada, isto devido aos riscos que tal ato implicava ao querelante –, assim, bastava a existência de uma delação (*denunciatio*) ou um rumor publicamente divulgado de má fama – aqui pode ser detectada uma analogia com o processo de difamação franco –, para que se produzisse uma atuação oficial

---

[36] H. SCHLOSSER, *HRG* vol. II, 1978, coluna 380 e ss. A citação original em alemaão é esta:
"Das inquisitorische Prinzip als Verfahrenscharakteristikum ist spätestens seit der Karolinger Zeit [751-911, K.A.] in verschiedenen Funktionen in den mittelalterlichen Prozesstypen anzutreffen: Im Rügeverfahren bei der Aufklärung von Kapitalverbrechen nach dem Recht der Kapitularien [königliche Anordnung insbes. unter Karl dem Großen, K.A.], in den Send – und Femegerichten, später verkümmert in der Feld – und Forstrüge".
Cf. também E. SCHMIDT, ob. cit., nota de rodapé 1, p. 41 e ss.; W. SELLERT em seu *Festschrift für Ulrich Scupin*, cit. na nota de rodapé 33, p. 165, segundo o qual é aqui que aparece pela primeira vez o verbo *inquirire* e se começa a se aplicar a tortura para a busca da verdade; *Rüping/Jerouschek*, ob. cit., nota de rodapé 27, n° 22, aponta a exigência de que "os jurados que apoivam a acusação" (NT – Pesssoas que juravam a favor da acusação) não fossem todos membros da família do acusador, "com se esta fosse a base para a penetração do princípio da verdade material" na persecução.

[37] Acerca do controvertido tema do surgimento e evolução do processo canônico inquisitivo cf. G. KLEINHEYER "Zur Rolle des Geständnisses im Strafverfahren des späten Mittelalters und der frühen Neuzeit" en Kleinhayer/Mikat (eds.), *Beiträge zur Rechtsgeschichte. Festschrift für Hermann Conrad*, 1979, p. 369; e também H. ZILKENS, ob. cit., nota de rodapé 12, vol. III (sem página).

[38] *Rüping/Jerouschek*, ob. cit., nota de rodapé 27, n° 33; D. OEHLER, "Zur Entstehung des strafrechtlichen Inquisitionsprozesses" em H.-J. Hirsch *et al.* (eds.) *Gedächtnisschrift für Hilde Kaufmann*, 1986, p. 847, 849 e ss. e 860; A. IGNOR, ob. cit., nota de rodapé 14, p. 48; R. VOGLER, *A world view of criminal justice*, 2005, p. 27.

persecutória: se abria, em conseqüência, a *inquisitio,* com o objetivo de averiguação da verdade material (*veritas delicti*).[39] O juramento purgador que era habitual no processo de difamação – que levaria à "limpeza" ou purificação da má fama do acusado, através do chamado *iuramentum* – passou a ter um papel secundário, já que somente se recorria ao mesmo quando a *inquisitio* não chegava a um resultado convincente.[40] Por outro lado, o processo inquisitivo passou a se iniciar da mesma forma que se dava com o processo de difamação (com base no rumor ou notícia de uma *má fama*), de tal maneira que não se constituía tal processo em uma completa inovação, mas sim em uma correção do processo anterior instaurado para a averiguação da verdade material através da *inquisitio.*[41] O *processo inquisitivo da Igreja Católica* serviria, assim, também para introduzir um maior controle disciplinar entre os clérigos infratores ou corruptos, isto em uma época em que a Igreja Católica tinha perdido muito prestígio, devido, em parte, à aquisição (venda pela igreja) pelos fiéis de ritos e objetos considerados sagrados pela igreja, além da compra e venda (um verdadeiro comércio) de cargos eclesiásticos (ou outros benefícios, sacramentos, relíquias* e privilégios diversos).[42] Somente posteriormente com a implantação dos processos da inquisição contra os hereges passou-se a aplicar a violência e a tortura com a finalidade de reconduzir aqueles hereges a uma – pretendida – verdadeira fé.[43] O

---

* NT – As relíquias eram partes de corpos de santos ou de vestimentas e objetos considerados sagrados.

[39] Cf. *supra* nota de rodapé 14.

[40] W. TRUSEN, "Der Inquisitionsprozeß", en sua obra citada na nota de rodapé nº 15, p. 81, 87 e ss. e 142; *Rüping/Jerouschek,* ob. cit., nota de rodapé nº 27, nº 35; A. IGNOR, ob. cit., nota de rodapé nº 14, p. 48; H. ZILKENS, ob. cit., nota de rodapé 12, vol. IV (sem página).

[41] Cf. principalmente W. TRUSEN, ob. cit., nota de rodapé nº 40, p. 123 e ss.; e, no mesmo sentido, D. OEHLER ob. cit., nota de rodapé nº 38, p. 853 (abaixo da referência a Tancredo); e H. ZILKENS, ob. cit., nota de rodapé nº 12, vol. IV (sem página).

[42] Cf. D. OEHLER ob. cit., nota de rodapé 38, p. 851 e ss. e 860 e ss.; W. TRUSEN, ob. cit., nota de rodapé nº 40, p. 142 e ss.; A. IGNOR, ob. cit., nota de rodapé nº 14, p. 47 e ss.; sobre o direito penal canônico cf. W. M. BLÖSCHEL, *Geschichte des Kirchenrechts,* 2º ed., 1962, p. 374.

[43] Para maiores detalhes cf. A. ERLER, *HRG* vol.II, 1978, coluna 371; A. IGNOR, ob. cit., nota de rodapé nº 14, p. 51 e ss.; e também *Rüping/Jerouschek,* ob. cit., nota de rodapé 27, nº 35. Sobre a controvertida relação entre a persecução de clérigos e a inquisição contra hereges, cf. A. IGNOR, ob. cit., nota de rodapé nº 14, p. 53 com ulteriores referências. Sobre a heresia como *crimen laesae majestatis* público cf. H. ZILKENS, ob. cit., nota de rodapé nº 12, vol II (sem página).

recurso a tais métodos, em particular à prática da tortura,[44] passou a se extender, também, de forma plena, ao processo penal.[45] É por isto que se considera que o processo inquisitivo secular tem suas raízes na inquisição do processo canônico.[46] O processo da inquisição e o recurso à tortura se tornaram indispensáveis nos procedimentos contra a prática de bruxaria que começaram a ser instalados a partir do século XV, pois sem a confissão (forçada pela tortura) não havia como se provar o fictício *corpus delicti* da pretendida prática da bruxaria.[47]

3. A Baixa Idade Média e a fase inicial da idade moderna: estatização da justiça penal e verdade material.

O desenvolvimento das cidades durante a Baixa Idade Média trouxe consigo novas formas de *modus vivendi* nas quais se fortaleceram a individualidade e um maior sentido de percepção da realida-

---

[44] O Papa Inocêncio IV, no ano de 1252, autorizou a tortura na bula "Ad extirpanda", cf. G. KLEINHEYER, ob. cit., nota de rodapé 37, p. 367-368; D. OEHLER, ob. cit., nota de rodapé 38, p. 861; A. IGNOR, ob. cit., nota de rodapé 14, p. 53; J. H. LANGBEIN, *Torture and the Law of Proof*, (2006), p. 3 e 7; R. VOGLER, ob. cit., nota de rodapé 38, p. 27.

[45] Admitem, sem qualquer controvérsia, esta relação, entre outros, *Rüping/Jerouschek*, ob. cit., nota de rodapé 27, nº 82 e 128; D. OEHLER, ob. cit., nota de rodapée 38, p. 861; U. WESEL, ob. cit., nota de rodapé 2, p. 336; R. VOGLER, ob. cit., nota de rodapé 38, p. 23 e 25. Por outro lado, outros autores atribuem isto à soma de diversos fatores, como é o caso de G. KLEINHEYER, ob. cit., nota de rodapé 37, p. 368; e outros autores ao desenvolvimento autônomo ocorrido no próprio direito alemão. E. SCHMIDT, ob. cit., nota de rodapé 1, p. 92 e ss.; e no mesmo sentido J. H. LANGBEIN, ob. cit., nota de rodapé 44, p. 8.

[46] W. TRUSEN, ob. cit.na nota de rodapé 40, p. 132 e ss.; no mesmo sentido W. SELLERT ob. cit., nota de rodapé 36, p. 847 e ss.; D. OEHLER, ob. cit., nota de rodapé 38, p. 861; F.A. BIENER, *Beiträge...*, cit. nota de rodapé 19; A. IGNOR, ob. cit., nota de rodapé 14, p. 47; defende uma evolução independente na Alemanha E. SCHMIDT, ob. cit., nota de rodapé 1, p. 93 e em *FS Leipzig* cit. nota de rodapé 33, p. 99 e ss.; no mesmo sentido J. H. LANGBEIN, *Prosecuting crime in the Renaissance. England, Germany, France*, 1974, p. 140 e ss.; R. VOGLER, ob. cit., nota de rodapé 38, p. 33.

[47] Cf. *Rüping/Jerouschek*, ob. cit., nota de rodapé 27, 139 e ss. e 172 e ss.; U. WESEL, ob. cit., nota de rodapé 2, p. 394 e ss. (na qual esta inclusa a impressionante carta do alcáide Johann Junius, que foi queimado vivo em uma fogueira por ter sido considerado praticante de bruxaria); cf. também A. IGNOR, ob. cit., nota de rodapé 14, p. 101.

de pelas pessoas habitantes destas cidades.[48] Com a transformação das realidades sociais, que acabou por produzir uma progressiva substituição das arcaicas formas sociais, que eram embasadas nos laços familiares, através de estruturas estatais e urbanas centralizadas, com núcleos de população maiores (territorialização), além do crescimento da criminalidade de massa, se provocou a transformação do processo penal de forma que acabou a se tornando um processo mais oficial e "estatal":[49]

"As antigas formas de persecução penal estavam concebidas para âmbitos reduzidos limitados e que podiam ser facilmente realizadas em face da pouca demanda de conflitos. O velho processo se tornou obsoleto e também ineficiente. A partir do século XIII e XIV, como consequência das lutas travadas por conquistas de terras e as guerras provocadas por razões religiosas, se fez premente a necessidade de se combater, de maneira contundente, os delitos violentos e habituais ('gente nociva do campo' – *novici terrae*) e isto de uma forma mais eficaz, convertendo-se a luta contra a delinquência em uma prioridade. A luta contra a criminalidade que crescia de maneira ameaçadora vinha ganhado força perante o sistema vigente até aquela época, baseado na iniciativa do particular de reivindicar seus direitos lesionados. Assim, graças à eficácia do novo processo implantado nas cidades, caracterizado por sua celeridade e medidas de urgência (tribunal *ad hoc*), começou a se modificar, também, o objetivo e a finalidade do processo penal".[50]

---

[48] W. SELLERT ob. cit., nota de rodapé n° 36, p. 166 e ss.

[49] W. SELLERT ob. cit., nota de rodapé n° 36, p. 166 e ss.; E. SCHMIDT, ob. cit., nota de rodapé 1, p. 84; *Rüping/Jerouschek*, ob. cit., nota de rodapé 27, n° 36, 43; A. IGNOR, ob. cit., nota de rodapé 14, p. 54 e 58. Sobre as bases estruturais da institucionalização da persecução penal, cf. também *Rüping/Jerouschek*, ob. cit., nota de rodapé 27, n° 25; U. WESEL, ob. cit., nota de rodapé 2, p. 333 e ss. Em relação à progressiva separação do direito civil e o direito penal, cf. U. WESEL, ob. cit., nota de rodapé 2, p. 318 y 329 e ss.

[50] H. SCHLOSSER, ob. cit., nota de rodapé 36, p. 379. A citação original, em alemão, é assim:

"Die antiquierten Formen der Strafverfolgung waren auf enge und überschaubare Lebensbereiche zugeschnitten. Das alte Verfahren musste sich alsbald als ineffizient und überholt erweisen. Ausgelöst durch Gottes – und Landfriedensbewegung trat seit dem 13. Jahrhundert und 14. Jahrhundert die Forderung nach schlagkräftiger Bekämpfung der Gewalt – und Gewohnheitsverbrechen (landschädliche Leute, novici terrae) immer stärker in den Vordergrund der Kriminalpolitik. Der Kampf

Em contraposição ao processo acusatório *privado* da Grécia e de Roma – que foi o processo predominante até que a codificação do *"Sachsenspiegel"* da Alta Idade Media[51] –, o novo processo se constituía em uma solução de conflito de caráter *público, e* como tal, era dirigido à averiguação da verdade material com apoio em meios de provas racionais.[52] É certo que, concomitantemente a este novo processo, continuava existindo o processo acusatório privado, que, entretanto, progressivamente, ia perdendo relevância e importância, devido principalmente a duas razões: a primeira consistente em que, neste tipo de processo, o acusador particular tinha que tomar as providências por si próprio para dar andamento a toda instrução prévia procedida em juízo, além de ter que arcar com uma caução preestabelecida;[53] e a segunda, pelo fato de que tal processo não impedia o direito de se proceder à inquisição – "remedium accusationis non faciat cessare remedium inquisitionis"[54] –, e, por estas razões, o processo acusatório privado foi ficando cada vez mais diminuído perante o processo inquisitivo,[55] sendo que este acabou por preponderar sobre aquele. A queixa, em numerosos delitos considerados "direitos particulares", era de responsabilidade de um oficial encarregado denominado *"Fiskalat"*, que nada mais era do que um funcionário especializado que, por sua vez, era diretamente submetido ao senhor feudal.[56] A competência do tribunal se limitava ao desenvolvimento e realização do interrogatório, no qual ainda se utilizava a tortura (que era chamada de *"peinliche Befragung"**).

---

gegen die bedrohlich wachsende Kriminalität schlechthin gewann gegenüber der bislang auf privater Rechtsschutzinitiative beruhenden Ahndung von Rechtsbrüchen unbedingt Vorrang. Begünstigt durch die Praktikabilität des neuen, relativ modernen stadtgerichtlichen Schnell – und Notverfahrens (Gastgericht) änderte sich nunmehr auch der Zweck des Strafverfahrens, des Prozessziels".

[51] Sobre o *Sachsenspiegel* (1220-1235), que se configurava a forma acusatória em um sentido tradicional e fazia a distinção entre acusador particular e juiz, cf. *Rüping/Jerouschek*, ob. cit., nota de rodapé 27, 58; A. IGNOR, ob. cit., nota de rodapé 14, p. 56.

[52] E. SCHMIDT, ob. cit., nota de rodapé 33, p. 100 e ss.; do mesmo autor, ob. cit., nota de rodapé 1, p. 76 e ss., 86 e 89 e ss.

[53] Cf. W. TRUSEN, ob. cit.na nota de rodapé 15, p. 229 e ss.; G. KLEINHEYER, *Zur rechtsgestalt von Akkusationsprozeß und peinlicher Frage in frühen 17. Jahrhundert: ein Regensburger Anklageprozeß vor dem Reichshofrat*, 1971, p. 16.

[54] G. KLEINHEYER, ob. cit., nota de rodapé 53, p. 18.

[55] E. SCHMIDT, ob. cit., nota de rodapé 1, p. 198 e ss.

[56] *Idem*, p. 180.

* NT – Em uma tradução literal para o português: "interrogatório penoso ou cruel".

Somente a pessoa que tivesse cometido um delito deveria ser julgada, sendo que todo aquele que cometesse o delito também teria que ser julgado e submetido à persecução criminal, independentemente de qual fosse a vontade ou mesmo a posição social da vítima.* Tal processo, assim, se constituía, sem dúvida em um importante avanço, pois já representava uma tentativa de diferenciar culpados e inocentes[57] para o objetivo uma final submissão à persecução penal e, assim, vir a sofrer uma pena, caso se desse o reconhecimento da responsabilidade penal; e, por outro lado, já se traduzia em uma manifestação da concepção da igualdade do direito.[58] Assume-se, assim, uma perspectiva de um processo em que a prova procura a *busca da verdade*[59] – o que era a princípio positivo –, e isto passa a ser a primeira motivação ou razão da persecução penal. Portanto, os chamados "jurados de apoio" e o testemunho de outros sobre a reputação ou fama do imputado, são agora substituídos por verdadeiros testemunhos de conhecimento dos fatos ocorridos. Neste novo processo, a prova não mais se centrava em apoiar ou demonstrar a credibilidade de uma declaração do acusador particular, mas em depoimentos de pelo menos duas testemunhas,** que teriam que depor sobre a percepção histórica dos fatos por elas presenciados.[60] Para que se desse a introdução da prova testemunhal no processo, fazia-se uma alta exigência, tudo com o fito de se atingir a convicção da verdade,[61] por isto, na prática, em regra, a prova ficava dependente de uma confissão do acusado e, assim, a confissão passou a

---

* NT – Notamos aqui claros traços da origem dos chamados princípios da obrigatoriedade, indisponibilidade, indivisibilidade e intrancedência, tão caros ao processo penal público brasileiro, como de outros países da América Latina e Europa Continental.

[57] Cf. A. IGNOR, ob. cit., nota de rodapé 14, p. 30, 32, 91 e ss., 154, 175 e 191 e ss., para quem tal esta diferenciação se estende a todo o período da revolução do processo penal como sendo um sinal sinal característico do mesmo.Cf. também *Jerouschek*, "Die Carolina – Antwort auf ein "Feindstrafrecht"?", en Hilgendorf/Weitzel (eds.), *Der Strafgedanke in seiner historischen Entwicklung*, 2007, p. 79 (96).

[58] *Rüping/Jerouschek*, ob. cit., nota de rodapée 27, n° 76.

[59] Cf. também W. SELLERT, ob. cit., nota de rodapé 36, p. 167: "edles Motiv"; A. IGNOR, ob. cit., nota de rodapé 14, p. 79.

** NT – Daí a origem do velho adágio: "*testis unus testis nullus*", na época da chamada prova tarifada.

[60] *Rüping/Jerouschek*, ob. cit., nota de rodapé 27, n° 69 e ss.

[61] *Rüping/Jerouschek*, ob. cit., nota de rodapé 27, n° 69.

ser o principal meio de prova:* *"Confessio est regina probationum!"*.[62] Para poder emitir o juízo final, a regra era se recorrer à tortura, já que, através desta, fatalmente, se obtia a confissão. Este era o fim da tortura: obter a confissão.[63] O recurso à tortura era conseqüência da formalização ou tarifação (taxação) das regras relativas à avaliação da prova, e nada tinha a ver com o modo de início ou forma de desenvolvimento do processo, ou seja, se foi de forma inquisitiva ou acusatória.[64] Assim, foi se alcançando, gradadativamente, a abolição da tortura durante o século XVIII até princípios do século XIX, além de se eliminar também o formalismo nas regras probatórias, passando-se a admitir a possibilidade de se fundamentar a condenação não só em indícios, mas, sobretudo e principalmente, na livre valoração da prova (livre convencimento judicial).[65] Não resta claro, não obstante, se foi o último princípio (livre convencimento) que acarretou a possibilidade do uso dos indícios na instrução probatória, ou se foi o contrário.[66] Este processo inquisitivo baseado no princípio da oficialidade – à semelhança do que que ocorria no processo canônico que o precedeu (*supra* II) – foi implantado em nível geral, primeiramente nas constituições de Melfi, um ambicioso projeto de codificação do direito público e do direito penal da Sicília, por obra do Imperador Frederico II (1194-1250). Ocorreu, entretanto, uma freqüente utilização abusiva de tal procedimento – precisamente no

---

* Daí o velho adágio "a confissão é a rainha das provas", que vigorava no procedimento inquisitivo e no regime da prova tarifada.

[62] E. SCHMIDT, ob. cit., nota de rodapé 1, p. 90; *Rüping/Jerouschek,* ob. cit., nota de rodapé 27, n° 78; U. WESEL, ob. cit., nota de rodapé 2, p. 335.

[63] E. SCHMIDT, ob. cit., nota de rodapé 1, p. 91; W. SELLERT ob. cit. de rodapé 36, p. 168 e ss.; G. KLEINHEYER, ob. cit., nota de rodapé 44, p. 378; *Rüping/Jerouschek,* ob. cit., nota de rodapé 27, n° 84; U. WESEL, ob. cit., nota de rodapé 2, p. 335 e ss.; R. VOGLER, ob. cit., nota de rodapé 38, p. 29. Acerca da implantação da tortura generalizada, cf. também E. SCHMIDT, ob. cit., nota de rodapé 1, p. 91 e ss.; A. IGNOR, ob. cit., nota de rodapé 14, p. 63 e ss. e 100; W. SELLERT ob. cit. de rodapé 36, p. 167; *Rüping/Jerouschek,* ob. cit., nota de rodapé 27, ns° 53, 69, 79 e ss.; fazendo uma relativização, entre outros, com base na influência das inmunidades, cf. também Rn 127. Acerca da conexão entre a tortura e o sistema de prova tarifada, cf., também, J. H. LANGBEIN, ob. cit., nota de rodapé 44, p. 4 e ss.

[64] *Rüping/Jerouschek,* ob. cit., nota de rodapé 27, n° 84; manifestando outra opinião U. WESEL, ob. cit., nota de rodapé 2, p. 335 e ss.;

[65] A. IGNOR, ob. cit., nota de rodapé 14, p. 165 e ss.; J. H. LANGBEIN, ob. cit., nota de rodapé 44, p. 10.

[66] Vid. *infra* nota de rodapé 98 e ss., e o texto principal.

auge da persecução empreeendida no procedimento da inquisição contra os hereges – inclusive com finalidade de perseguição política contra determinadas pessoas.[67] Posteriormente, tal procedimento foi regulado com maiores detalhes na *Constitutio Criminalis Bambergensis* de 1507 ("Bamberger Halsgerichtsordnung") e na *Constitutio Criminalis Carolina* (CCC) de 1532 ("Peinliche Halsgerichtsordnung de Carlos V"),[68] – chamada de a "mãe do processo de inquisição".[69] La *Constitutio Carolina* se utilizava de regras de outros tipos de processo, como o clássico processo acusatório privado e o processo inquisitivo oficial (o "Annemen der vbelthäter von der oberkeit vnnd Amts wegen").[70] Conforme os arts. 11 e ss. da CCC, o processo acusatório iniciado mediante a queixa do ofendido constituía o processo ordinário (*processus ordinarius*), mas, na prática, o que predominava era o processo inquisitivo "extraordinário" (*processus extraordinarius*). Em suma, na prática, podia-se falar em um processo inquisitivo encoberto, na medida em que, se o processo acusatório que tinha sido iniciado por um particular era concluído sem uma condenação, por motivo de falta de provas, o acusado não era de plano absolvido, uma vez que o processo continuava, mas desta feita, agora, na forma de um processo inquisitivo contra o mesmo.[71] Desta forma, na verdade e de fato, só existia um único processo (o inquisitivo), que se iniciava por diversas formas, seja de ofício ou por provocação da

---

[67] A. IGNOR, ob. cit., nota de rodapé 14, p. 50 e ss.; D. OEHLER, ob. cit., nota de rodapé 38, p. 854.

[68] Acerca das origens históricas, *Rüping/Jerouschek*, ob. cit., nota de rodapé 27, n° 94 e ss.; A. IGNOR, ob. cit., nota de rodapé 14, p. 41 e ss. e 45 e ss.; G. Jerouschek, ob. cit., nota de rodapé 57, p. 98 e ss. A CCC se embasava, na maior parte, na anterior *Bambergensis*, e este fato faz com que *Jerouschek*, ob. cit., nota de rodapé 57, p. 93, denominasse a *Bambergensis* como *Mater carolinae* e a Carolina como "mãe do processo de inquisição". Por sua vez, tendo em vista tudo isto, A. IGNOR, ob. cit., nota de rodapé 14, p. 129, denomina a *Bambergensis* "de avó do processo de inquisição".

[69] A. IGNOR, ob. cit., nota de rodapé 14, p. 129.

[70] E. SCHMIDT, ob. cit., nota de rodapé 1, p. 125; A. IGNOR, ob. cit., nota de rodapé 14, p. 43; H. SCHLOSSER, ob. cit., nota de rodapé 36, coluna 381 e ss.; *Rüping/Jerouschek*, ob. cit., nota de rodapé 27, n° 96; G. Jerouschek, ob. cit., nota de rodapé 57, p. 89 e ss.

[71] E. SCHMIDT, ob. cit., nota de rodapé 1, p. 126; W. SELLERT ob. cit., nota de rodapé 36, p. 171; *Rüping/Jerouschek*, ob. cit., nota de rodapé 27, n° 103, 127 (se bem que tais autores rechaçam a a utilização da denominação "verklapptes Inquisitionsverfahren"); G. BUCHDA, ob. cit., nota de rodapé 31, coluna 173; H. SCHLOSSER, ob. cit., nota de rodapé 36, coluna 381. D. OEHLER, ob. cit., nota de rodapé 38, p. 854; U. WESEL, ob. cit., nota de rodapé 2, p. 385.

parte.[72] No que diz respeito à prova, conforme determinava a regra das declarações e inquirições,[73] se o acusado não confessava (confissão sobre os fatos principais imputados) e existiam indícios sobre sua autoria, ele era torturado com a finalidade de dele se extrair a confissão, isto com o fim de se confirmar os indícios existentes.[74] O tipo de tortura, sua duração e intensidade ficava, segundo a letra da lei, "ao critério de un juiz sensato e bom" (art. 58, CCC). Não obstante, a tortura contava, de certa forma, com uma regulamentação, pois somente podia ser aplicada se existisse certo grau de suspeita ou de indícios contra o imputado. Na prática, a citada *regra probatória* e a doutrina acerca dos *indícios,* constituíam o "coração" (um coração duro e frio) ou a alma da *Constitutio Carolina;*[75] segundo o art. 69 da CCC, poderia se dar inexigência da confissão (renúncia), no processo acusatório, caso se desse a apresentação de duas testemunhas.[76] Mas, apesar disto, a confissão tinha um valor que se sobrepunha àquele conferido às testemunhas – sendo a *regina probationum** – não sendo apenas uma "garantia da obtenção da verdade",[77] sendo que, ao contrário, a verdade confessada se constituía em muito mais, ou seja, o pressuposto de uma reconciliação do acusado com Deus**.[78] E é por esta razão que, uma vez obtida a confissão, esta devia ser

---

[72] E. SCHMIDT, ob. cit., nota de rodapé 1, p. 126 e ss.; A. IGNOR, ob. cit., nota de rodapé 14, p. 60.

[73] Uma testemunha valia só como meio de prova (Art. 23, 30 CCC), cf. A. IGNOR, ob. cit., nota de rodapé 14, p. 28 e 62. G. Jerouschek, ob. cit., nota de rodapé 57, p. 88 e ss.

[74] RÜPING/JEROUSCHEK, ob. cit., nota de rodapé 27, n° 104; U. WESEL, ob. cit., nota de rodapé 2, p. 385 e ss.

[75] Segundo o art. 69 da CCC, no processo acusatório, se existissem duas testemunhas de conhecimento do fato apurado, poderia-se prescindir da confissão. Sobre a CCC, cf. G. Jerouschek, ob. cit., nota de rodapé 57, p. 90. E. SCHMIDT, ob. cit., nota de rodapé 1, p. 127 e ss.; A. IGNOR, ob. cit., nota de rodapé 14, p. 62; R. VOGLER, ob. cit., nota de rodapé 38, p. 35. sobre a regulamentação da tortura na França, cf., também, R. VOGLER, ob. cit., nota de rodapé e 38, p. 28, 40 e ss.

[76] G. Jerouschek, *nota* supra, p. 90.

* NT – Ou seja, "a rainha das provas".

[77] A. IGNOR, ob. cit., nota de rodapé 14, p. 67; G. Jerouschek, ob. cit., nota de rodapé 57, p. 90. Sobre o papel desempenhado pela confissão nas regulamentações dos demais processos existentes nos séculos XIII a XVI, cf. G. KLEINHEYER, ob. cit., nota de rodapé 44, p. 370 e ss.;

** NT – Nesta época havia verdadeira confusão ou identificação entre crime e pecado: *criminis peccatus est.*

[78] Sobre o significado e fundamento religioso da confissão, cf., com detalhes, A. IGNOR, ob. cit., nota de rodapé 14, p. 68 e ss. e na p. 166 as considrações sobre o art. 102 da CCC.

verificada ou conferida por um exame feito pelo tribunal, mediante uma ratificação voluntária do acusado. Mas o que deve ser levado em consideração é que se não ocorresse a ratificação volutária, pelo acusado, da confissão (que, na maior parte das vezes, já tinha sido obtida mediante prática de tortura) perante o tribunal, tal acarretava, como conseqüência para o mesmo, a continuação ou renovação do cruel procedimento da tortura contra si.[79]

As posteriores codificações, como o *Codex Iuris Bavarici Criminalis* de 1591 o *Peinliche Halsgerichtsordnung* de José I, elaborado para vigorar nas regiões da Bohemia, Moravia e Silesia, de 1709, mantiveram, ainda, a adoção do processo acusatório.[80] Porém, a *Constitutio Criminalis Theresiana* (CCT) de 1768, considerada uma das legislações penais mais retrógadas entre aquelas promulgadas no século XVIII, como conseqüência do Iluminismo,[81] representou, na verdade, uma primeiro passo para o desaparecimento do processo acusatório. O triunfo do processo inquisitivo *stricto sensu* se deve a diversos fatores, já por nós mencionados no princípio deste capítulo: a dissolução de uma sociedade arcaica, existente até então, que era baseada nos vínculos familiares, juntamente com o surgimento do Estado. Estes foram os pressupostos necessários para que se estabelecesse a centralização e a "oficialização" da justiça penal que agora surgia.[82] Buscava-se fortalecer tanto a segurança jurídica como também a eficácia da justiça penal. Assim, foi dado um primeiro passo para uma nova concepção da pena: agora esta não mais estava esta a serviço da satisfação ou desejo de vingança da vítima ou de seus familiares, ou de ódio ou ira (ou mesmo de outros interesses particulares destes), e sim, agora, passava a "nova pena" a ter o fim de dissuadir e, conforme o caso, reabilitar o delinqüente:* "Non quia peccatum, sed

---

[79] Cf. E. SCHMIDT, ob. cit., nota de rodapé 1, p. 129; W. SELLERT ob. cit., nota de rodapé 36, p. 173; *Rüping/Jerouschek,* ob. cit., nota de rodapé 27, n° 105 e ss.; G. KLEINHEYER, ob. cit., nota de rodapé 44, p. 373 e ss.; A. IGNOR, ob. cit., nota de rodapé 14, p. 67; J. H. LANGBEIN, ob. cit., nota de rodapé 44, p. 5; fazendo críticas no que diz respeito ao processo de verificação, cf. E. SCHMIDT, ob. cit., nota de rodapé 1, p. 100 e ss.; e U. WESEL, ob. cit., nota de rodapé 2, p. 385.

[80] G. KLEINHEYER, ob. cit., nota de rodapé 53, p. 22 e ob. cit., nota de rodapé 26, p. 23.

[81] Vid. W. SELLERT, *Studienbuch,* cit. nota de rodapé 24, p. 459.

[82] W. SELLERT ob. cit., nota de rodapé 36, p. 166.

* NT – Começavam aqui a surgir os conceitos de prevenção geral e especial.

ne peccetur". A *Constitutio Theresiana*, assim, contribuiu para a introdução de uma nova pena que visava a uma prevenção, o que se traduzia em uma avanço, o que só foi possível ao advento triunfal do.[83] Também foi decisiva a necessidade de se instaurar demandas pela premência de se lutar contra a criminalidade então existente: o processo acusatório puro, que clamava por uma propositura da queixa sempre através da iniciativa discricionária do cidadão, já não era suficiente para articular a luta contra a criminalidade, e, portanto, tampouco servia para dar uma resposta adequada aos interesses dos poderosos.[84]

Como se deduz das citadas codificações, os processos inquisitivo e acusatório coexistiam de forma simultânea, o que gerava pontos em comum e influências recíprocas, o que acabava por fazer surgir novas formas processuais mistas.[85] E isto explica a razão de a tortura não ter sido um procedimento aplicado exclusivamente no processo inquisitivo,[86] sendo, também, por vezes, utilizada no processo acusatório, como, por exemplo, na forma procedimental que existiu baseada na reforma jurídica de Worms (1498),[87] como também em outras posteriosres formas procedimentais ou processos penais – muitas vezes isto ocorria de fato, apesar de não prevista expressamente na lei – existente em regimes totalitários, como era o caso do regime nacional-socialista.[88] Dentro deste contexto, não podemos deixar de lembrar o debate surgido nos Estados Unidos da América do Norte – onde, como sabido, vigora um processo adversarial acusatório – sobre a conveniência ou não de se autorizar interrogatórios mais "duros" nos processos penais instaurados por prática de

---

[83] G. KLEINHEYER, ob. cit., nota de rodapé 53, p. 24.

[84] E. SCHMIDT, ob. cit., nota de rodapé 1, p. 207; *Rüping/Jerouschek*, ob. cit., nota de rodapé 27, nº 43.

[85] Cf. E. SCHMIDT, ob. cit., nota de rodapé 1, p. 73, 123, 194 e ss., e 202 e ss.

[86] Cf. essencialmente W. TRUSEN, ob. cit.na nota de rodapé 40, p. 143 e segs.; e também A. IGNOR, ob. cit., nota de rodapé 14, p. 16: "(...) nicht typischer – und sozusagen begrifflicherweise damit verbunden (...)". Cf. também *supra* a citação de rodapé 64 e seu texto.

[87] W. TRUSEN, ob. cit.na nota de rodapé 15, p. 206. Sobre este processo em geral, cf. E. SCHMIDT, ob. cit., nota de rodapé 1, p. 123 e ss.

[88] A respeito, cf. E. SCHMIDT, ob. cit., nota de rodapé 1, p. 442 e ss; *Rüping/Jerouschek*, ob. cit., nota de rodapé 27, nº 286.

terrorismo.[89] Em conseqüência, a posição de Ekkehard Kaufmann, segundo a qual havia uma relação causal entre a forma inquisitiva de se iniciar o processo e a utilização da tortura para obteção da prova, não nos parece defensável.[90] Tampouco se pode estabelecer uma conexão causal no que diz respeito à confissão, de modo a ser vista estritamente como característica do processo inquisitório, pois, na verdade sua significação é aplicável a qualquer forma processual, já que era um ato instituído de forma compartilhada tanto no processo inquisitivo como no acusatório e, arrematando, a confissão se constitui, ao mesmo tempo, em um meio de prova material e formal (já que nos dois processos era indispensável).[91] A confusão que se faz, de forma equivocada, entre o processo acusatório e o inquisitivo, é verificada, também, pelo fato de que mesmo se um processo começasse através de uma acusação particular,* não se excluía que seu desenvolvimento viesse a ser ajustado à forma inquisitiva; e, também o inverso era possível, ou seja, poderia um acusador público iniciar um proceso com a finalidade de defender um interesse privado (tal qual como se dá no atual *Privatklageverfahren* do ordemanmento processual penal alemão – §§ 374 e ss. do StPO –, no qual o Ministério Público pode tomar para si e promover uma acusação originada em um processo instaurado por inciativa da parte privada, na forma do § 377, II, do StPO). Por outro lado, o processo inquisitivo também não se manteve durante todo o tempo em que predominou ou existiu de forma rígida ou inflexível, já que comportava variações. Dentre outras, podemos apontar o desaparecimento daquela primeira diferenciação existente e prevista no direito comum entre a inquisição geral para a determinacção dos fatos (*corpus delicti*) e a subseqüente inquisição especial, advinda com a imputação de um fato a um autor predeterminado e concreto (*auctor delicti*). Esta distinção, que era encontrada nos processos penais refererentes aos direitos

---

[89] Cf. M. Danner, *Torture and Truth: America, Abu Ghraib and the War on Terror*, 2004; J. H. Langbein, ob. cit., nota de rodapé 44, p. IX, XI, ss., autor que na reedição de sua obra se ocupa do debate atual acerca da tortura que atualmente faz presente em certos procedimentos penais dos EUA.

[90] E. KAUFMANN, *HRG* vol. IV, 1990, coluna 2030.

[91] G. KLEINHEYER, ob. cit., nota de rodapé e 44, p. 377 e ss.

* NT – uma demanda privada.

particulares,* que vigoravam no século XVIII,[92] por clara influência da *Constitutio Carolina*, conferia ao acusado uma proteção específica, no que diz respeito a uma instauração de um juízo sumário, já que antes de se imputar o fato delituoso a um agente concreto, este fato já devia ser previamente fixado ou indicado na imputação.[93] Esta distinção foi desaparecendo no decorrer do século XVIII e do preâmbulo do século XIX – sendo,talvez, o exemplo mais contudente disto, encontrado na legislação criminal prussiana de 1805[94] –, dando lugar a um processo de instrução unitário, que alguns denominaram de processo inquisitivo geral sumário.[95]

4. O caminho percorrido até se chegar a um processo penal reformado

4.1. Evolução histórica

Em princípios do século XIX, a doutrina jurídica alemã – que sofreu, em parte, influência da evolução ocorrida na França e de seu *Code de Instruction Criminelle* (CIC) de 1808[96] – impôs a idéia de que

---

* NT – lesões individuais ou de interesse privado.

[92] E. SCHMIDT, ob. cit., nota de rodapé 1, p. 195 e ss.; A. IGNOR, ob. cit., nota 14, p. 131.

[93] E. SchmidT, ob. cit., nota pie 1, p. 196 y ss.; W. SELLERT ob. cit., nota de rodapé 36, p. 17 e ss.; A. IGNOR, ob. cit., nota de rodapé 14, p. 95. Acerca da difícil delimitação entre estas fases processuais e as contínuas reformas que foram tentadas ou experimentadas, cf. A. IGNOR, ob. cit., nota de rodapé 14, p. 94 e ss. Y 132; cf. também K. Ambos, "100 Jahre Belings "Lehre vom Verbrechen": Renaissance des kausalen Verbrechensbegriffs auf internationaler Ebene?" ZiS 2006, 464 (464) www. zis-online.com; podendo ser encontrada na versão em espanhol na Revista Eletrônica de Ciência Penal e Criminología (RECPC) 09-05 (2007), http://criminet.ugr. es/recpc/09/recpc09-05.pdf.

[94] Criticamente cf. E. SCHMIDT, ob. cit., nota de rodapé 1, p. 271 e ss.

[95] E. SCHMIDT, ob. cit., nota de rodapé 1, p. 205 e ss.; A. IGNOR, ob. cit., nota de rodapé 14, p. 130. Acerca da persecução de hereges cf. A. IGNOR, ob. cit., nota de rodapé, pie 14, p. 53.

[96] No ano de 1816, uma comissão de juristas prussianos apoiava a manutenção da CIC nas províncias, que depois da vitória advinda da guerra contra Napoleão, voltaram a pertencer à Prússia (A. IGNOR, ob. cit., nota de rodapé 14, p. 34 e 215 e ss.). Acerca do debate na França, cf. *in extenso* G. HABER, *Strafrechtliche Öffentlichkeit und öffentlicher Ankläger in der französischen Aufklärung*, 1979; cf. também E. SCHMIDT, ob.

era imprescindível se fazer uma reforma integral do processo inquisitivo herdado da geração anterior. Em cima de um projeto que foi imposto pela "pérfida *Jagdwissenschaft*" ("ciência de perseguição ou de caça"),[97] com o intuito de se elaborar uma instrução que procurava sempre a obtenção da confissão do acusado, passou-se a entender que se deveria sobrepor uma teoria que reconhecesse ao acusado sua condição de sujeito processual, com a possibilidade de se defender em uma audiência levada a efeito em um juízo de forma pública.[98] A implantação do sistema da livre valoração da prova* (*intime conviction*)[99] acabou por provocar o desaparecimento das regras acerca da prova tarifada, e disto resultava que a prática da tortura passava a se tornar desnecessária.[100] A criação de um *órgão público acusador*

---

cit., nota de rodapé 1, p. 325 e ss. Em relação à influência francesa cf. também A. IGNOR, ob. cit., nota de rodapé 14, p. 211 e ss.

[97] R. KÖSTLIN, *Der Wendepunkt des deutschen Strafverfahrens im 19. Jahrhundert, kritisch und geschichtlich beleuchtet, nebst ausführlicher Darstellung der Entstehung des Geschworenengerichts*, 1849, p. 94.

[98] *Rüping/Jerouschek*, ob. cit., nota de rodapé 27, n]. 245.

* NT – No Brasil também chamada de livre convicção do juiz.

[99] Que foi introduzido na Alemanha como § 19 da Ley de Processo Penal prussiana de 17 de julho de 1846 (acerca das origens históricas desta lei cf. W.C.VON ARNSWALDT, *Savigny als Strafrechtspraktiker*, 2003, p. 249 e ss. e também A. IGNOR, ob. cit., nota de rodapé 14, p. 263 e ss.e p. 280 e ss., sobre o conteúdo desta lei). Este preceito equivale ao atual § 261 do StPO Alemão (cf. A. IGNOR, ob. cit., nota 14, p. 252). Conforme a A. IGNOR, ob. cit., nota de rodapé 14, p. 252 e ss., o caminho percorrido até a livre valoração da prova transcorreu em três etapas: abolição da tortura, admissão da prova por indícios e a livre valoração da prova. Segundo J. H. LANGBEIN, ob. cit., nota de rodapé 44, p. 10, 11 e ss., 47 e ss., e 64 e ss. Em primeiro lugar se flexibiliou o rígido sistema de provas tarifadas e se introduziu a livre valoração da prova (em concreto isto ocorreu nos séculos XVI e XVII) e daí advém a prática da tortura improdutiva e desnecessária; traz a argumentção, também, que no processo penal inglês nunca se chegou a se utilizar a tortura (pelo menos não na dimensão que se dava no processo penal europeu continental), porque, no processo inglês, desde o principio, sempre existiram regras probatórias mais flexíveis (p. 73 e ss.). Mas, em sentido contrário a tal conclusão, cf. M. SCHMOECKEL, *Humanität und Staatsraison*, 2000, p. 504 e ss. y 567 e ss., para o qual a eliminação da tortura tem suas raízes em diferentes correntes do Iluminismo – entre o humanismo e por razões estatais – (p. 507 e ss. e 569 e ss; comentado por W. SELLERT, em ZRG (GA), vol. 119 (2002), p. 605-612).

[100] Cf. nota *supra* de rodapé e 65 e o texto principal; cf. também, *Rüping/Jerouschek*, ob. cit., nota de rodapé 27, nº 175 e ss.; A. IGNOR, ob. cit., nota de rodapé 14, p. 163 e ss., que adverte que a tortura não só foi considerada, de maneira crescente, uma prática desumana, como, também uma prática inútil, pois era ineficiente para descobrir e processar os verdadeiros criminosos. Na Alemanha, a primeira abolição

passou a permitir se diferenciar as funções de acusar e julgar e, ao mesmo tempo, representava um controle contra o arbítrio judicial. Evidenciava-se, assim, a diferenciação daqueles pontos de crítica que pesavam contra o processo inquisitivo moderno dos séculos XVIII e XIX, que, recordando, seriam o caráter secreto da instrução, a utilização da tortura e o poder absoluto e arbitrário do juiz.[101] Mas não se deve esquecer, por outro lado, dos elementos positivos trazidos pelo processo inquisitivo original, que foram: a igualdade na persecução penal;[102] a busca da verdade fática e a identificação do autor dos fatos delituosos (verdade material);[103] sendo que, havia, assim, certa proteção do acusado através da regulamentação do processo, especialmente através da diferenciação que se deu entre a *inquisitio* geral e a especial;[104] e, finalmente, houve o reconhecimento de direitos da defesa.[105] Tampouco podemos perder de vista que as críticas que são feitas ao processo inquisitivo – procedimento inquisitivo que na verdade acabou provocando a reforma reforma integral do processo penal – não se dirigiam tanto contra o processo inquisitivo originário, mas sim, contra o processo inquisitivo da forma que foi "desnaturalizado", a saber: aquele que havia se convertido em um mero processo secreto a serviço de um estado policial.[106] A justiça penal chega a seu nível mais baixo, considerando-se a perspectiva de

---

(formal) da tortura (exceto para aqueles delitos contra a segurança do Estado) foi feita por Federico II da Prússia, isto no ano de 1740, sendo abolida por último no ano de 1831 no território alemão de Baden, cf. E. SCHMIDT, ob. cit., nota de rodapé 1, p. 269; J. H. LANGBEIN, ob. cit., nota de rodapé 44, p. 61 e ss.; U. WESEL, ob. cit., nota de rodapé 2, p. 393 e ss.; cf., em particular, sobre os motivos de Federico II, para tal abolição, em. M. SCHMOECKEL, ob. cit., nota de rodapé 98, p. 597 e ss.

[101] De forma extensa, sobre os principais argumentos críticos, cf. A. IGNOR, ob. cit., nota de rodapé 14, p. 154 e ss.; crítico também acerca do processo inquisitivo originário se mostra E. SCHMIDT, ob. cit., nota de rodapé 1, p. 99, 106 e ss. e 122 e ss. Sobre o terror gerado pela Inquisição do século XX, particularmente no sistema da justiça penal stalinista e nacional – socialista, cf. R. VOGLER, ob. cit., nota de rodapé 38, p. 61 e ss.

[102] Cf. *supra* nota de rodapé 58 e o texto principal.

[103] Cf. *supra* nota de rodapé 57 e 59 e o texto principal.

[104] Cf. *supra* nota de rodapé 92 e o texto principal.

[105] Cf. W. SELLERT ob. cit., nota de rodapé 36, p. 174; A. IGNOR, ob. cit., nota de rodapé 14, p. 81 e ss. 110 e ss. e 175 (precisamente as críticas que surgiram no século XIX se deram por motivos de eficiência, p. 172 e ss.); Cf. também, E. SCHMIDT, ob. cit., nota de rodapé 1, p. 197 e ss. e G. Jerouschek, ob. cit., nota de rodapé 57, p. 93.

[106] Cf. E. SCHMIDT, ob. cit., nota de rodapé 1, p. 203 e ss. e 207 e ss., o qual, corretamente, qualificava o processo inquisitivo originário como "justiça policial sumária"

respeito aos princípios de um Estado de Direito, e isto nos princípios do século XIX, quando o processo penal se converteu em um instrumento de perseguição política.[107] Seja como for, no § 179 da Constituição de *Paulskirche* do ano de 1849,* finalmente passa-se a se clamar pela instauração de um processo acusatório.[108] Não se trataria, ainda de um processo acusatório acabado, já que, de um lado, para a implantação deste processo se fazia necessário que, previamente, fosse criado um órgão público de acusação;[109] e, por outro lado, naquele momento histórico não existia uma unanimidade acerca do alcance que deveria ter a reforma a ser feita no, então existente, processo inquisitivo.[110]

As bases institucionais do processo acusatório foram criadas com a aprovação da Ordenação Processual Penal da Prússia de 1846 e através da lei que regulamentou esta Ordenação, fazendo-se a criação de um Ministério Público junto ao Tribunal Superior (*Kammergericht*) de Berlim.[111] Se bem que a criação do Ministério Público não foi motivada pelos nobres desejos de se reforçar os princípios do Estado de Direito – o o objetivo principal desta lei era agilizar o processamento de um maior número de pessoas (aproximadamente 254) que tinham tomado parte do levante da Polônia de 1846 e, as-

---

(p. 106) e também se lamentava da influência de um absolutismo próprio de um estado policial (p. 179); A. IGNOR, ob. cit., nota de rodapé 14, p. 130, 191 e ss.

[107] A este respeito, cf. A. IGNOR, ob. cit., nota de rodapé 14, p. 223 e ss.

* Nota do Tradutor espanhol: Primeira constituição aprovada democraticamente para todo o império alemão, por uma assembléia nacional reunida na Paulskirche de Frankfurt a. M.

[108] W. SELLERT, *HRG*, vol. IV, 1990, coluna 2038. Já anteriormente a Ordenações do processo penal de Württemberg (1843) e de Baden (1845) regularam os primeiros processos acusatórios públicos e orais (vid. E. SCHMIDT, ob. cit., nota de rodapé 1, p. 329; A. IGNOR, ob. cit., nota de rodapé 14, p. 230, 237 e ss., 248 e ss., 280 e ss.).

[109] Acerca desta concepção do princípio acusatório cf. basicamente A. IGNOR, ob. cit., nota de rodapé 14, p. 19 e 244 e ss.

[110] Sobre esta falta de unanimidade cf., dentre outros, H.A. ZACHARIAE, Die Gebrechen und die Reform des deutschen Strafverfahrens dargestellt auf der Basis einer konsequenten Entwicklung des inquisitorischen und des akkusatorischen Prinzips, 1846, p. 10.

[111] Em relação às origens históricas da ley de 17 de julho de 1846 (cf. nota de rodapé 98) e A. IGNOR, ob. cit., nota de rodapé 14, p. 269 e ss. A influência francesa resulta patente neste contexto, pois já em 1303 – na profissionalização do processo penal francês do século XIV – com Felipe o Belo se implantaram os "procurateurs du roi" (cf. en detalle L. Schulz, "Die Teilung der erkennenden Gewalt", en: B. Durand (ed.), *Staatsanwaltschaft – Europäische und amerikanische Geschichten*, Frankfurt/Main 2005, p. 311 e 312).

sim, estavam acusadas de delito de alta traição –,[112] mas, de qualquer modo, se conseguiu instaurar um órgão público de controle da polícia, polícia esta que se encontrava, na época, muito desprestigiada por suas constantes atuações abusivas.[113] Mas, o certo é que a criação do Ministério Público provocou a transformação definitiva do princípio acusatório privado para uma concepção pública o estatal deste princípio. Ademais, implicou também a separaração das funcões de acusar e julgar, o que acabou pro gerar um ganho na relevância do papel e da função da acusação como um elemento delimitador e vinculante do poder do julgador.[114] O § 5 do Regulamento relativo à introdução do processo oral e público através de participação de jurados ("Verordnung über die Einführung des mündlichen und öffentlichen Verfahrens mit Geschworenen in Untersuchungssachen") de 03 de janeiro de 1849, acabou por fixar o monopólio do Ministério Público no exercício da ação penal: "Os tribunais estão brigados a comunicar inmediatamente ao Ministério Público aqueles delitos que, por razão de seu ofício, cheguem a seu conhecimento*.[115]

---

[112] P. COLLIN, "Wächter der Gesetze" oder "Organ der Staatsregierung"? Konzipierung, Einrichtung und Anleitung der Staatsanwaltschaft durch das preußische Justizministerium, 2000, p. 83; A. IGNOR, ob. cit., nota de rodapé 14, p. 34 e ss., 272 e ss., y 285 e ss.; C. ROXIN, "Zur Rechtsstellung der Staatsanwaltschaft damals und heute", Deutsche Richterzeitung, 1997, p. 111.

[113] Cf. em particular a "Promemoria der Staats – und Justizminister v. Savigny und Uhden über die Einführung der Staatsanwaltschaft" aprovada em 23 de março de 1846, segundo a qual o Ministério Público "como guardião dla lei deve estar facultado (...) para atuar desde o início do processo contra o acusado, para satisfazer a lei a qualquer momento"; e esta função de controle deveria se estender expresamente "a todas as atuações das autoridades policiais", pois senão "sairia fora de seu controle uma fase muito importante, e às vezes mais gravosa, do procedimento criminal" (citação feita por G. OTTO, *Die preussische Staatsanwaltschaft*, Berlim, 1899, p. 40 e ss.; cf. também E. SCHMIDT, ob. cit., nota de rodapé 1, p. 330 e ss.; críticamente a respeito (*Promemoria*) P. COLLIN, ob. cit., nota de rodapé 111, p. 79; cf. também K. AMBOS, "Staatsanwaltschaftliche Kontrolle der Polizei, Verpolizeilichung des Ermittlungsverfahrens und organisierte Kriminalität", *Jura* 2003, p. 674, 676 com ulteriores referências).

[114] A. IGNOR, ob. cit., nota de rodapé 14, p. 232, 247 e ss.

* NT – No Brasil, regra idêntica só chegou na legislação infraconstitucional no Código de Processo Penal de 1941, no seu artigo 40, e a exclusividade total da persecução pública pelo Ministério Público só foi afirmada com Constituição Federal de 1988.

[115] Vid. Gesetzessammlung für die Königlich Preußischen Staaten (Recompilação legislativa dos Estados do Reino da Prússia), 1846, p. 15.

4.2. A distinção dogmática entre o princípio acusatório e o princípio da averiguação

O tema da distinção dogmática entre o princípio acusatório e o princípio da averiguação (*Untersuchungsprinzip*) continuou sendo uma questão controvertida na doutrina científica jurídica. Desde uma perspectiva formal, se procurava na época se fixar a distinção ou no número ou qualidades das partes processuais ou/e de suas funções. Assim, Feuerbach distinguia entre instauração do processo por iniciativa do particular ou de ofício:

"I. Se um cidadão (o ofendido ou outra pessoa) reclama, perante o tribunal, seus direitos, em substituição ao estado temos um processo acusatório.
II. Se for o próprio juiz, no exercício de suas funções, é quem faz a persecução do infrator em nome do estado temos um processo inquisitivo".[116]

Conforme Zachariae e Mittermaier o processo acusatório público – considerado como o ideal – teria três sujeitos, o acusado, o acusador (público) e o juiz, sendo que o processo só poderia ser iniciado por iniciativa de um sujeito diverso do juiz. Em contraposição, no processo inquisitivo só teria um sujeito processual, que era o inquisidor, o qual iniciaria o processo e processava a causa, sendo o acusado unicamente um objeto do processo.[117] Segundo expunha Goltdammer:

"O processo acusatório se diferencia, neste sentido, do processo inquisitivo, já que no processo inquisitivo as funções se encontram fundidas em um mesmo órgão, enquanto que, no processo acusatório, tais funções se repartem entre dois órgãos públicos

---

[116] P. J. FEUERBACH, *Lehrbuch des gemeinen in Deutschland gültigen peinlichen Rechts*, 14. ed. 1847, 2. reimpressão de 1986 (Scientia), § 520, p. 794 e ss. A citação original reza:
"I. Ein Bürger (der Beleidigte oder ein anderer) verfolgt vor Gericht im Namen des Staates die Rechte desselben – Anklageprozeß.
II. Der Richter selbst verfolgt als Richter die Rechte des Staates gegen den Übertreter – Inquisitionsprozess".
[117] Cf. W. WOHLERS, *Entstehung und Funktion der Staatsanwaltschaft*, 1994, p. 57 referindo-se a H.A. ZACHARIAE, ob. cit., nota de rodapé 109, p. 53; assim como C.J. MITTERMAIER, *Die Mündlichkeit, das Anklageprinzip, die Öffentlichkeitt und das Geschworenengericht in ihrer Durchführung in den verschiedenen Gesetzgebungen*, 1945, p. 282.

diferentes. Na instrução não se perde a essência do processo inquisitivo, posto que, apesar do juiz só ter limitação quanto ao objeto da instrução, que fica limitada á inicial ou às promoções do Ministério Público; e, assim, só pode, a princípio, instruir e atuar em relação àquilo que lhe foi pedido. Mas, porém não fica preso na instrução às regras do princípio dispositivo, já que o juiz não se limita a apreciar aquilo que as partes alegam; pois ele mesmo pode investigar de maneira autônoma, e assim, em suma, pode inquirir".[118]

Outra posição pretende traçar uma distinção em um sentido material – ou, pelo menos, mais material – defendendo que se "a iniciativa e desenvolvimento do processo penal depende da livre decisão de um acusador particular" e "o juiz (...) se encontra vinculado aos fundamentos fáticos levados pelas partes", então se pode falar de vigência do princípio acusatório.[119] Em contraposição, a essência do princípio inquisitivo se residiria no fato de que o Estado não estimula ou determina a persecução dos ilícitos e o exercício do *ius puniendi* a cada sujeito particular, mas, ao contrário, estabelece órgãos estatais que desempenham estas funções de ofício em defesa do interesse público.[120] Em conseqüência, este processo penal baseado no princípio da averiguação material poderia desenvolver-se con-

---

[118] T. GOLTDAMMER, "Über das Institut der Staatsanwaltschaft", *GA* 1859, p. 577 (583). A citação original reza:
"Der Anklageprozeß unterscheidet sich in dieser Beziehung vom Inquisitionsprozess nur dadurch, daß dort die Funktionen unter zwei Staatsbehörden vertheilt sind, welche sich hier [beim Inquisitionsprozeß, K.A.] in einer Behörde vereint finden. In der Untersuchung selbst geht das Wesen des Inquisitionsprozesses nicht verloren, der Richter wird nur in Beziehung auf den Gegenstand der Untersuchung durch die Anträge des öffentlichen Ministeriums beschränkt; er untersucht und richtet nur, was dasselbe vor seinem Richterstuhl bringt. Aber darum verfällt die Untersuchung nicht in die s.g. Verhandlungsmaxime; der Richter hört nicht blos, was man ihm von beiden Seiten vortragen will; er forscht selbsthändig, er inquirit".
Em termos parecidos, E. v. Stemann, "Ueber die Fortbildung des Instituts der Staatsanwaltschaft", *GA* 1860, p. 42; A. Dalcke, "Ueber die gegenwärtige Stellung der Staatsanwaltschaft im preußischen Strafverfahren und ihre Reform", *GA* 1860, p. 145 e ss.
[119] R. KÖSTLIN, ob. cit., nota de rodapé 96, p. 46, citado de acordo com W. WOHLERS, ob. cit., nota de rodapé 116, p. 58; cf. também H. ABEGG, *Beiträge zur Strafprozess – Gesetzgebung*, Neustadt an der Orla, 1841, p. 43.
[120] H. ABEGG, ob. cit., nota de rodapé 118, p. 44, citado de acordo com a W. WOHLERS, ob. cit., nota de rodapé 116, p. 58; cf. também R. KÖSTLIN, ob. cit., nota de rodapé 96, p. 44, E. v. Stemann, ob. cit., nota de rodapé 117, p. 41; A. Dalcke, ob. cit., nota de rodapé 117, p. 734 e 741.

forme a forma acusatória ou com a participação de um único órgão estatal.[121] Tratar-se-ia de um "processo inquisitivo com forma acusatória".[122] Neste processo, encontra-se a tendência de se desprezar a acusação privada a favor de uma acusação estatal, e isto é colocado em relevo por *Biener*, que vê no Ministério Público um "promovens inquisitionem"[123] e, por sua vez, vê a instrução como um "pressuposto prévio para o juiz oral".[124] A inquisição, conforme esta concepção, não é uma fase independente do processo ou do procedimento, mas meramente um pressuposto para a interposição da acusação, e somente a partir deste procedimento (procedimento inquisitivo) começaria o processo acusatório:

> "A inquisição prévia pode ser interpretada como uma preparação para a acusação, sendo que através dela se permitiria fazer uma decisão* acerca da interposição ou não da acusação (...), com o fim de não se aventurar a uma formulação de acusação precipitada que possa ser falsa ou que possa resultar insuficientemente fundada** (...) Poderia se dizer, portanto, que na fase de instrução se segue uma forma inquisitiva, porém com uma tendência que tenha, posteriormente, uma fase de forma acusatória".[125]

Esta discussão confirma, como elementos do processo inquisitivo, a *indagatio criminis*, isto é a persecução de ofício dos delitos (principio da oficialidade) através de um procedimento (secreto) de instrução (*inquisitio*), a *veritas delicti*, o princípio da verdade material e o princípio da averiguação, que é um princípio implícito ou

---

[121] W. WOHLERS, ob. cit., nota de rodapé 116, p. 58, na qual se remete a R. KÖSTLIN, ob. cit., nota de rodapé pie 96, p. 44.

[122] W. WOHLERS, ob. cit., nota de rodapé 116, p. 59.

[123] F.A. BIENER, ob. cit., nota de rodapé 19, p. 428.

[124] *Ibidem.*

* NT – No Brasil, fala-se que no procedimento preliminar inquisitivo do inquérito policial, o Promotor emite sua *opinino deliciti* para aferir se faz ou não a acusação.

** NT – No Brasil, justifica-se a presença e continuidade do inquérito policial justamente pela justificativa de ser um filtro endoprocedimental e assim evitaria acuações injustas e infrutíferas.

[125] *Ibidem.* obra ulteriormente citada p. 428 e ss. A citação original reza:
"Es kann vielmehr die Voruntersuchung gedeutet werden, als eine Vorbereitung zur Anklage nebst dem Entschluss zur Anstellung des letzteren..., um nicht übereilt eine falsche oder unzureichend bewiesene Anklage zu wagen... Man könnte also sagen, dass bei der Voruntersuchung inquisitorische Form angewendet wird mit akkusatorischer Tendenz".

resultante da busca da verdade material.[126] Sem dúvida, trata-se do processo inquisitivo *stricto sensu* já descrito mais acima. Conclui-se, assim, que se os elementos nucleares deste processo – a *indagatio e a veritas delicti* – se incorporam ao novo processo penal reformado, e que acabamos por nos desaguar em um tipo de processo em que o único elemento acusatório reside na atribuição destinada ao Ministério Público de exercer a ação penal. Portanto, a única diferença com o processo inquisitivo *stricto sensu* – obviamente deixando de se considerar as características da imediação e da publicidade existentes no juízo oral –, estaria na intervenção adicional do Ministério Público. Em outras palavras, vigoram os já velhos e conhecidos princípios (princípio da averiguação, da oficialidade e da verdade material), complementados com o princípio acusatório e com a imediação, oralidade e publicidade do juízo oral.[127] Temos, assim, na verdade, um processo misto – que, tal e como haviam pretendido os doutrinadores reformadores, principalmente Zachariae –,[128] é configurado como um processo *inquisitivo-acusatório*.[129] Neste processo misto a iniciativa da fase prévia fica nas mãos do Ministério Público (pelo menos isto seria desejável), mas a instrução continuaria sendo judicial; e a fase do juiz oral se caracterizaria por um poder do juiz objetivamente limitado pela acusação, sendo que o juiz, entretanto, não ficaria tão vinculado de forma a ficar tolhido de buscar a prova e, assim, pode investigar de maneira autônoma e, destarte, pode inquirir.[130]

---

[126] W. SELLERT ob. cit., nota de rodapé 36, p. 163; E. SCHMIDT, ob. cit., nota de rodapé 1, p. 86 e ss.; A. IGNOR, ob. cit., nota de rodapé 14, p. 7 e ss. e 49 (com referência ao correspondente decreto do Papa Inocêncio III de 26 de fevereiro 1206); ob. cit., nota de rodapé 36, p. 163, cf. também J. H. LANGBEIN, ob. cit., nota de rodapé 46, p. 131; do mesmo autor "The Constitutio Criminalis Carolina in comparative perspective", em P. Landau (ed.), *Strafrecht, Strafprozessrecht und Rezeption*, 1984, p. 215 e ss.; no mesmo sentido R. Vogler, ob. cit., nota de rodapé 38, p. 27.

[127] A. IGNOR, ob. cit., nota de rodapé 14, p. 231 e ss.

[128] Cf. a respeito E. SCHMIDT, ob. cit., nota de rodapée 1, p. 292 e ss., 328.

[129] Cf. também E. SCHMIDT, ob. cit., nota de rodapé 1, p. 327 e ss.: "Zweiteilung des Strafprozesses in ein inquisitorisches Vorverfahren und ein akkusatorisches Hauptverfahren"; A. IGNOR, ob. cit., nota pie 14, p. 231 y 281: "Verbindung von inquisitorischem und accusatorischem Prinzip".

[130] Neste sentido T. GOLTDAMMER, ob. cit., nota de rodapé 117.

5. Princípio acusatório e processo acusatório vistos sob uma perspectiva atual

O processo inquisitivo no qual o inquisidor exerce o monopólio da ação se dirige e se desenvolve visando a uma única fase em todo o processo penal, sendo que o acusado se constitui em um mero objeto do processo e, por isto, continua tendo uma valoração negativa por parte da literatura científica que se dedica e estuda o processo penal.[131] O vigente processo penal regulado no StPO* é denominado de *"processo acusatório com princípio da averiguação* ("Anklageverfahren mit Ermittlungsgrundsatz") e, assim, não se identifica nem com o processo inquisitivo do direito comum nem com o processo acusatório puro.[132] O *elemento acusatório* – no sentido da tradição histórica do processo penal reformado[133] – se encontra identificado na função e na posição que ocupa o Ministério Público, como única autoridade que pode iniciar o processo e que formula a acusação (princípio acusatório no sentido da necessidade de existência de uma acusação penal para a iniciativa e desenvolvimento do processo, de acordo com os §§ 151, 155, e 264 do StPO),[134] o *elemento inquisitivo* consistiria no fato de que antes de se iniciar o processo pela demanda do Ministério Público, o juiz investiga e procura provas.[135] Kelker considera que o processo continental-europeu, que toma como modelo o processo penal francês, combina "elementos de um processo inquisitivo com elementos do denominado processo acusatório"; enquanto o processo anglo-americano se estrutura como um processo puramente contraditório de partes que se enfrentam entre si.[136] Conforme esta

---

[131] C. ROXIN, *Strafverfahrensrecht*, 25. ed. 1998, § 17 n° 3; W. Beulke, *Strafprozessrecht*, 9° ed. 2006, n° 18; U. Kindhäuser, *Strafprozessrecht*, 2006, § 4 n° 16.

* NT – Ordenação Processual Penal Alemã.

[132] C. ROXIN, ob. cit., nota de rodapé e 130, § 17 n° 6.

[133] Cf. nota de rodapé 108 e o texto principal.

[134] A respeito, de forma mais extensa, cf. C. ROXIN, ob. cit., nota de rodapé 130, § 13; K. Volk, *Grundkurs StPO*, 5ª ed. 2006, § 18 nm. 5; H. – H. Kühne, *Strafprozessrecht*, 7ª ed. 2007, § 19; F. – C. Schroeder, *Strafprozessrecht*, 4ª ed. 2007, nm. 58; U. Hellmann, *Strafprozessrecht*, 2ª ed. 2006; W. Beulke, ob. cit., nota de rodapé 130, n° 18 e ss.; U. Kindhäuser, ob. cit., nota de rodapé 130, § 4 n° 16 e ss, e § 25 n° 3.

[135] C. ROXIN, ob. cit., nota pie 130, § 17 nm. 5.

[136] B. Kelker, "Die Rolle der Staatsanwaltschaft im Strafverfahren", *ZStW* 118 (2006), p. 389 (392). Sobre as origens deste processo cf. basicamente J. H. LANGBEIN, *The origins of adversary criminal trial*, 2003; R. VOGLER, ob. cit., nota de rodapé 38, p. 131 e ss.

posição, o processo penal alemão seria um processo acusatório – no sentido antes mencionado – com elementos inquisitivos, ou podendo ser chamado de um *processo acusatório inquisitorial*.

Se nos centrarmos mais no desenvolvimento do processo em si, considerando tanto sua fase preliminar como aquela levada a efeito em juízo, de forma a se indagar como "se procede", seguindo a distinção internacional entre modelo contraditório (adversarial) e modelo inquisitivo, chegamos à conclusão de que o vigente processo penal alemão se amolda melhor dentro do gênero dos processos "inquisitivos".E, assim é, porque se atendermos a suas características estruturais básicas – repetindo: princípio da oficialidade (*indagatio*) e da busca da verdade material (*veritas*) –,[137] o ato de se "proceder" se faz de maneira bem mais inquisitiva.[138] Se observarmos o processo a partir de uma perspectiva da *prova*, confirmaremos esta nossa afirmação: tanto quando se trata da obtenção dos elementos probatorios, como em relação à apresentação e valoração da prova, vigora o da busca da verdade ou do esclarecimento dos fatos (*Aufklärungsprinzip*, § 244 StPO). É o Estado que tem a atribuição de coletar a prova, sendo que o Estado se encontra representado pelo Ministério Público (e pelo o juiz de instrução)* na fase preliminar, e, de forma adicional pelo próprio tribunal na fase intermediária e na fase do juízo oral. Em sentido contrário, um processo acusatório puro deixa esta atividade probatória nas mãos da partes,[139] se bem que, na variante moderna do processo acusatório,[140] no processo de partes anglo-americano, a iniciativa do processo não depende de uma acusação aduzida por um sujeito processual privado (parte privada) – como ocorria nos processos acusatórios antigos, como são os casos dos processos acusatórios da Grécia e de Roma. A forma inquisitiva do processo continental-europeu se dá em vista da atribuição de acusação concedida a órgãos públicos (Ministério Público e/ou

---

[137] W. SELLERT ob. cit., nota de rodapé 36, p. 181.

[138] Com todo acerto, K. VOLK, ob. cit., nota de rodapé 133, § 18 n° 5 (p. 167).

* NT – Evidentemente, o autor se refere ao sistema alemão, pois no Brasil não há juiz de instrução, pois o juiz só pode agir na fase processual. A coleta da prova assim é feita pela polícia, sobre o controle externo do Ministério Público, podendo também ser colhida por outras autoridades administrativas previstas em lei, como é caso do próprio Ministério Público.

[139] Neste sentido também A. IGNOR, ob. cit., nota de rodapé 14, p. 43 e ss.

[140] M. DUCE/RIEGO R., *Proceso Penal*, 2007, p. 36 falam também do "sistema acusatório moderno".

Juiz de Instrução, com faculdades e poderes mais ou menos amplas, conforme o caso).[141] Porém, os membros deste órgão público não coincidem com os sujeitos que irão processar o acusado, ou seja, as pessoas ou autoridades que formam o tribunal competente para o processamento e, por esta razão, *neste aspecto*, pode se falar na presença do princípio acusatório ou do processo acusatório – mas na acepção mais limitada do termo.[142] Isto corresponde a uma perspectiva de direito comparado que diferencia entre três diferentes *estruturas* processuais que se ajustariam ao princípio acusatório:[143]

• O processo *inquisitivo*, no qual o órgão judicial intervém na obtenção das provas, porque o processo é direcionado ao esclarecimento dos fatos (*Aufklärungsprinzip*) e no qual o juízo oral pode se preparar ou se embasar se sobre a base daquilo que consta nos autos relativos à instrução preliminar (Alemanha, França, Países Baixo, Áustria e Portugal).

• O processo *adversarial* ou contraditório, no qual as partes obtêm por si mesmas os elementos de prova e são elas também as encarregadas de apresentar as provas relativas à questão da discussão da culpabilidade do acusado no juízo oral – juízo que, na prática, cada vez mais exige menos formalidades.

• O processo *misto*, no qual se conjugam elementos inquisitivos e contraditórios (adversáriais) (Itália, Japão, Suécia).[144]

Em todo caso, por mais importantes que sejam todas estas tentativas de se criar categorias ou sistemas, a partir da perspectiva de uma concreta dogmática do direito processual penal, não se pode perder de vista que esta dicotomia entre modelo inquisitivo e modelo contraditório ou adversarial está sendo questionado em

---

[141] Acerca da estrutura hieráquica-burocrática cf. R. VOGLER, ob. cit., nota de rodapé 38, p. 19.

[142] Desta forma conclui a dourrina alma dominante, cf. las citações na nota de rodapé 133.

[143] Cf. W. PERRON, "Rechtsvergleichender Querschnitt", em *Die Beweisaufnahme im Strafverfahrensrechts des Auslands*, 1995, p. 560 e ss.

[144] Entre estes processos existem sem dúvida muito mais diferenças, em particular no que diz respeito à configuração e importância de cada uma das fases processuais, em concreto e simplificando: investigação prévia (judicial ou não-judicial), processo principal (judicial) e os recursos (cf. W. PERRON, ob. cit., nota de rodapé 141, p. 552, bem como os informes nacionais que são publicados neste volume).

nível internacional, tendo esta discussão se iniciada com o trabalho de Damaška[145] sobre as bases para uma comparação estrutural do sistema de justiça penal.[146] Por outro lado, a prática processual penal internacional mostra como – o que vai mais além do que meros detalhes conceituais – é interessante se concentrar nas vantagens ou desvantagens práticas de cada um dos modelos de processo penal. E este realmente um tema fundamental, mas que não temos condição de nos aprofundar no mesmo nesta primeira abordagem, mas, em todo caso, merece ser mencionado, na medida em que o processo penal internacional, da forma e modo que vem sendo aplicado nos tribunais internacionais, já tem produzido uma evolução que parte de um processo adversarial para um processo cada vez mais inquisitivo ("instrutor"), com uma presença cada vez mais ativa do juiz na obtenção das provas. Nestes tribunais, já se pode falar – pelo menos desde um ponto de vista da normatividade que está vigente – de um processo *misto adversarial-inquisitivo*.[147] E o que é interessante é que um dos argumentos levantados contra o processo penal puramente adversarial (que se traduz no enfrentamento entre partes), argumento que ao mesmo tempo é utilizado a favor do desempenho cada vez mais ativo do juiz no processo, no sentido inquisitorial, se extrai da assertiva de que "the belief that the prolonged nature of Tribunal proceedings was attributable (...) to not enough control (...) over the proceedings by the judges".[148]

---

[145] M. R. Damaška, *The faces of justice and state authority*, 1986, p. 16 e ss.: "coordinated two cases" versus um "judge led" ou "hierarchical one case approach".

[146] Muito ilustrativo R. VOGLER, ob. cit., nota de rodapé 38, p. 3 e ss., que traça, por sua vez, uma distinção entre três tipos de processos, em função do tipo de organização humana da convivência e as principais partes que são protagonistas do processo.

[147] Cf. a síntese de K. Ambos, *Internationales Strafrecht*, 2nd. ed. 2008, § 8 n° 20 e ss. (49) com ulteriores referências; com mais detlhes, do mesmo autor, "The structure of International Criminal Procedure: 'Adversarial', 'Inquisitorial' or Mixed?" em M. Bohlander (ed.), *International Criminal Justice: A critical analysis of institutions and procedures*, London 2007, p. 429-503.

[148] Report of the Expert Group to Conduct a Review of the Effective Operation and Functioning of the ICTY and the ICTR, 22 November 1999, UN Doc. A/54/634, parágrafo. 77. Em sentido similar M. Bohlander, *Evidence before the ICC – basic principles*, ERA – Forum 4/2005, 543 (553).

Capítulo II

O processo acusatório, a denominada verdade real, e a busca da prova no processo penal

1. Processo acusatório e prova

No Brasil Colônia, logo de início vigorou a lei vigente em Portugal, ou seja, as Ordenações Manoelinas, cabendo a Martim Afonso de Souza a organização do Judiciário no recém-descoberto Brasil, sendo os processos penais iniciados por *clamores* e depois por *querelas*, com a *delatio* que provocava o processo sendo feita por particulares, não importando se delito privado ou público e, no caso de *devassas*, estas eram iniciadas por denúncias.

Após curta vigência do Código de D. Sebastião, passaram a vigorar as Ordenações Filipinas, de 1603 a 1832, quando entrou em vigor o Código de Processo Criminal, já no Brasil Império. O Código de Processo Penal do Império era de índole medieval, privilegiando os poderosos que, através de pagamento em dinheiro, se livravam das penas criminais.[149]

---

[149] De se observar que em regiões dominadas pelos holandeses vigorava o sistema judicial da Holanda, havendo a figura do Escolteto, que ao mesmo tempo era chefe de polícia e promotor, mas havendo também a acusação privada, constituindo-se o processo penal em um procedimento onde predominavam a tortura e as recompensas para quem fizesse delações.

Tínhamos, assim, nesta época no Brasil, o reflexo do que ocorria na Europa, consoante se viu do excelente estudo histórico anterior empreendido pelo Professor Kai Ambos.

Na verdade, foi com a Constituição de 1824 que tivemos o Poder Judiciário organizado no Brasil e, após o Código do Império de 1832, com alterações feitas pela Lei nº 261, de 3.12.1841, e regulamentado pelo Decreto nº 120, de 31.12.1842, passaram as querelas e devassas a se denominar *queixas*, e o processo poderia ser iniciado por *denúncia* do Promotor ou de qualquer pessoa do povo, prevalecendo o julgamento pelo Júri, excetuando-se as contravenções e delitos mais leves.

Em meados do século XVIII, o mundo conheceu o chamado *período humanitário do Direito Penal*, preconizado por Montesquieu e Beccaria e, assim, foi fortalecido o Ministério Público, condenadas a tortura, as ordálias, os Juízos de Deus e o testemunho secreto, passando a ser defendida a liberdade das provas, e com o Código de Napoleão, na França, se deu a tripartição dos Tribunais.

Como não poderia deixar de ser, o Brasil acompanhou esta tendência, e, com a proclamação da República, cada Estado tinha sua própria Constituição e poderia editar sua lei processual, mas continuava em vigor a legislação federal, que, em matéria de processo penal, era a mais seguida, ou seja, o Decreto nº 4.824 e a Lei nº 2.033, de 1871.

Advindo no Brasil a Constituição de 1934, deu-se a unificação da legislação processual penal, e, com a Constituição de 1937, passou-se à elaboração do Código atual, Decreto-Lei nº 3.689, de 30.10.1941, que entrou em vigor em 1º de janeiro de 1942, promulgando-se, também, a Lei de Introdução ao Código de Processo Penal (Código este que, só mais recentemente passou a sofrer reformas pontuais, como se verá nesta obra).

Na verdade, tem-se afirmado que, na "moderna" fase do processo penal se identificam três sistemas processuais: o inquisitivo, o misto e o acusatório. E, como já se viu no capítulo anterior, nem sempre tivemos presente na Europa Continental e, por conseqüência nas Colônias Latino-Americanas, sistemas inquisitivo ou acusatório genuinamente puros, já que a regra era uma certa integração entre os sistemas acusatório e inquisitivo. A tendência,assim, passou a ser de procedimentos mistos.

Mas, se em épocas mais antigas vigorava o princípio acusatório, como ocorreu na Antiga Grécia e Roma, e mesmo no antigo processo Germânico, onde tínhamos um processo acusatório, também como se viu anteriormente, foi ganhando força paulatinamente na Europa a partir da Idade Média o processo inquisitivo, predominando esta modalidade procedimental sobre os últimos baluartes residuais de processo acusatório,[150] passando, assim, a serem deferidos amplos poderes investigatórios para o juiz na fase preparatória do processo e, paulatinamente, foram prevalecendo formas procedimentais mistas, em que, se passava a adotar resquícios do anterior processo acusatório, retirando-se, em parte, o juiz da fase investigatória, mas sendo o procedimento mesclado com marcante presença de traços de natureza inquisitiva, de forma a se conservar com o juiz os poderes próprios de investigação, sendo que, somente agora, na época contemporânea, passa a se ter uma tendência de adoção de um sistema acusatório, reservando-se ao juiz somente atos de jurisdição, de molde a se retirar do magistrado o poder de promover atos investigatórios.

O Código brasileiro de 1941, refletindo a tendência de sua época, baseado no Código de Rocco da Itália Fascista, abraça, assim, um sistema misto e, portanto, apesar de trazer a característica de fortalecer o Ministério Público, dando-se, em regra, a separação entre as funções de acusar e julgar na fase da ação, adotando o contraditório e a necessidade de defesa técnica, conservava, ainda, na forma original do Código, formas de procedimento *ex officio* e amplos poderes ao juiz na fase de investigação, o que, como veremos adiante, sofreu modificação com o advento da Constituição de 1988 que passou a adotar um sistema de garantias e princípios condizentes com o sistema acusatório, o que vem se tentando refletir em paulatinas reformas pontuais no Código de Processo Penal.[151]

---

[150] Como se viu do estudo histórico empreendido pelo Professor Kai Ambos supra, a *Contitutio Ciminalis Theresiana de 1768* foi um primeiro passo para o sepultamento do processo acusatório na Europa, mormente na Europa Continental Central, mas passou-se a coexistir com resquícios do processo acusatório no agora mais adotado processo inquisitivo, o que fazia com que surgissem formas mistas de procedimentos.

[151] Tivemos em 2003 a reforma do Capítulo referente ao Interrogatório e, agora, em 2008, sancionadas três Leis (11.689 e 11.690, de 9 de junho de 2008, e a Lei 11.719, de

Consoante observou Tourinho, em relação à evolução histórica do processo penal, em havendo um litígio, passou somente ao Estado a administração das forças para intervir na solução dos litígios penais, mas esta "intervenção, entretanto, ocorreu paulatina e gradativamente. A princípio, o Estado disciplinou a autodefesa. Mais tarde, despontou em algumas civilizações sua proibição, quanto a certas relações, a certos conflitos. E, assim, aos poucos, foi-se acentuando a intervenção do Estado, culminando por veda-la (...) se apenas o Estado pode administrar justiça, solucionando os litígios, e ele o faz por meio do Judiciário, é óbvio, se alguém sofre uma lesão em seu direito, estando impossibilitado de faze-lo por meio da força, pode-se dirigir ao Estado, representado pelo Poder Judiciário, e dele reclamar a prestação jurisdicional (...)".[152]

Assim, o Judiciário, através de um juiz, passou a solucionar os litígios, sejam os conflitos de interesses cíveis ou aqueles decorrentes da prática de um crime, tendo o dever e o poder de julgar *através de um processo*.

Conforme explicita Franco Cordero:

"Os juízes têm o monopólio dos instrumentos penais; e, se qualquer pessoa deve ser punida, a forma desta punição as normas legislativas devem definir. O processo é uma operação reflexiva: um ou mais juízes estabelecem se, no caso em concreto, deve se dar a condenação de quem resultou culpado (...)".[153]

Cuidando-se da prática de uma infração penal, o que aqui nos interessa, partindo-se de um processo penal baseado na acusação privada, passou-se a um sistema inquisitorial, que, como já dito, teve seu apogeu na Idade Média, com o juiz acusando e instruindo o mesmo processo, em verdadeira "relação linear" entre juiz e réu, que passa a ser mero objeto de investigação, pois não se lhe reconhece direito algum no plano do processo.[154]

---

20 de junho de 2008, que trazem mais uma roupagem acusatória ao Código, mas, ainda um pouco timidamente, vez por outra ainda se encontrando resquícios ou traços do processo inquisitivo.

[152] Tourinho Filho, Fernando da Costa. *Processo Penal*, vol. I, 18ª ed., São Paulo: Saraiva, 1987, p. 10.

[153] Cordero, Franco. *Procedura Penale*, p. 14, tradução livre nossa.

[154] Jardim, Afrânio Silva. *Direito Processual Penal – Estudos e Pareceres*, 2ª ed., Rio de Janeiro: Forense, p. 56.

Com o passar do tempo, notou-se ser necessária a preservação da "imparcialidade" do magistrado, e, por outro lado, o Estado não podia abrir mão da persecução penal. O Estado deveria assegurar e criar "mecanismos seguros" para que a atividade jurisdicional se fizesse de maneira justa, independentemente da vontade ou interesse das partes privadas. Mas, o juiz tinha de ser preservado, em prol de sua neutralidade e imparcialidade.[155]

Surge, então, o Ministério Público, com a publicização do processo, preservando-se a imparcialidade do juiz, e, assim, mormente no caso brasileiro, em regra, sendo praticada uma infração penal, o Estado fará a *persecução penal pública no processo, através do Ministério Público.*

O que é certo é que os princípios ou garantias processuais defluem do sistema processual adotado em certo país e, como já visto, são três os sistemas processuais que predominaram na evolução do processo penal: o *inquisitivo,* o *acusatório* e, mais acentuadamente, a partir do século XVIII o chamado sistema *misto.* Se bem que a a divisão a estruturação de cada um destes sistemas não é tão simplista, como mostra o esclarecedor e desmitificador estudo empreendido pelo Prof. Kai Ambos no capítulo anterior.

Em uma visão mais simplista, o sistema inquisitório caracteriza-se, segundo vertente mais propagada, por ser escrito e secreto, havendo impulso oficial e liberdade processual, e dando-se grande valor à confissão, inclusive com admissão da tortura em épocas passadas. Apesar de isto não ser tão taxativo, pois como se viu na evolução histórica trazida pelo Professor Kai Ambos no estudo anterior, também se verifica prática de tortura em procedimentos por alguns vistos como de matiz acusatória.

Neste processo (ou inquisição), a função acusatória, de defesa e julgamento se concentra na pessoa do juiz acusador, ou seja, do inquisidor, sendo o acusado mero objeto do processo, não sendo sujeito de direitos e não havendo relação processual. No Direito Canônico, imperou com grande força o processo inquisitivo, inclusive com aplicação de torturas para se alcançar a confissão.

O sistema acusatório, que advém da Grécia e da Roma antigas, se caracteriza pela existência do *actum trium personarum,* com fun-

---

[155] Autor e obra citados, p. 23.

ções de acusar e julgar distintas, sendo o juiz imparcial. Sua principal característica é a predominância dos princípios da oralidade e a publicidade.

Originalmente, além da Roma e da Grécia antigas, vigorou no Direito germânico da Idade Média, entrando paulatinamente em declínio, como também se viu do estudo anterior, quando passou a vigorar com mais força o sistema inquisitivo e sistemas de índole mista.

O sistema misto, para muitos, se caracteriza por ter uma fase preparatória marcantemente inquisitiva e, posteriormente, uma fase judicial contraditória, tendo elementos acusatórios e inquisitivos em maior ou menor grau, conforme o país ou legislação que o adota. Trata-se de uma mistura dos dois sistemas anteriores.

Porém, apesar de ter uma fase inquisitiva preliminar, um sistema pode ser considerado acusatório se for adotada uma fase processual sem caráter inquisitivo.[156]

Assim defendia Frederico Marques: "o que marca, por outro lado, o sistema acusatório, é a supressão da inquisitividade na relação processual, com a inexistência dos procedimentos secretos, do procedimento *ex officio*, da desigualdade entre acusação e defesa etc".[157]

O sistema misto imperou por toda a Europa do século XIII até a Codificação Napoleônica.

Para muitos, este era o sistema original do Código de Processo Penal pátrio, mas Frederico Marques entendia que o Código abraçava o sistema acusatório, afirmando que "é preciso salientar que o que caracteriza o processo acusatório é a separação entre a accusatio e a jurisdictio, e isso em nenhum sistema processual está consagrado de maneira mais perfeita que no direito brasileiro".

---

[156] Aliás, Hassemer bem demonstra que é comum na Europa se misturar o puro processo acusatório com elementos do processo inquisitivo, mas o que importa é que o juiz só pode agir mediante acusação do Ministério Público, passando, a partir daí, a ser o senhor (Hern) do processo, sendo tais processos um progresso na luta por uma melhor posição jurídica do acusado, descendendo da filosofia do Iluminismo (HASSEMER, Winfried. *Introdução aos Fundamentos do Direito Penal*, tradução da 2º edição alemã por Pablo Rodrigo Alflen da Silva, Porto Alegre: Sergio Fabris Editor, 2005, p. 185)..

[157] Marques, José Frederico. "A Investigação Policial", *in Estudos de Direito Processual Penal*, 2ª ed., Campinas: Millenium, 2001, p. 70-71.

E arrematava:

"O sistema do Código era um sistema acusatório puro da fase processual da *persecutio criminis* (...) uma coisa é processo inquisitivo como sistema processual, e outra a inquisitoriedade tão-só da fase pré-processual do inquérito".[158]

Realmente, o sistema adotado pelo Código de Processo Penal brasileiro era de uma fase processual com predominância acusatória, sendo que somente o fato de se ter uma fase inquisitiva preliminar não desnatura tal aspecto, mas há de se reconhecer que a pureza acusatória estava longe de ser alcançada, pois, mesmo na fase de processo, havia poderes para o juiz interferir na investigação e no procedimento *ex officio* do art. 531. O Código de 1941 brasileiro, assim, de forma inequívoca, na sua versão original, adotava um sistema procedimental misto, mesmo que de maneira não muito acentuada.

O sistema acusatório, conforme salienta Frederico Marques, é o sistema ideal:

"Os atos de colaboração, entre os interessados no litígio penal e o juiz, estão subordinados a uma forma procedimental em que não se ponha em risco a imparcialidade do órgão jurisdicional e na qual o jus puniendi do Estado e o direito de liberdade do réu sejam amplamente focalizados e debatidos. Nisto consiste o procedimento acusatório, único modus procedendi compatível com o verdadeiro processo penal".[159]

E, considerando o caráter acusatório deferido ao processo penal pátrio pela Constituição de 1988, o que se deduz das garantias e princípios ali previstos, apesar da impureza do nosso Código de Processo Penal, o que faz com que muitos o identifiquem como acusatório misto, temos hoje de se fazer uma releitura do Código de 1941, já que é o Código que tem que se adequar à Constituição, e não o contrário. Com a Constituição de 1988, pode-se falar hoje, como queria antigamente Frederico Marques, em um sistema acusatório se não puro, mais próximo a este. E, agora, cada vez mais se procura trazer tal roupagem para o Código de Processo Penal através das chamadas reformas pontuais.

---

[158] Marques, José Frederico. *"A Investigação Policial"*, p. 70-71.
[159] Ob. cit., p. 28.

Como princípios ou garantias explícitas na Constituição temos a vedação de tribunais de exceção, prevista no art. 5° XXXVII, da CF, a exigência de um juiz natural previamente estabelecido (art. 5°, LIII), do devido processo legal (art. 5°, LIV), do contraditório e da ampla defesa (art. 5°, LV), a vedação de utilização de provas obtidas por meio ilícito (art. 5°, LVI), da publicidade dos atos processuais (art. 5°, LX) e a garantia de defesa gratuita para os necessitados (art. 5°, LXXIV), podendo, ainda, ser citada a garantia de necessidade de fundamentação das decisões judiciais (art. 93, IX, da CF).

O princípio acusatório, visto por uma ótica mais estrita, assim, e é isto que aqui nos interessa abordar, melhor assegura a busca de provas, preservando a iniciativa das partes, apesar de poder, em certa medida, autorizar, na fase do processo a produção de provas por iniciativa do juiz,[160] tudo com o fito de se chegar ao verdadeiro culpado, evitando, assim, a punição de um inocente.

Conforme acentuam Demercian e Maluly:

"Tão largo é o alcance desse princípio que até mesmo a confissão no processo penal tem valor relativo (art. 197) e deve ser valorada de acordo com as demais provas coligidas, enquanto, no processo civil, esse mesmo ato, quando não se cuidar de direitos indisponíveis, tem importância definitiva e absoluta (art. 341, § 1°, CPC)".[161]

É que o juiz civil ou não-penal, de acordo, ainda, com esta doutrina, se contenta em maior grau com a verdade formal ou aquela acordada entre as partes; já no Processo Penal, o juiz deve procurar, pelo menos, a verdade provável, já que, como veremos a seguir, a chamada "verdade real ou material", que, como visto no estudo anterior, é fruto do processo inquisitivo, e não do processo acusatório (como muitos afirmam de forma errônea), é impossível de se atingir. De qualquer forma, o que interessa ao processo acusatório é sempre a busca pela Justiça.[162]

---

[160] Na fase investigatória, como já vimos, não é possível a produção ou iniciativa de provas pelo juiz, já que a promoção da ação penal pública é privativa do *parquet*.

[161] Demercian, Pedro Henrique e Maluly, Jorge Assaf. *Curso de Processo Penal*, São Paulo: Atlas, 1999, p. 28.

[162] De se lembrar que hoje, com a Lei n° 9.099/95, dos Juizados Especiais Criminais, pode haver a conciliação entre autor do fato e vítima, ou mesmo a transação entre

Em um processo do tipo acusatório, é insofismável a necessidade da prática, de realização dos chamados atos de instrução, que, em sentido amplo, compreendem os *atos probatórios* e as alegações da parte. Em sentido estrito, porém, chama-se *instrução criminal* à *instrução probatória*, ou seja, conforme conceitua Frederico Marques: *"O conjunto de atos processuais que têm por objeto recolher as provas com que deve ser decidido o litígio"*.[163]

Portanto, pelo caráter de dualidade do procedimento da persecução criminal do Brasil, temos duas fases bem distintas, a da *investigação*, onde a polícia judiciária irá colher elementos probatórios contra o indiciado, preparando elementos para a denúncia do promotor (ou queixa do ofendido, na ação penal privada) e a do *processo* (já proposta a ação penal), onde se dará a verdadeira *instrução probatória*, pois presente o contraditório entre as partes.[164]

Apesar de algumas provas colhidas na fase investigatória serem de grande importância e até definitivas, como é o caso do exame pericial ou das provas técnicas, outras provas, que não de caráter técnico, devem ser repetidas em juízo, uma vez que na investigação não existe contraditório, e, assim, as provas ali colhidas não são bastantes para embasar uma decisão condenatória. Daí a distinção entre provas repetíveis (a regra), e provas irrepetíveis, ou seja, aquelas que não podem ser reproduzidas na fase judicial, face à impossibilidade ou ao perecimento.

Consoante Aury Lopes Jr., considerando o sistema adotado no Brasil, os atos praticados na investigação "esgotam sua eficácia probatória com a admissão da acusação, isto é servem para justificar medidas cautelares e outras restrições adotadas no curso da fase pré-processual e para justificar o processo ou o não-processo (...)".[165]

Assim, para se preservar o sistema acusatório, mesmo conservando-se uma fase preliminar inquisitorial, deve-se distinguir entre *atos de prova* e *atos de investigação*. Apesar dos elementos colhidos

---

aquele e o Ministério Público, a ser homologada pelo juiz, e neste caso, o que importa não é a descoberta da verdade, mas sim a rápida resolução do conflito.

[163] *Elementos de Direito Processual Penal*, vol. II, p. 249.

[164] Em alguns países, como nos EUA, existe a unidade da persecução, não sendo as duas fases procedimentais tão distintas, o que se vê também nos países que adotam o processo inquisitório.

[165] *Sistemas de Investigação Preliminar no Processo Penal*, p. 119.

no inquérito serem denominados, em sentido amplo, de prova, na verdade esta é aquela colhida *no processo sob o crivo do contraditório*, sendo aqueles elementos colhidos no inquérito meros atos de investigação de validade limitada.

De acordo ainda com Aury Lopes Jr., "podemos afirmar que os atos de investigação preliminar têm uma função endoprocedimental, no sentido de que sua eficácia probatória é limitada, interna a fase. Servem para fundamentar as decisões interlocutórias tomadas no curso da investigação, formalizar a imputação, amparar um eventual pedido de adoção de medidas cautelares ou outras medidas restritivas e para fundamentar a probabilidade de *fumus comissi delicti* que justificará o processo ou não-processo".[166]

Aliás, o novo artigo 155 (ou modificado) inserido pela Lei 11.690 de 2008, deixa isto bem claro, apesar de ter sido dispensável se dizer, pois já era o entendimento da doutrina pátria, *verbis:*

"Art. 155. O juiz formará sua convicção pela livre apreciação da prova produzida em contraditório judicial, não podendo fundamentar sua decisão *exclusivamente* nos elementos informativos colhidos na investigação, ressalvadas as provas cautelares, não repetíveis e antecipadas". (grifo nosso)

Agora, assim, prestigia a reforma de 2008 o sistema acusatório na coleta probatória, mas, por outro lado, a redação do projeto de lei era melhor, pois não continha a expressão "exclusivamente" que acabou ficando na redação final da lei, o que deixa transparecer que ainda podem ser utilizadas, desde que ratificadas algumas provas inquisitoriais por outras judiciais.

Portanto, é nesta fase que, em juízo, serão apresentadas as provas para exame do juiz, tanto pelo autor como pelo acusado. Tal instrução hoje com a reforma processual de 2008, passa a ser feita em audiência concentrada, imperando-se a oralidade e a imediação, o que é mais condizente com o sistema acusatório.

Frise-se, em juízo, já que a denúncia virá, no sistema brasileiro, via de regra, instruída com as provas colhidas na investigação criminal realizada pela polícia judiciária, provas estas que também são obtidas mediante uma instrução, porém preparatória, sendo que, aqui, vamos nos ater à instrução probatória em juízo.

---

[166] Ob. cit, p. 122.

Destarte, é nesta fase do processo (na audiência concentrada) que o Ministério Público (ação penal pública) ou o querelante (ofendido na ação penal privada) terá a oportunidade de demonstrar a procedência da pretensão punitiva, ou seja, provando o que alegou na denúncia ou queixa, e o acusado, por sua vez, através da defesa técnica, terá a chance de demonstrar a improcedência da imputação deduzida pela denúncia ou queixa.

O processo acusatório visando pelo menos a uma "verdade" embasada na probabilidade e na convicção do juiz necessita, assim, da instrução probatória, para o fim de poder o juiz, reconstruir e buscar na instrução criminal elementos sobre o fato concreto ocorrido, para depois sopesar a prova e chegar à decisão final. Elucidar-se-á, então, o *thema probandum*, que é a hipótese a ser verificada através da prova.

Eduardo Espínola Filho bem acentuou, neste ponto, a diferença do processo penal com o processo civil, ao frisar que: "Destinada a produzir uma convicção de certeza, orientando-se a solução diversamente, quando apenas se consegue formar juízo de probabilidade, o processo penal é rigoroso na exigência que se deva sempre provar tudo quanto concerne à existência do crime, à pessoa dos seus autores e à realidade da responsabilidade destes".[167]

Assim, a instrução probatória visa a reconstruir um acontecimento passado ou pretérito, através da prova, e instruir, consoante Franco Cordero,[168] é "internarsi, profundar l'intellecto nel più segreto della cosa" (adentrar e aprofundar o intelecto no íntimo da coisa ou objeto); advém a palavra instruir da ciência da arquitetura (recolher, compor, ordenar com método), constitui *instrumentum* aquilo que serve para compor e ordenar.

Mittermayer já ensinava que: "A origem da prova dá-se em um fato passado fora da consciência do juiz, e o seu efeito se manifesta nas relações que pelo pensamento se estabelecem entre esse fato e o que se tem de demonstrar".[169]

Como bem coloca Paolo Tonini, "o juiz em primeiro lugar se defronta com um fato histórico imputado ao acusado, devendo resolver se o mesmo é responsável por aquele fato, e, em segundo lu-

---

[167] *Código de Processo Penal Brasileiro Anotado,* p. 435.
[168] *Procedura Penale,* p. 538.
[169] Ob. e p. cit.

gar, interpreta a norma incriminadora penal para saber qual é o fato típico ao qual o fato histórico se subsume, e, ao final, irá valorar o fato histórico que lhe foi apresentado, para concluir se realmente este está em conformidade com o tipo penal. Em extrema síntese, a decisão será tomada com base em um silogismo: o fato histórico, reconstruído através da prova, que é a premissa menor, a norma penal incriminadora, que é a premissa maior, e a conclusão que será obtida pela valoração se o fato histórico se adequa ou não ao tipo penal".[170]

Conforme esclarece o autor, tal regra de silogismo advém do pensamento filosófico e jurídico do final dos tempos da cultura greco-latina, e o juiz está obrigado a usar critérios racionais na motivação da decisão, sendo que, "na motivação, o juiz, com base nas provas que foram obtidas no curso do processo, reconstruirá o fato histórico cometido pelo acusado interpretando a lei e fazendo a confrontação final", e, assim, como o fato histórico imputado ao acusado ainda não é certo ao ser apresentado ao juiz, e como não se pode resolver o conflito entre a acusação e defesa "por um ato de fé", deverá ser utilizado o pensamento racional para a reconstrução do fato histórico, através da razão humana, sempre baseando-se em provas, de forma objetiva e lógica. Provar, assim, de forma sintetizada, "é a indução do juiz no convencimento de que o fato histórico aconteceu de uma determinada forma ou determinado modo. O fato histórico deve ser reapresentado ao juiz mediante fatos".[171]

Nas provas, as partes – autor e réu – irão fundamentar as alegações finais, e com o exame das provas é que o juiz irá embasar sua convicção e fundamentar a decisão final.

Para Antônio Magalhães Gomes Filho, "os mecanismos probatórios servem à formação do convencimento do juiz, e concomitantemente, cumprem função não menos relevante de justificar perante o corpo social a decisão adotada (...). Em outras palavras, além de ser um procedimento cognitivo, a prova é também um fenômeno psicossocial; daí a extraordinária importância da natureza das provas e do modo como são obtidas e incorporadas ao processo".[172]

Consoante Frederico Marques, "a demonstração dos fatos em que se assenta a acusação e daquilo que o réu alega em sua defesa é

---

[170] *La Prova Penale*, p. 7 (tradução livre nossa).
[171] Ob. cit., p. 8-9.
[172] *Direito à Prova no Processo Penal*, p. 13.

o que constitui a prova (...). A prova é, assim, elemento instrumental para que as partes influam na convicção do juiz e o meio de que este se serve para averiguar sobre os fatos em que as partes fundamentam suas alegações".[173]

Neste sentido, prova é todo elemento ou meio destinado ao convencimento do juiz sobre o que se procura demonstrar em determinado processo. Advém a palavra *prova* do latim *probatio*, que advém do verbo *probare*, que significa examinar, persuadir, demonstrar.

Conforme Mirabete, a instrução do processo é a fase "em que as partes procuram demonstrar o que objetivam, sobretudo para demonstrar ao juiz a veracidade ou falsidade da imputação feita ao réu e das circunstâncias que possam influir no julgamento da responsabilidade e na individualização das penas. Essa demonstração que deve gerar no juiz a convicção de que necessita para o seu pronunciamento é o que constitui a prova. Nesse sentido, ela se constitui em atividade probatória, isto é, no conjunto de atos praticados pelas partes, por terceiros (testemunhas, peritos etc.) e até pelo juiz para averiguar a verdade e formar a convicção deste último".[174]

Para Paolo Tonini, "a prova pode ser definida como um 'procedimento lógico', extraído de um fato produzido no processo (ex. declaração de testemunha) do qual se obtém a existência de um fato a ser provado".[175]

Aqui nos interessa o conceito de prova em si, já que, como observa o autor italiano supracitado, o termo prova pode referir-se a significados diversos, conforme o ângulo que se examine, e, assim, pode-se falar em fonte de prova, meio de prova, elemento de prova ou resultado probatório.

Agora, a grande questão que se coloca é a do ativismo ou não-ativismo do juiz na produção da prova, em que medida isto afrontaria o sistema acusatório como modelo de um país, no caso o Brasil e, sobre isto, voltaremos a nos deter no item 3.

---

[173] Ob. cit., p. 253.
[174] Ob. cit., p. 255.
[175] Ob. cit., p. 12 (tradução livre nossa do italiano).

2. O mito da verdade real

Já não mais se precisa acentuar que a chamada verdade real não é uma característica de um processo acusatório, já que o tema foi esgotado no estudo anterior do Prof. Kai Ambos, que demonstra que, a chamada verdade real, ou material, advém junto como o fortalescimento do procedimento inquisitivo na Europa Continental. O que ocorre é que, mesmo havendo uma renovoção que passa a evoluir para um processo com traços também acusatórios (sistema misto) e que vem agora, gradativamente, evoluindo tanto na Europa Continental como em outros países para sistemas particulares acusatórios mais restritos, inclusive resgatando elementos do antigo processo inquisitivo, o certo é que a idéia e objetivo de busca da verdade real ou material no processo penal, não foi (e certamente não será) abandonada tão cedo. O que nos cabe é identificar a verdadeira natureza desta "verdade" que se busca no processo penal.

Consoante Tourinho, ao diferenciar no Brasil o processo penal do processo civil, assim se posiona:

> "No Processo Penal, cremos, o fenômeno é inverso: excepcionalmente, o Juiz se curva à verdade formal, não dispondo de meios para assegurar o império da verdade. No Processo Civil vigoram as presunções, as ficções, as transações, elementos todos contrários à declaração de certeza da verdade material".[176]

Tourinho, entretanto, diz que no Código de Processo Penal o princípio da verdade real não vigora em toda a sua pureza, apesar de ser a verdade real aqui mais intensa do que no Processo Civil, e exemplifica:

> "É certo que, se o Juiz penal absolver o réu, e, após transitar em julgado a sentença absolutória, ainda que provas contundentes contra o mesmo réu apareçam, não poderá ser instaurado novo processo penal pelo mesmo fato. Entretanto, na hipótese de condenação, será possível a revisão. Ficou sacrificada a verdade real? A rigor, sim. Observe-se, entretanto, que, no cível, a sentença errada proferida a favor ou contra o réu, transitando

---

[176] Ob. cit., p. 41.

em julgado, não comporta reexame, salvo a hipótese excepcional de rescisória".[177]

Na realidade, no processo penal, pela sua própria característica, advinda do Direito Penal, ou seja, a garantia aos direitos do réu, não pode haver, após o trânsito em julgado da sentença favorável ao réu, a *reformatio in pejus*, piorando sua situação.

Porém, é necessária uma maior indagação sobre a natureza e o alcance da verdade no processo penal, na forma de doutrina mais recente.

É, sem dúvida, em relação ao tema da prova no processo penal, que surge a indagação, pois o juiz, para proferir a sentença, deve "sentir" o processo, tudo para fins de "conhecer" a verdade sobre os fatos em julgamento.

Em primeiro lugar, há de se acentuar que alguns autores negam a possibilidade de se atingir a verdade de um fato, o que retira a sua utilidade para o processso penal,[178] sendo que, por outro lado, se visto o processo como mero instrumento de resolução de conflitos, em vista apenas da controvérsia entre as partes, sendo aferido apenas o aspecto formal, perde sentido a busca pela "verdade", pois bastaria se fazer um "acertamento" dos fatos, como se dá comumente no processo civil, onde se acentua o princípio dispositivo.[179] Conforme bem acentua Gustavo Henrique Righi Baddaró:

> "O processo penal consensual, que por meio da transação penal possibilita a aplicação da de uma pena de multa ou restritiva de direitos, sem que haja necessidade de verificação judicial dos fatos até mesmo quando os fatos imputados não correspondam à verdade-, é outro modelo processual que, ideologicamente, não tem na verdade um escopo a ser alcançado".[180]

---

[177] Ob. cit., p. 42.

[178] Bazarian.Jacob. *O problema da verdade: Teoria do conhecimento.* 4ª ed. São Paulo: Alfa – Omega, 1994, p. 74.

[179] O mesmo se dá naqueles que enxergam no processo um mero "jogo" ou conflito, onde quem vence nem sempre é a parte que tem razão, mas aquele que melhor sabe "jogar". (É o que preconiza a teoria da situação jurídica defendida por James Godschmidt).

[180] BADDARÓ, Gustavo Henrique Righi. *Ônus da Prova no Processo Penal.* São Paulo: RT, 2003, p. 23.

O que é certo é que, para que tenhamos uma decisão justa, deve ser buscada a "verdade", que para o processo significa a busca do verdadeiro conhecimento dos fatos, o mais próximo possível da certeza, atavés da prova, para fins de realizar uma decisão justa.

Segundo Badaró: "Certeza e verdade, embora sejam conceitos intimamente ligados, não se confundem. O conceito de verdade é um conceito de relação. Um conhecimento é verdadeiro quando há concordância entre o *objeto* e a sua 'imagem' captada pelo *sujeito*. A verdade é o reflexo fiel do objeto na mente, é a adequação do pensamento com a coisa. Porém, não basta que um conhecimento seja verdadeiro, sendo necessário alcançar a certeza de que é verdadeiro. É a questão do *critério da verdade.* A certeza, portanto, constitui a 'manifestação subjetiva da verdade', sendo um estado de ânimo seguro da verdade como proposição".[181] Conclui o autor, assim, que "a certeza é a verdade do processo".[182]

Porém, é de se ter em conta que nem sempre a certeza será identificada como "verdade" do processo, pois este não é infalível como também não o são seus protagonistas e, assim, a certeza do processo, emanada na sentença do juiz, pode não corresponder à verdade, estando apoiada em um erro.

E o que é, então, verdade para o processo?

O juiz estará sempre passando por estados de ignorância, dúvida e certeza, para chegar ao convencimento final, salvo, obviamente, quando o processo desafia questões somente de direito ou quando o fato é incontroverso, mas, mesmo quanto a este deve-se ter maior cuidado no processo penal, pois se sabe que o que é incontroverso entre as partes não pode gerar certeza no juízo penal, pois, neste, o juiz ainda deve perquirir a verdade para chegar à sua própria certeza, independentemente daquela gerada pelas partes.

Ora, havendo ignorância do juiz sobre o fato, significa que nada sabe sobre o mesmo e, neste caso, o resultado será a absolvição , não havendo que se cogitar de ônus da prova, pois há uma conclusão do "nada provado". Porém, se houver *dúvida*, vigorará a regra do *in dubio pro reo*, e o juiz deverá julgar a favor do acusado. Havendo a

---

[181] Ob. cit., p. 25/26.
[182] Idem, ibidem.

certeza, o juiz aí decidirá de acordo com sua convicção, absolvendo ou condenando o acusado.

Ocorre que no processo dificilmente ou nunca se atigirá a *certeza absoluta*, pois como a instrução probatória equivale à busca do fato histórico, deverá haver uma reconstrução dos fatos com dados do passado, através da prova, para se buscar a verdade e, conseqüentemente, a certeza, e esta forma de reconstrução não permite, em regra, uma certeza absoluta, mas meramente *relativa*, tendo em vista as próprias deficiências humanas. O que terá o juiz é uma aproximação, ou seja, uma *probabilidade*, significando que deve buscar algo mais que a simples possibilidade, algo mais próximo da certeza, e isto é que é, em maior ou menor grau, a probabilidade. É o que se chama de *certeza possível*.

Acentua Marcos Alexandre Coelho Zilli que:

"(...) tanto a vinculação comparativa juiz/historiador, quanto a inserção da expressão verdade no processo penal são dotadas de um relativismo incompatível com o caráter absoluto que se lhes queira emprestar (...) as limitações impostas ao acertamento da verdade exigem cautelas redobradas na inserção desta expressão no processo penal, sobretudo quando qualificada de real, material ou objetiva. A obtençãoda 'verdade plena', configura, pois um mito que não se sustenta diante da realidade imposta pela obediência aos métodos de acertamento regrados por um Estado de Direito. A reconstrução processual-histórica, quando muito, permitirá o descortinamento de aspectos da verdade, situados, assim, em um ponto possível de ser atingido neste caminhar".[183]

Com efeito, o papel do juiz apesar de assemelhado, difere daquele do hitoriador, já que o juiz não é totalmente livre para a perquiri a verdade, pois impera no processo penal o princípio de necessidade da correlação da imputação com a sentença, e o juiz deve sempre decidir o processo, não se valendo de qualquer meio, mas com base no devido processo legal, não podendo se utilizar de provas ilícitas ou imorais.

De acordo com Maria Elizabeth Queijo, "a verdade humana sobre um fato é sempre relativa, porque é resultado das percepções,

---

[183] ZILLI, Marcos Alexandre Coelho. *A Iniciativa Instrutória do Juiz no Processo Penal*. São Paulo: RT, 2003, p. 113/114.

que são limitados e falíveis. A verdade abosoluta, coincidente com os fatos ocorridos, é um ideal, porém inatingível. A verdade que pode ser alcançada não transcedente, vinculada à realidade das coisas, é a verdade relativa.No processo, há estreita relação entre os conceitos de verdade, certeza e convencimento".[184]

Aliás, o dito convencimento nada mais é do que um corolário da certeza, ou seja, a convicção de foi alcançada a verdade.

Como o processo não se pode prolongar de forma indefinida, tendo que ter um termo, preponderam os conceitos de certeza e convencimento, como se fossem a verdade, mas como visto, esta é só relativa, pois tanto a verdade como a certeza na forma abosoluta não são atingidas, o que há é um convencimento que se apóia sempre em uma verdade relativa.

De acordo ainda com Maria Elizabeth Queijo:

"(...) o convencimento proporciona a tranqüilidade de que a verdade, possível de ser alcançada, foi atingida. Em síntese, o conceito de verdade relativa ocupa papel de destaque, porque é a verdade que pode ser alcançada, o mais próximo da realidade quanto possível. A certeza e o convencimento apresentam-se, então, como consciência e estado de ânimo de que foi atingida a verdade no mais alto grau de probabilidade".[185]

Como dito acima, costuma-se diferenciar a verdade material da formal, acentuando-se que esta está presente no processo civil, equanto aquela é exigida no processo penal. Entretanto, nenhuma delas será absoluta, pois o que ocorre é que temos limites ou graus distintos na obtenção da verdade.

Consoante Badaró:

"Certamente, nenhuma delas será uma verdade *absoluta*. A distinção está apenas no grau de limitação à descoberta da verdade. A verdade acertada pelo juiz jamais será uma verdade absoluta. Partindo de tal premissa, não tem sentido procurar distinguir a denominada verdade *formal* – que se aplicaria ao processo civil-daquela outra que, em contraposição, costuma-

---

[184] QUEIJO, Maria Elizabeth. *O Direito de não produzir provas contra si mesmo*. São Paulo: Saraiva, 2003, p. 29.

[185] *Ibidem*, p. 31.

se chamar de verdade *material* – que seria buscada no processo penal".[186]

Portanto, trata-se de formas diversas, em graus e limites diversos, para se atingir a verdade, mas como a verdade absoluta é sempre inatingível pelo juiz, sempre teremos, de qualquer modo, uma mera *verdade relativa*. A dicotomia entre verdade real ou material e formal, também não é útil, por este motivo, para distinguir o processo acusatório do inquisitório.

O que ocorre, isto não há dúvida, é que o modelo adotado no processo penal brasileiro permite uma maior investigação pelo juiz e, assim, mais se aproxima de uma "verdade material", apesar de ser esta inatingível, como visto.

Segundo Maria Elizabeth Queijo, as diferenças entre verdade formal e material

> "situam-se no plano da investigação dos fatos sem limites legais, por quaisquer meios disponíveis, abrangendo todas as informações que venham ao convencimento do juiz, independentemente de sua forma de obtenção. Por seu turno, a verdade formal é definida como verdade mais contida quanto aos meios de investigação dos fatos, regrada, obtida dentro dos parâmetros legais. Neste contexto, a verdade material, por ser investigada de forma mais abrangente, embora até mesmo fora dos limites legais, tenderia a aproximar-se da realidade efetivamente ocorrida (...)".[187]

Ocorre que, no processo penal, apesar de haver uma maior participação na busca da prova pelo juiz (art. 156 do CPP) e serem os meios probatórios mais amplos, existem provas não passíveis de serem produzidas, como as chamadas provas ilícitas, as imorais e mesmo quando se trate de estado de pessoa e, assim, não se tem a chamada verdade material como idealizada. A verdade material é um ideal, mas sempre inatingível.

Mas, o fato de ser a verdade obtida no processo sempre relativa, não nos leva à necessária conclusão de que o juiz não possa fazer " um acertamento verdadeiro no processo", mas só que este é sempre relativo. A verdade relativa é aquela que se situa entre o não-conhe-

---

[186] Ob. cit., p. 33.
[187] Ibidem.

cer (ignorância) e a verdade absoluta, ou seja a maior aproximação possível (considerada em graus) da verdade, ou em outras palavras: *probabilidade*.

A questão, agora, será a de se saber qual o tipo de probabilidade que o juiz deve buscar para ter "certeza" e para afastar a dúvida que, no processo penal, levaria à absolvição.

Não basta a mera estatística ou cálculo matemático para se chegar à probabilidade, sendo que é necessário se analisar o conjunto de provas específicas do caso em concreto. A estatística ou a valoração quantitativa só é útil para certos meios de prova, como é caso do DNA, onde se obtêm probabilidades elevadas com base em códigos genéticos encontrados em uma célula, mas mesmo assim, o que temos é somente uma elevada probabilidade, e não certeza absoluta. O mesmo se dá com a datiloscopia.

A melhor forma de se obter a verdade judicial é através da *probabilidade lógica*,[188] que, ao contrário da quantitativa, considera métodos dedutivos e indutivos somente com base na prova dos autos, e não somente baseado no grau de freqüência de um acontecimento. Na probabilidade lógica, o juiz deverá realizar *induções eliminativas* e, quanto mais resistir a hipótese, maior será a probabilidade.[189] Tal método, ao contrário do que possa parecer, servirá tanto para as provas indiciárias, ou indiretas, como para a prova direta, como no caso do depoimento testemunhal, quando o juiz deve considerar a coerência do testemunho e a própria credibilidade e reputação da testemunha.

Segundo Badaró:

"A grande vantagem da probabilidade lógica é estabelecer o *grau* de fundamento de uma afirmação sobre o fato, com base

---

[188] Critica-se a utilização da probabilidade quantitativa, pois esta apenas se preocupa com a repetição de eventos, mesmo o chamado *evidentiary value model*, por vezes utilizado pela justiça americana, que considera mais a probabilidade da prova do que o tema da prova, ou seja, sendo mais importante o grau de acerto da testemunha do que relações quantitivas estranhas aos elementos da prova no processo, sofre críticas, pois deixa de valorar, *v.g.*, que, às vezes, os fatos probatórios são falsos.

[189] *V.g.* Não basta raciocinar que todo aquele que está ao lado do cadáver e com a arma da mão é assassino, no exemplo utilizado por Mirabete, em sua obra "Processo Penal", ao tratar da prova indiciária, pois é necessário eliminar as possibilidades apresentadas pela defesa, como, p. ex., que o agente passava pelo local e só pegou a arma na curiosidade de saber se esta estava "quente", querendo apenas saber se o fato foi praticado naquele momento.

nos elementos de confirmação ou de provas disponíveis em relação àquela hipótese. Com isso elimina-se o abstrativismo da probabilidade quantitativa, que se preocupa apenas com a frequência de repetição de um evento de uma classe geral do fato, sem se preocupar como os elementos do caso concreto".[190]

Portanto, como não é possível ao juiz chegar a uma verdade absoluta, mas somente a uma probabilidade, ou seja, o mais próximo possível da verdade, tal nos leva à conclusão de que a certeza no processo é sempre relativa e, assim, a melhor forma de se buscar uma probabilidade é aquela embasada na lógica, ou na indução (ou mesmo dedução), pois esta é obtida com o exame judicial e seu respectivo convencimento, como base na valoração da prova dos autos.

Mas nem sempre se exigirá um altíssimo grau de probabilidade em decisões no processo penal, pois, segundo, ainda, Badaró:

"(...) Há casos, porém, em que o fundamento da decisão não é a certeza dos fatos. É o que ocorre, por exemplo, no caso de concessão de uma medida cautelar, para a qual se exige a *probabilidade de um direito ou de ocorrência de um dano*.Nos casos de urgência o juiz normalmente é autorizado a decidir com base na 'mera probabilidade' e não na certeza (isto é, no 'elevadíssimo grau de probabilidade'). Outro exemplo é o caso de decisões interlocutórias que se fundam em juízos provisórios, sobre fatos debatidos, como é o caso do recebimento da denúncia ou mesmo da decisão de pronúncia".[191]

3. O chamado processo acustório brasileiro e como deve ser a busca da prova em um processo acusatório

À medida que vamos tendo conhecimento do sistema processual alemão, cada vez mais temos encontrado traços identificativos com o sistema brasileiro de processo penal que vem sendo instaurado, paulatinamente, no Brasil, seja em face da Constituição de 1988,

---

[190] Obra citada, p. 52.
[191] Obra citada, p. 55/56.

seja em razão das reformas pontuais que vêm sendo realizadas, principalmente a recente de 2008.

A tradicional doutrina brasileira sempre parte da idéia de que a diferença do processo inquisitivo do acusatório reside que no processo inquisitivo as funções de acusar e julgar se encontram fundidas em um mesmo órgão, enquanto, no processo acusatório, tais funções se repartem entre dois órgãos públicos diferentes, sendo que no processo penal brasileiro, a função de acusar hoje é privativa do Ministério Público na ação penal pública, reservando, só em pequena medida, a iniciativa do ofendido, através de advogado, na chamada ação penal privada exclusiva, ou quando o promotor não age, e, aí, em nome do princípio da obrigatoriedade, o ofendido pode exercer ação pública através de forma anômala de fiscalização que se denomina "ação privada subsidiária da pública" (melhor seria chamá-la de ação pública de iniciativa privada, já que continua sendo pública, com todos os princípios a ela inerentes).

Mas o juiz, durante a instrução probatória, não perde o poder (e aí está ainda um traço do processo inquisitivo) de buscar a prova, sendo que a justificativa é a mesma do antigo procedimento inquisitivo: a busca da verdade, se bem que, como vimos no capítulo anterior, se procura agora dissimulá-la, chamando-a de verdade provável, ao invés de real ou material.

Na realidade , então, no Brasil temos um órgão público destinado a iniciar ação pública (de forma privativa!) consoante o art. 129, I, da CF. O Estado, através do princípio da obrigatoriedade, estimula ou determina a persecução dos ilícitos e o exercício do *ius puniendi* pelo *parquet*, só não fazendo em relação à chamada ação penal exclusiva (aqui vigora o princípio da oportunidade).

Assim, tal qual na Alemanha, não deixamos de ter algo parecido com um processo baseado no princípio da averiguação material, que pode perfeitamente ser identificado como um "processo inquisitivo com forma acusatória".[192]

No Brasil temos uma fase prepratória, notadamente inquisitiva, onde predomina o sigilo, se bem que se vêm adotando traços do princípio do contraditório nesta fase, que é a fase de investigação

---

[192] Kai Ambos toma de empréstimo a expressão de W. WOHLERS, em seu trabalho no capítulo primeiro desta obra.

(tal fase tem, pela Constituição, elencadas garantias para o acusado, atenuando-se um pouco seu caráter inquisitivo).

Mas, na verdade, é preciso que se tenha esta primeira fase (nem que seja sumária como *v.g.* através de peças de informação que tragam elementos de investigação) para que se inicie o processo, agora sim, um pretendido processo acusatório. Reside, aí, a justa causa para o processo penal.

Não deixa, assim, de ser uma inquisição prévia que serve de "filtro", ou seja, de preparação, para a fase da ação, possibilitando que a acusação (Ministério Público) possa fazer sua *opinio delicti*, optando por aquivar o procedimento prévio ou instaurar a ação, de forma a se evitar um processo sem justa causa ou inútil.

Aliás, a reforma processual penal, adotando a posição correta doutrinária de que a justa causa não era uma condição da ação, dá à mesma grande importância, elencando-a em hipótese que autoriza a rejeição da incial penal e, *a contrario sensu*, deve provocar o pedido de arquivamento pelo promotor, no inciso III do novo artigo 395 do CPP, *verbis*:

"Art. 395. A denúncia ou queixa será rejeitada quando:
(...)
III – *faltar justa causa para o exercício da ação penal.*" (grifos nossos).

Portanto, a justa causa se trata de um requisito especial para recebimento da inicial, ou seja, é erigida como condição de admissibilidade da denúncia ou queixa, que deve se lastrear em um suporte probatório mínimo (ao menos indiciário) e, daí, a exigência própria e específica do processo penal, que diferentemente do processo civil, exige um procedimento prévio (inquérito ou outra investigação), ou ao menos, a presença de peças de informação, que embasem a postulação aduzida pela acusação em juízo. E assim deve ser, obviamente, pois o processo penal envolve restrição à liberdade individual e, um processo sem lastro algum é, sem dúvida, uma coação ilegal ao imputado (art. 648, I, do CPP) a autorizar, inclusive, impetração de *habeas corpus*.

Obviamente que o juiz, ao apreciar a existência deste lastro probatório mínimo, não fará um profundo exame de mérito, na forma do art. 386 do CPP,[193] pois não se trata de se aferir procedência da imputação com juízo de mérito, e sim de se averiguar se há *suporte probatório mínimo para a imputação*, ou seja, se o fato narrado está embasado no *mínimo de prova*, se encontra correspondência em inquérito, outra investigação, ou no mínimo em peças de informação.

Em suma; é necessária uma investigação prévia, que no nosso modelo é marcadamente inquisitiva, para se propor a ação e se instaurar o processo acusatório. Caso não ocorra, a ação e o processo não podem ter prosseguimento (cfrs. art. 395 e 397 do CPP reformado).

Conclui-se, assim, que no processo penal brasileiro as chamadas *indagatio e veritas delict* também estão no processo penal reformado de 2008, e que, na verdade, tal qual na Alemanha, o elemento acusatório continua a ser identificado como sendo o da atribuição exclusiva que é destinada constitucionalmente, e agora legalmente (novo art. 257 do CPP), ao Ministério Público de exercer a ação penal pública.

É evidente que, com a reforma, trazemos outros elementos próprios do processo acusatório como a imediação, a publicidade e um juízo concentrado e oral.

Portanto, o *elemento acusatório* é mais identificado na função e na posição que ocupa o Ministério Público, como única autoridade que pode iniciar o processo e que formula a acusação, ficando ainda elementos inquisitivos no inquérito e no fato de o juiz poder buscar a prova no processo. Assim, tal qual o processo alemão, pode-se dizer que o processo brasileiro hoje é um processo acusatório – em sentido estrito – mas ainda com elementos inquisitivos, podendo também ser chamado de um *processo acusatório inquisitorial*.

E dentro do tema da prova, verificamos esta realidade, pois no Brasil o Estado, através da polícia, ou outra autoridade, que pode ser o Ministério Público, busca a prova (a diferença do processo alemão é a de que não temos o juiz de instrução) na fase preliminar, sendo que o juiz, de forma supletiva, também pode buscar a prova em juízo (agora no novo juízo oral).

---

[193] Aqui reside a objeção daqueles que não aceitam o lastro probatório mínimo a configurar a justa causa a ser examinada como condição da ação (Cf. José Antonio Paganella Boschi, ob. cit., p. 61).

Portanto, dentro da estrutura dos três sistemas mundiais, elaboradas por Kai Ambos, o Brasil também se situa de certa forma no primeiro, que é um "procedimento *inquisitivo-acusatório*", no qual o órgão judicial intervém na obtenção das provas, porque o processo é direcionado ao esclarecimento dos fatos e no qual o juízo oral pode se preparar ou se embasar sobre a base daquilo que consta nos autos relativos à instrução preliminar, utilizando matizes maiores do sistema acusatório (sistema que de jeito ou outro é adotado em Alemanha, França, Países Baixos, Áustria e Portugal).

Aliás, como já visto, esta vem sendo uma tendência mundial, ou seja, procurar aproveitar as vantagens ou desvantagens práticas de cada um dos modelos de processo penal.

No Brasil, assim, procura-se retirar os traços inquisitivos maléficos, mas conservando-se os considerados benéficos.É preciso se desmitificar, como faz o Prof. Kai Ambos, pois o procedimento inquisitivo tem seus traços benéficos, não sendo um sistema odioso, como procura apontar, de forma desatenta, parte da doutrina.

Assim, agora no Brasil, na fase concentrada e oral, em juízo, serão apresentadas as provas para exame do juiz, tanto pelo autor como pelo acusado. Tal instrução hoje, com a reforma processual de 2008, passa a ser feita em audiência concentrada, imperando-se a oralidade e a imediação.

Frise-se, *em juízo*, já que a denúncia virá, no sistema brasileiro, via de regra, instruída com as provas colhidas na investigação criminal realizada pela polícia judiciária, provas estas que também são obtidas mediante uma instrução, porém preparatória, sendo que, aqui, vamos nos ater *à instrução probatória em juízo*.

Destarte, é nesta fase do processo (na audiência concentrada) que o Ministério Público (ação penal pública) ou o querelante (ofendido na ação penal privada) terá a oportunidade de demonstrar a procedência da pretensão punitiva, ou seja, provando o que alegou na denúncia ou queixa, e o acusado, por sua vez, através da defesa técnica, terá a chance de demonstrar a improcedência da imputação deduzida pela denúncia ou queixa.

O processo acusatório, visando pelo menos a uma "verdade" embasada na probabilidade e na convicção do juiz, necessita, assim, da instrução probatória, para o fim de poder o juiz reconstruir e buscar na instrução criminal elementos sobre o fato concreto ocorrido, para depois sopesar a prova e chegar à decisão final. Elucidar-se-á, então, o *thema probandum*, que é a hipótese a ser verificada através da prova.

Eduardo Espínola Filho bem acentuou, neste ponto, a diferença do processo penal com o processo civil, ao frisar que: "Destinada a produzir uma convicção de certeza, orientando-se a solução diversamente, quando apenas se consegue formar juízo de probabilidade, o processo penal é rigoroso na exigência que se deva sempre provar tudo quanto concerne à existência do crime, à pessoa dos seus autores e à realidade da responsabilidade destes".[194]

Mas, o conceito que assume grande importância em um processo acusatório do qual procura se aproximar o sistema brasileiro é o referente ao *ônus da prova*, e a reforma processual brasileira, ao dispor sobre o tema, assim o faz no art. 156 do Código de Processo Penal:

"Art. 156. A prova da alegação incumbirá a quem a fizer, sendo, porém, facultado ao juiz de ofício:
I – ordenar, mesmo antes de iniciada a ação penal, a produção antecipada de provas consideradas urgentes e relevantes, observando a necessidade,
adequação e proporcionalidade da medida;
II – determinar, no curso da instrução, ou antes de proferir sentença, a realização de diligências para dirimir dúvida sobre ponto relevante."

Assim, a parte tem o ônus ou encargo de provar o fato que lhe interesse no processo, e não distingue a primeira parte do dispositivo processual penal, incumbindo uma ou outra de maior responsabilidade probatória, pois, *igualmente*, ambas as partes, autor e réu, podem provar o que alegam. Como diz Mirabete, "o princípio decorre não só de uma razão de oportunidade e na regra de experiência fundada no interesse da afirmação, mas na eqüidade, na paridade de tratamento das partes. Litigando estas é justo não impor a uma só o ônus da prova: do autor não se pode exigir senão a prova dos que criam especificamente o direito; do réu apenas aqueles em que se funda a defesa".[195]

---

[194] *Código de Processo Penal Brasileiro Anotado*, p. 435.
[195] Ob. cit., p. 262.

De acordo com Tornaghi: "(...) o sentido do art. 156 deve ser esse: ressalvadas as presunções, que invertem o ônus da prova, as alegações relativas ao fato constitutivo da pretensão punitiva têm de ser provadas pelo acusador e as referentes aos fatos impeditivos ou extintivos devem ser provados pelo réu".[196]

Portanto, oferecida a denúncia ou queixa, o autor deverá fazer a prova da ocorrência do fato e sua autoria, conforme imputado na petição inicial, e, quanto ao acusado, caberá fazer a prova em relação à inexistência do fato, ou que este esteja amparado por excludentes de ilicitude, culpabilidade e punibilidade, ou qualquer circunstância que implique benefício para o acusado (atenuantes, causas especiais de diminuição de pena, direito à substituição da pena privativa de liberdade, imposição de regime menos severo etc.).

Cabe ainda ao autor (Ministério Público ou querelante) fazer prova do dolo e da culpa (imprudência, imperícia ou negligência) do acusado. O Código de Processo Penal permite que, no *processo*, caso a parte não produza a prova ou persista dúvida, o juiz possa determinar de ofício diligências ou produção de provas.

Na verdade, assim, não há que se defender, como querem alguns, que a defesa no processo penal não tem nenhum ônus de provar. O que acontece é que o ônus da acusação é muito maior, sendo o da defesa sensivelmente diminuído, simplesmente por uma razão, a seu favor está a dúvida (*in dubio pro reo*) e, assim caso o MP não prove adequadamente e a defesa ao menos se incumba de mostrar a provável incidente, *v.g.* de legítima defesa (dúvida acerca da mesma) tal lhe aproveitará.

Consoante Afrânio Silva Jardim, "o processo penal assumiu uma estrutura capaz, ao menos no plano teórico, de permitir um julgamento justo à pretensão punitiva do autor, outorgando ao Ministério Público e ao Juiz funções da maior relevância, assegurando ao réu ampla defesa e instrução criminal contraditória".[197]

Assim, para alguns, como Paulo Cláudio Tovo, "no processo penal condenatório impera o princípio da investigação, como diria Figueiredo Dias, e o da demonstração (sistema acusatório puro). Não demonstrada a procedência da pretensão punitiva deduzida em juí-

---

[196] *Instituições de Processo Penal*, vol. IV, p. 226.
[197] Ob. cit., p. 27.

zo, pelo acusador, seja por que motivo for, cumpre ao juiz investigar a verdade (sistema acusatório com resquício inquisitorial, único compatível com o princípio da verdade real ou material) (...)".[198]

Mas, diferentemente dos países que adotam o juízo de instrução, no Brasil, onde se procura um processo acusatório, o juiz só deveria agir na busca da prova de forma supletiva, já que, de acordo com Frederico Marques, "compreende-se que, na jurisdição instrutória, o magistrado tenha poderes amplos e quase ilimitados de pesquisa, participando a fundo da investigação da verdade e atuando, por isso, com desenvoltura, para elucidação do *thema probandum*. Os seus poderes inquisitivos, aí, são quase ilimitados, e sua função é eminentemente instrutória". O mesmo não se dá no sistema acusatório, onde o magistrado preside a instrução e dá a sentença, pois, "se ele entregar-se à instrução da causa com o ardor de um detetive diligente, estará quebrada a garantia da defesa plena e comprometida toda a estrutura acusatória do processo penal".[199] Assim, no sistema brasileiro, o juiz só pode buscar a prova de forma supletiva, e *dentro do processo, e não na fase de investigação.*

Frise-se, *no processo*, e não na fase de investigação, pois no processo o juiz é sujeito processual, presidente do processo.

Ocorre que o artigo art. 156, quando trata do ônus da prova, permite ao juiz de ofício fazer a antecipação cautelar da prova, mesmo em fase de investigação, o que fere o princípio acusatório.

Neste ponto, assim, entendemos que a Lei 11.690/08 acabou por arranhar o princípio acusatório, pelo menos no modelo brasileiro (pois, como visto, na Alemanha o juiz também busca a prova preliminarmente), já que, se o juiz pode, como defendemos, de ofício e de forma supletiva, buscar a prova no processo, antes de iniciada a ação, por outro lado, na fase inquisitorial, não pode assim agir.

Portanto, o art. 156 que diz que "a prova da alegação incumbirá a quem a fizer, sendo, porém, facultado ao juiz de ofício: I – ordenar, mesmo antes de iniciada a ação penal, a produção antecipada de provas consideradas urgentes e relevantes, observando a necessidade, adequação e proporcionalidade da medida; (...)" deve ser enten-

---

[198] "Da Prova no Processo Penal Brasileiro: Principologia e Tempo da Prova (Visão Panorâmica)", *in Livro de Estudos Jurídicos* nº 3, p. 107.
[199] Ob. cit., p. 263-264.

dido, em uma interpretação conforme a Constituição, *no sentido de que* tal "ordenar do Juiz" pressupõe pedido da parte, se for em fase inquisitorial, só podendo assim agir, se já houver processo, sob pena de se incidir em inconstitucionalidade.

Entretanto, a exigência da observação da "necessidade, adequação e proporcionalidade", para se decretar a medida, foi uma boa providência, já que, como sempre defendemos, no processo penal tais requisitos devem ser considerados na aferição da medida cautelar, além daqueles outros da Teoria Geral do Processo e utilizados no processo civil.

Melhor, pensamos, seria deixar tal função de se buscar a prova cautelar, previamente ao início da ação, apenas para a parte, mantendo, como na redação anterior do Código, somente a previsão de produção de provas pelo juiz de ofício se dar *no curso da instrução ou antes de proferir sentença*, pois, como já visto, a instrução começa após o interrogatório do acusado e, assim, não se atentaria tanto contra o sistema acusatório que a própria reforma visava a prestigiar. Na investigação, não pode o juiz realizar atos de produção de provas, já que inexiste jurisdição, a não ser que se trate de medida cautelar provocada pela parte.

No processo penal acusatório brasileiro (que conserva traços inquisitivos), o juiz, que a princípio deve se manter inerte, para esclarecer os fatos, pode até vir a produzir a prova, mas sempre supletivamente, no caso de não-produção desta pelas partes e sempre na fase da ação em juízo.

Como adverte Espínola Filho, "não é o juiz obrigado a ordenar qualquer diligência, porque a acusação ou a defesa tenha feito a alegação, que assim se possa provar; se achar que não interessa ao esclarecimento da verdade, o juiz não promoverá a obtenção do competente meio de prova, e a parte só poderá queixar-se de si própria, pois lhe cumpria dar essa prova".[200]

Trata-se a produção de provas de ônus da parte, e, destarte, esta não deve ficar "esperando" que o juiz venha a fazer aquilo que incumbe à mesma, pois, como afirma Espínola Filho, "o descanso poderá trazer-lhe amargas decepções".[201]

---

[200] Ob. cit., p. 455.
[201] Ibidem.

Outrossim, forçoso reconhecer que, na fase processual, o juiz deve esgotar os meios de prova, buscando a prova *ex officio*, sendo isto compatível com o sistema da persuasão racional (e aqui está o traço ainda inquisitivo!), mas, como adverte Sérgio Demoro Hamilton, tal providência, buscando prova que incrimine o réu, só se justifica na ação penal pública, e explica:

> "Parece-me destituído de lógica que, em crime de ação penal de iniciativa privada, o juiz tome, suprindo a omissão da parte autora, providência no sentido de complementar a prova. Em tal hipótese, isto é, em caso de ação privada, sua atuação só se dará para beneficiar o querelado que, por qualquer razão, não tenha produzido prova que, em princípio, poderá trazer-lhe vantagem".[202]

De qualquer maneira, a reforma processual brasileira de 2008 deu um grande passo ao adotar os princípios da oralidade e da concentração nas audiências que buscam a produção das provas.

No processo penal brasileiro de há muito deveria imperar a oralidade, e, assim, os depoimentos das testemunhas deveriam ser orais, não podendo ser substituídos por declarações por escrito, que não têm o mesmo valor. No Tribunal do Júri, o processo predominante já era oral, e agora passou a ser ainda mais, quando a primeira fase é predominantemente oral, tal qual no antigo processo sumário, inclusive com os debates sendo feitos oralmente. Porém, à exceção dos Juizados Especiais Criminais, onde existe predominância da oralidade, no processo penal comum, ressalvados os procedimentos supracitados, só se dava a oralidade na coleta da prova testemunhal, no interrogatório e nas declarações de informantes ou vítimas, sendo que eram os demais atos (debates e alegações das partes), via de regra, escritos.

A grande novidade agora, assim, é, sem dúvida, a audiência concentrada e oral, sendo que a concentração tanto é o objetivo da reforma que o § 7º do art. 411 do procedimento do Júri reza que "nenhum ato será adiado, salvo quando imprescindível à prova faltante, determinando o juiz a condução coercitiva de quem deva comparecer".

---

[202] "A Disciplina Legislativa da Prova Penal". *Revista de Direito da Defensoria Pública do Rio de Janeiro*, nº 16, p. 236-254.

Não só o legislador da reforma do Júri como aquele que elaborou a parte dos procedimentos em geral passa a adotar mais oralidade, dentro daquilo que já se preconiza nas modernas legislações européias.

Conforme Demercian, "o processo escrito não traz maior segurança na produção, análise e valoração da prova. Ao contrário, retira do juiz o mais útil instrumento de ele dispõe para a formação de sua convicção: a observação viva e dinâmica dos fatos, que só o processo oral pode descortinar. Até porque, neste, o julgador está mais próximo de seu objeto de investigação (reconstrução histórica do fato *probando*), o que assegura uma decisão justa".[203]

Também foi adotado pela Reforma de 2008 o princípio da concentração, sendo que tal princípio deflui do princípio da oralidade, partindo da necessidade de haver a concentração das provas em uma audiência, com celeridade na coleta das provas, havendo uma verdadeira procura pela imediação

Perante a realidade do direito processual penal alemão, assim já se pronunciava Hassemer sobre os princípios da oralidade e da imediação:

"O modelo de acordo com o qual o Código de Processo Penal ordena e organiza a compreensão cênica com maior ênfase é o do princípio da imediação e da oralidade da audiência principal. A instrução pode (e deve) ter produzido amplamente o caso (...) os objetos de prova são assegurados: o caso deve ser levado em questão como fundamento da sentença, de certo modo, deve ser produzido 'novamente' na audiência principal e ali *com interação imediata e a comunicação dos participantes* (...). Somente os dados que são levados pela linguagem (oralidade) e somente as próprias percepções do Tribunal (imediação) são um apoio apto para a formulação da posterior sentença (...). Os princípios da imediação e da oralidade (...) são expressão do empenho por excluir radicalmente a compreensão do texto da fase de produção e ordenar com conseqüências estritas o que nesta fase de qualquer forma não se pode evitar: a compreen-

---

[203] DEMERCIAN, Pedro Henrique. *A Oralidade no Processo Penal Brasileiro*, São Paulo: Atlas, 199, p. 117.

são cênica com todas as suas complicações de garantia e referência(...)".[204]

Mas é evidente que, na prática, dificilmente se conseguirá tanta concentração e que, mormente considerando a prova requerida pela defesa, em nome da ampla defesa, poderá ser fracionada a audiência para ouvir testemunha faltante, bastando que se demonstre a imprescindibilidade. De igual forma, se o Ministério Público demonstrar ser imprescindível, poderá ser designada outra data para se ouvir testemunha da acusação faltante.

De qualquer forma, há uma aproximação com o direito europeu, mormente o alemão, que sempre procura a concentração nas audiências processuais penais, conforme se vê de Hassemer,"a *máxima da concentração* consiste na realização da audiência principal em um único ato. Os períodos de *suspensão* e *interrrupção da audiência principal* são avaliados estritamente, de modo que, em muitos casos, se tornam disfuncionais (...)".[205]

Além da oralidade que "decorre (...) uma nova dimensão de outra garantia do processual que é a da motivação das decisões, eis que produzida de uma forma distinta daquela presente no procedimento escrito, a compreensão da causa pelo julgador",[206] temos, ainda, a identidade física do juiz adotada pela reforma de 2008, sendo que, segundo Ambos e Choukr:

"(...) Inova-se, ainda, com a introdução explícita do princípio da identidade física do juiz, como regra no processo penal (...) tal princípio é um corolário da acusatoriedade, casando-se com a idéia do fortalecimento da oralidade e da imediação (...)".[207]

Na reforma ocorrida em 2003, já se tinha dado um passo para se dar mais aspecto acusatório na coleta do interrogatório, passando as partes a participarem do ato, pois antes, seguindo resquícios do sistema inquisitorial, o interrogatório só era feito pelo juiz, sem participação da parte.

---

[204] HASSEMER, Winfried. *Introdução aos fundamentos do Direito Penal*. Tradução Pablo R. Alflen da Silva, Porto Alegre: Sergio A. Fabris Editor, 2005, p. 215-217.

[205] Op. cit., p. 218-219.

[206] AMBOS, Kai; CHOUKR, Fauzi Hassan. *A Reforma do Processo Penal* – No Brasil e na América Latina, São Paulo, p. 70/76.

[207] Idem.

Assim ficou o novo dispositivo:

"Art. 188. Após proceder ao interrogatório, o juiz indagará das partes se restou algum fato para ser esclarecido, formulando as perguntas correspondentes se o entender pertinente e relevante".

Sempre se entendeu perante o Código de 1941 (redação original) que o interrogatório seria ato do juiz e personalíssimo em relação ao acusado no processo. A questão a ferir o sistema acusatório era a impossibilidade da interferência das partes no interrogatório.

Afirmava-se que o interrogatório possuiria o caráter de judicialidade, ou seja, era ato privativo do juiz, não podendo as partes, Ministério Público e defesa intervirem ou realizarem perguntas (art. 187 do CPP).

Agora, apesar de, a princípio, o interrogatório continuar sendo um ato em que as perguntas principais são do juiz, as partes poderão intervir, após as perguntas do magistrado, aduzindo perguntas pertinentes, assegurando, assim, maior ampla defesa e atendendo-se ao princípio constitucional do contraditório.Agora com a Reforma de 2008, passa o interrogatório em regra a ser feito no final da audiência oral e concentrada.

Prestigia-se, agora também, com a Reforma de 2008, a inquirição direta,[208] o que é um grande avanço, e se não é como o verdadeiro o exame cruzado americano, dele muito se aproxima. Assim a Lei nº 11.690, de 9 junho de 2008, que mudou normas relativas à prova, rompeu com o *sistema judicial ou presidencial*, adotando, também para

---

[208] Aliás, fazendo uma retrospectiva histórica, José Barcelos de Souza, lembra que "retornamos, assim, ao que se praticava antes também no processo civil, ao tempo da legislação anterior ao Código de 1939, quando os advogados inquiriam.Mas aconteceu que o sistema anarquizou-se. Havia a presença de um juiz inerte 'a quem os advogados tentavam negar, por vezes, qualquer intervenção moralizadora', como informou Pontes de Miranda (*Comentários*, v. 2, p. 242); ou, como lembrou Costa Carvalho (*O espírito do Código de Processo Civil*, p. 187), fazia-se a inquirição, de regra e contra a lei, sem a presença do juiz, pelos advogados das partes que tivessem oferecido as testemunhas.Naquelas circunstâncias, uma reforma se impunha, e o Código de Processo Civil trouxe a inovação de transferir para o juiz a inquirição das testemunhas, o que também veio a fazer o Código de Processo Penal". (SOUZA, José Barcelos. Novas leis de processo:inquirição direta de testemunhas.identidade física do juiz, obra no prelo para o boletim do IBCcrim/SP, p. 4) .

a instrução criminal, a inquirição direta pelas partes, o que sem dúvida se amolda mais ao sistema acusatório.

É o que dispõe o novo art. 212 do Código de Processo Penal, *verbis:*

> "Art. 212. As perguntas serão formuladas pelas partes diretamente à testemunha,não admitindo o juiz aquelas que puderem induzir a resposta, não tiverem relação com a causa ou importarem na repetição de outra já respondida.
>
> Parágrafo único. Sobre os pontos não esclarecidos, o juiz poderá complementar a inquirição".

Não se trata exatamente do sistema do exame cruzado americano,[209] pois consoante José Barcelos de Souza, "(...) nosso sistema de inquirição (...) difere do *cross-examination* norte-americano, com o qual tem em comum, todavia, um exame direto, mais a participação da parte contrária, o que muito o assemelha ao referido sistema do 'exame cruzado', ao qual, entretanto, não corresponde exatamente, uma vez que, neste, a inquirição das testemunhas é tarefa exclusiva das partes, não a fazendo também os jurados[210] nem o juiz, que se limita a presidir ao ato. O advogado da parte que apresenta a testemunha faz, em primeiro lugar, o chamado 'exame direto', facultando-se à parte contrária, a seguir, sua inquirição, então chamada cross-examination".[211]

O sistema brasileiro na verdade se encontra em formação, mas já se pode vislumbrar uma aproximação com o sistema Europeu-Continental, com uma aproximação maior com o sistema acusatório, mas sem desprezar de todo elementos do sistema inquisitivo.E isto acaba por se refletir no tema relativo às provas, mormente na questão do ônus da prova.

Alguns autores discordam da possibilidade do juiz realizar esta busca da prova de ofício, afirmando que tal não se compactua com a Constituição Federal, que adotaria um sistema acusatório puro (se-

---

[209] Erram, assim, aqueles que assim enxergam como efeito da reforma a adoção do sistema americano, a exemplo de Eduardo Reale Ferrari: "a Comissão propõe seja adotado o sistema de inquirição direta das testemunhas pelas partes, nos mesmos moldes da *cross examination* americana ..." (Código de Processo Penal – Comentários aos Projetos de Reforma Legislativa, Campinas:Millenium, 2003, p. 118)

[210] Nos EUA, a regra é o julgamento por jurados.

[211] SOUZA, José Barcelos. Novas leis de processo:inquirição direta de testemunhas. identidade física do juiz, obra no prelo para o boletim do IBCcrim/SP, p. 3 .

ria isto verdade?), sendo que deveria ser procurada a adequação ao modelo do *adversary system* dos países anglo-saxônicos.

Mas tal se trata de equivocada visão, já que como magistralmente demonstra Gustavo Badaró:

"(...) os poderes instrutórios do juiz não representam um perigo à sua imparcialidade. É necessário, porém esclarecer em que medidas exercita tais poderes. A categoria 'poderes instrutórios do juiz' é bastante heterogênea, incluindo poderes que vão desde a busca da fonte de provas (atividade propriamente investigativa) até a introdução em juízo de provas de cuja existência já tenha conhecimento. Partindo da distinção entre fontes de provas e meios de prova, percebe-se, facilmente, que perigo para a imparcialidade está no juiz que é um pesquisador, um *'buscador'* de fontes de provas. Já o juiz que, diante da notícia de uma fonte de prova, como a informação de que uma certa pessoa presenciou os fatos, determina a produção do meio de prova necessário – o testemunho – para incorporar no processo as informações contidas na fonte de prova, não está comprometido com uma hipótese prévia, não colocando em risco sua posição de imparcialidade. Ao contrário, o resultado da produção daquele meio de prova pode ser em sentido positivo ou negativo, quanto à ocorrência do fato (...) A questão, portanto, é estabelecer o limite de tais poderes e não propriamente a existência dos poderes instrutórios. O mais relevante é estabelecer a relação de tais poderes com o direito à prova das partes e, principalmente, qual deles predomina na atividade instrutória. Em suma, parece adequado falar em modelo ou sistema acusatório relativamente ao processo penal no qual haja nítida separação das funções de acusar, julgar e defender, que devem ser conferidas a pessoas distintas. Quanto à atividade probatória, pode ser rotulado de acusatório um sistema no qual seja reconhecido o direito à prova de acusação e da defesa, tendo ainda o juiz poderes para, em caráter subsidiário ou suplementar, determinar *ex officio* a produção de provas que se mostrem necessárias para o acertamento do fato imputado (...). O processo acusatório não se identifica completamente com o *adversary system*. O traço característico e essencial do processo acusatório é a separação das funções de julgar, acusar e defender, que são confiadas a sujeitos distintos. Essa mesma separação de tarefas, por certo, se verifica no *adversary system*. Contudo, em seus aspectos não essenciais, pode haver diferenças entre ambos os modelos (...) aqueles que, equivocadamente, partem da premissa de que o processo acustório se identifica com o processo *adversarial* concluem, também de forma errônea, que o processo acusatório implica ausência de atividade probatória do juiz. Em outras palavras, acabam por equiparar o processo acusatório ao processo dispositivo, no qual há um domínio pleno das partes, com inércia do juiz, inclusive no campo probatório. Em suma, o fato de o juiz não possuir poderes instrutórios no *adversary system* não pode servir de justificativa para se pretender que, no processo acusatório, igualmente, o juiz seja inerte e destituído de qualquer iniciativa probatória. Processo acusatório não é sinônimo de *adversary system*, sendo possível a adoção de um processo acusatório com a estrutura do *inquisitorial system*".[212]

Assim, como defendido supra, o que se deve evitar é atuação do juiz na fase investigatória, onde se dá a busca da fonte de prova, pois tal é que afronta o sistema acusatório, apesar de mitigá-lo com elemento inquisitivo, mas de forma positiva.

Como asseveram Joel Tovil e Denise de Mattos Martinez Geraci:

"(...) o que não nos parece possível, por absolutamente incompatível com um processo penal democrático, é a atribuição de poderes persecutórios ao juiz antes de deflagrada a ação penal (...). Depois da CF/88, ao juiz não podem mais ser atribuídos poderes inquisitórios na fase pré-processual, e os que forem exercidos *ex officio* durante o processo, hão de sê-lo com comedimento e eqüidistância, podendo a lei vir limitar tal atividade, a exemplo do que já se faz no direito italiano. Entre correr o risco de obter um primeiro veredicto parcial e o sacrifício da verdade *possível* preferimos o primeiro, até porque eventuais erros do julgador sempre poderão ser corrigidos na segunda instância, onde oficiam magistrados que não participaram da instrução criminal nem da colheita da prova. Demais disso, parece certo que a segunda opção aqui referida – sacrifício da

---

[212] BADARÓ, Gustavo Henrique Righi Ivahy. *Ônus da Prova no Processo* Penal. São Paulo: RT, 2003. p. 119-138.

verdade *possível* – também resultaria num julgamento parcial e, pior do que isso, injusto (...)".[213]

Destarte, o sistema brasileiro na verdade se encontra em formação, mas já se pode vislumbrar uma aproximação com o sistema Europeu-Continental e, especialmente, com traços que se encontram presentes no direito Alemão. Na verdade, estamos evoluindo para um sistema acusatório, mas não na forma pura e clássica, e sim conservando traços inquisitivos (a parte considerada boa do sistema inquisitivo). Isto não é ruim, sendo que, por outro lado, está dentro da tendência de renovação do processo penal mundial, que procura um novo sistema, que de um jeito ou de outro será sempre mesclado. O que deve se evitar são reformas pontuais que acabam por retirar o sistema desejável, transformando a codificação processual penal em algo disforme com normas inconciliáveis entre si.

---

[213] TOVIL, Joel; GERACI, Denise de Mattos Martinez. Poderes Instrutórios do Juiz. in *Revista Síntese de Direito Penal e Processual Penal*, n° 26, Porto Alegre, jun.-jul. 2004, p. 36-37.

Capítulo III

As vedações de utilização das provas no processo penal alemão*

1. Introdução: Fundo teórico e histórico

Já há mais de um século, Ernst Beling elaborou, em uma conferência inaugural, pela primeira vez, o significado do termo "proibição probatória",[214] expressão com a qual queria dizer que existem limitações à busca e averiguação da verdade na investigação operada no processo penal, isto em razão de interesses contrapostos de índole coletiva e individual.[215] A fixação de tais limitações probatórias depende, principalmente, do *status* outorgado no ordenamento

---

* NT – Tradução do original em alemão para o espanhol de Óscar Julián Guerrero Peralta (Prof. de Direito Processual Penal e Procurador em Bogotá, Colômbia); Revisão desta tradução feita pelo autor. Agradecimentos ao *cand. iur.* Martin Buse por sua ajuda na recompilação do material. A tradução, no que diz respeito aos artigos da Ordenação Processual Penal alemã (*Strafprozessordnung)*, foi embasada, na medida do possível, na obra de Juan – Luis Gómez Colomer, *O processo penal alemão. Introdução e normas básicas*, Bosch: Barcelona 1985. A tradução do texto do espanhol para o português foi feita por Marcellus Polastri Lima, Professor-Doutor em Processo Penal e Procurador de Justiça no Rio de Janeiro, Brasil.

[214] Neste sentido, Karlsruher Kommentar (KK) – Senge, 5ª edição 2003, que, antes, no § 48, em nota marginal (nm.) 20, já havia se referido a Beling, *in Die Beweisverbote als Grenzen der Wahrheitsfindung im Strafprozess*, 1903.

[215] Cf. também Henkel, *Strafverfahrensrecht* 1968, p. 271, segundo o qual "As razões para a admissão de vedações probatórias residem na consideração de interesses diversos que estão em conflito com os interesses de descoberta e averiguação da

jurídico à posição do indivíduo perante o poder do Estado.[216] Esta posição se molda dentro do Estado de Direito, em sua manifestação mais elaborada, considerados os direitos fundamentais garantidos e assegurados constitucionalmente, principalmente aqueles referentes à dignidade humana e ao livre desenvolvimento da personalidade.[217] Nesta órbita de direitos, existem áreas que estão protegidas das possíveis ingerências estatais por parte do legislador, resultando, por conseqüência, que a apuração dos fatos delituosos, através de determinados meios probatórios, pode resultar inadmissível e proibida.[218] O investigado ou imputado é sujeito ativo, e não um simples objeto de investigação do processo penal,[219] sua liberdade de decisão e de ação é intangível e invulnerável, razão pela qual, de maneira alguma, pode ser objeto de desprezo ou de manipulação.[220] A manipulação da vontade livre do investigado ou imputado, por exemplo, através de ameaça, coação, erro, ardil ou táticas similares, devem ser proibidas e, conseqüentemente, coibidas através de sanções.[221] Em corolário, as proibições probatórias resultam de um componente individual e de outro coletivo: por um lado, servem para a *garantia dos direitos fundamentais*,[222] protegendo o investigado ou imputado de utilização, *contra si*, de provas ilegalmente obtidas – no sentido amplo de proibição da imposição de responsabilidade criminal, através de tais provas – ainda que, não obstante, o reconhecimento desta utilidade, devido ao princípio da culpabilidade sempre podem tais

---

verdade e que são considerados como superiores frente a tais interesses". Ver também Otto, GA 1970, 289.

[216] Cf. Otto, GA 1970, 289 (291) referindo-se a Beling.

[217] Cf. Beling, nota supra, p. 37: "Existirá acordo sobre a assertiva de que também o processo penal deve ter em consideração a *dignidade humana*, e que, conseqüentemente, disto surge um conflito insolúvel, entre a dignidade humana e interesses do processo penal, que acaba por levar a uma proibição de prova. (...) Porém, ainda que deixando de lado a dignidade humana, a opinião moderna seguirá afirmando – e seguramente com razão – que a *esfera da personalidade* de qualquer individuo deve ser assegurada com a intervenção estatal, também no processo penal". Cf. também Rogall, ZStW (91) 1979, 1 (9); Eisenberg, *Beweisrecht der StPO*, Teil 1, Kap. 3 n° 330; Kühne, *Strafprozessrecht*, 7° ed. 2007, n° 880.

[218] Rogall, ZStW (91) 1979, 1 (6).

[219] Mais recentemente sobre o assunto Kelker, ZStW 118 (2006), 389 (420 s.); sendo fundamental, também, o exame de *Murmann*, GA 2004, 65 e ss.

[220] Eberhard Schmidt, SJZ 1949, 450.

[221] Löwe – Rosenberg (LR) – Hanack, StPO, 25. ed. 2004, § 136a n° 1.

[222] Neste sentido, originalmente, Rogall, ZStW (91) 1979, 1 (16 ss.).

provas ser utilizadas para fins de exculpação, ou de defesa;[223] já, por outro lado, se preserva – e aqui está o componente coletivo – a integridade constitucional,[224] particularmente através da realização de um processo justo (*fair trial*).[225]

A tensa relação entre o interesse por uma administração da justiça funcional e eficaz, na qual se cumpra, por um lado, o fim de se esclarecer fatos delituosos e, por, outro lado, a garantia dos direitos fundamentais do imputado,[226] conduz a uma complexa rede de decisões com base em ponderações que, somente em raras ocasiões, deixam completamente satisfeitas ambas as partes – a autoridade responsável pela persecução penal e a defesa. Esta tensa relação também pode ser descrita por meio da antítese entre justiça material (realização da pretensão penal) e a garantia do devido processo legal (assegurar os direitos do investigado ou imputado).[227] Utilizando-se a terminologia da moderna teoria dos fins da pena (em um sentido funcionalista), pode-se falar do dilema de *uma dupla função estabilizadora da norma*: o Estado deve estabilizar as normas jurídico-penais não só através de uma persecução penal efetiva, mas também, em um mesmo plano, através da garantia dos direitos fundamentais dos investigados ou imputados por meio do reconhecimento e, principalmente, aplicação de proibições ou vedações de utilização de provas, em casos de violações dos direitos individuais.[228] Desta forma, ao mesmo tempo, as proibições de utilização de prova trazem consigo uma certa função de controle disciplinar das autoridades res-

---

[223] Fundamental o exame de Roxin/Schäfer/Widmaier, StV 2006, 655 (656, 659, 660).

[224] Ver também Eb. Schmidt, *Lehrkommentar*, Band II, § 136a n° 21, com sua teoria da superioridade moral do Estado que demanda a necessidade de um procedimento de acordo com as formalidades da justiça e de forma "limpa" (ibid., tomo I, n°s 40, 44, 49); no mesmo sentido veja a teoria de Fezer relacionada com a função de auto – limitação do Estado (*Grundfragen*, 1995, p. 20 ss.).

[225] Beulke, *Strafprozessrecht*, 9. ed. 2006, n° 454; Finger, JA 2006, 529 (530).

[226] BVerfGE 44, 353, 374 (NT – *Bundesverfassungsgericht* – Tribunal Constitucional Federal alemão).

[227] Cf. Amelung, Festschrift Roxin, 1259 (1279); Jäger, *Beweisverwertung und Beweisverwertungsverbote im Strafprozess*, 2003, p. 128 (ver também a opinião de Jäger na nota 126).

[228] Neste sentido a (mais recente) "teoria das conseqüências dos erros normativos" de Rogall, FS Hanack, 293 (300 ff.) com mais referências e críticas Amelung, FS Roxin, 1259 (1273 ff.); Jäger (supra nota 14), p. 109 s.; sobre doutrinas de prevenção geral veja Dencker, *Verwertungsverbote im Strafprozeß*, 1977, p. 59 ss.; Müssig, GA 1999, 119 (130 s.); Arloth, GA 2006, 258 (259).

ponsáveis pela persecução penal – no sentido de prevenção geral negativa[229] – o que se pode deplorar, como demonstram os argumentos contrários (especialmente o que enfatiza o enfraquecimento da pretensão social pela realização do direito penal, assim como advoga o controle, como sendo tarefa exclusiva do direito administrativo disciplinar),[230] mas que não se pode negar.[231]

No Direito alemão, de forma concreta, na Lei de Instrução Criminal de 1877, pressupõe-se, de início, a posição de sujeito por parte do imputado, como algo evidente, razão pela qual foi de pronto rechaçada uma regulamentação expressa a respeito.[232] Não obstante, tendo em vista as experiências com o Direito Penal Nacional Socialista, especialmente considerando o seu desprezo em relação à autonomia da livre determinação do indivíduo,[233] fez-se imprescindível, o mais rápido possível, a necessária regulamentação legal, com o fim de se assegurar a liberdade de decisão individual e, em conseqüência, a proibição de determinados métodos de interrogatório. A isto se acrescentou o fato de que, com os desenvolvimento técnicos e científicos, *v.g.*, com a invenção do "detector de mentiras"[234] e o surgimento da "narco-análise", surgiu a necessidade de uma regulamentação legal das possíveis limitações relativas a estas novas

---

[229] Cf. também Otto, GA 1970, 289 (290) referindo-se ao argumento, já utilizado nos anos 60 do século passado, do efeito dissuasório em relação às infrações processuais por parte de órgãos estatais.

[230] Cf. Dencker (nota supra nº 15), p. 55 ss.; Amelung, FS Roxin 2001, 1259 (1263); de forma mais convincente a crítica mais concreta de Jäger (supra nota 14), p. 70 s.; e, em sentido contrário, veja também Hellmann, *Strafprozessrecht*, 2. ed. 2006, § 3 nº, p. 83 e s.

[231] Referência correta às conseqüências da formação policial em Arloth, GA 2006, 258 (259). Em contrário, a afirmação de Otto, GA 1970, 289 (292, 301), de que a proibições probatórias não são "medidas adequadas para disciplinar os órgãos de persecução penal", é uma mera afirmação que deveria ser demonstrada empiricamente.

[232] Schmidt (supra nota 11), § 136 com explicações 1 – 4 nº 1; Peters, *Strafprozeß*, 4. ed. 2004, § 41, II, 1.

[233] Cf. BGHSt 387 (NT – *Entscheidungen des Bundesgerichtshofs in Strafsachen* – decisões em matéria penal do Supremo Tribunal Federal alemão): "A disposição deve sua existência à experiência dolorosa de um tempo no qual a concepção de liberdade de determinação de um homem, considerado suspeito de prática de fato punível, foi violada por muitas vezes.Por esta razão a norma proîbe expressamente o menoscabo da liberdade de decisão e de ação através de aplicação de certos meios que ameacem aquela liberdade de determinação".

[234] Sobre a compatibilidade com o § 136, *a*, cf. Kühne (supra nota 4), nº 901; Jäger (supra nota 14), p. 220 s.

tecnologias, para fins de se preservar a autonomia individual.[235] Neste sentido, introduziu-se em 1950, entre outros, o § 136, *a*, como norma central, visando a fortalecer os direitos fundamentais do investigado ou imputado, bem como do próprio Estado de Direito. Com isto, a tese referente à importância dos direitos constitucionais fundamentais e do Estado de Direito encontram na matéria referente à temática das vedações probatórias sua plena constatação legal.[236]

2. Definição terminológica e sistemática

A doutrina alemã dominante faz clara distinção entre as hipóteses de proibições de produção de provas (*Beweiserhebungsverbote*) e as de proibições de utilização de provas (*Beweisverwertungsverbote*).[237] As primeiras advêm do regulamento ou limitação do modo de obtenção das provas e, as segundas, vedam o uso judicial das provas que já foram obtidas.[238] Dentro do âmbito relativo às proibições de produção probatória é feita, também, a distinção entre proibições de *temas* probatórios, proibições de *meios* probatórios e proibições de *métodos* probatórios.[239] As proibições de temas probatórios impedem a obtenção de provas sobre fatos determinados ("temas"), como, por exemplo, antecedentes penais do imputado que já tenham sido eliminados do Registro Central Federal (§ 51 da Lei do Registro Central Federal Alemão).[240] As proibições de meios probatórios impedem a produção de meios de prova determinados, como, por exemplo, da

---

[235] LR – Hanack (supra nota 8), § 136 n° 2.

[236] Cf. também LR Hanack (supra nota 8) § 136 n° 3.; Eisenberg (supra nota 4), parte 1, Cap 3, n° 329.

[237] Cf. Volk, *Grundkurs StPO*, 5. ed. 2006, § 28 n° 1 e ss.; Beulke (supra nota 12), n° 455; Hellmann (supra nota 17), n° 780 ss. Defendendo a diferenciação Jäger (supra nota 14), p. 133 ss. Sobre a outra categoria de "regulamentações probatórias" ("Beweisregelungen") ver Otto, GA 1970, 289 (292 s.).

[238] Finger, JA 2006, 529 (530); Jäger (nota supra 14), p. 133 fala , mais exatamente, de uma "proibição probatória em relação a fatos" (*Tatsachenverwertungsverbot*), porque, efetivamente, existe a pretensão de se proibir os resultados da investigação de fatos que são produto da prática probatória.

[239] Volk (nota supra 24), § 28 nm. 1 ss.; Beulke (nota supra, 12), n° 455.

[240] Sobre isto, mais recentemente BGH NStZ 2006, 587.

prova testemunhal colhida através de uma testemunha que faz uso de seu direito de não depor (cf. §§ 52 e ss.[241]).[242] As proibições de métodos probatórios, por sua vez, impedem certa forma de obtenção de prova, como, por exemplo, um método de interrogatório proibido, conforme o disposto no § 136, *a*. Adicionalmente, pode-se fazer a distinção entre proibições *absolutas* e *relativas* de produção de provas. Enquanto as proibições absolutas têm validade geral e imperativa, as relativas somente limitam a obtenção de provas, no sentido de que somente algumas e determinadas pessoas estão facultadas a produzir, adquirir ou realizar certa produção probatória, estabelecendo-se, em conseqüência, uma proibição em relação a qualquer outro sujeito.[243] Isto é válido para quase todas as medidas coercitivas que, a princípio, só podem ser ordenadas por um juiz.

A sistematização estabelecida serve, antes de tudo, para esclarecer e fixar as posições, mas também conduz o tema – contrariamente a outra concepção que é amplamente difundida[244] – ao menos no sentido de se alcançar um duplo ganho no campo do conhecimento: em primeiro lugar, advém desta diferenciação entre proibição de produção e proibição de utilização probatória, a conclusão de que uma violação da regra de produção de prova não acarreta, necessariamente, uma proibição de utilização da prova, como ocorre, também, no direito italiano,[245] podendo-se concluir, somente, que a transgressão em relação a uma proibição (primária) de produção probatória, na melhor das hipóteses, indica – mas não implica automaticamente – na não-utilização posterior da prova proibida que foi

---

[241] Todas as normas, citadas no texto, sem qualquer referência legislativa, dizem respeito à *Strafprozessordnung (Código de Processo Penal – Lei de Instrução Criminal – alemão)*.

[242] Vide. Kühne (nota supra 4) n° 882 e ss. (889), que alega que todas as proibições probatórias temáticas são ao mesmo tempo proibições em relação aos meios probatórios e, em conseqüência, este último conceito resultaria inútil.

[243] Eisenberg (nota supra 4), n° 335.

[244] Volk (nota supra 24), § 28 n° 3; Hellmann (nota supra 17), n° 780; Finger, JA 2006, 529 (530).

[245] Cf. Art. 191 fo CPP Italiano ("Prove illegittimamente acquisite"): Inc. 1: "Le prove acquisite in violazione dei divieti stabiliti dalla legge non possono essere utilizzate". Inc. 2: "L'inutilizzabilita e rilevabile anche di ufficio in ogni stato e grado del procedimento."

produzida.[246] Segundo Jäger,[247] pode-se, por fim, falar de um *princípio de abstração ou separação*, de acordo com o qual se pode fazer uma distinção estrita entre produção probatória e utilização de provas, conforme a diferenciação existente no direito civil (alemão) entre obrigação e cumprimento. Para realmente se chegar a uma proibição de utilização de provas, faz-se necessário que exista uma *disposição legal* expressa (no caso de proibições de utilização de provas escritas, veja-se o item 3, a seguir) ou, ao menos, uma fundamentação teórica (no caso das proibições de utilização não-escritas), com base na *doutrina* relativa às vedações de utilização de provas (veja-se o item 4, a seguir). Um (indiscutível) reconhecimento da incidência desta citada doutrina é a conseqüente diferenciação entre *proibições* de utilização de provas *dependentes* e *independentes*. As primeiras consistem na conseqüência de desobediência a uma proibição de produção probatória, enquanto as segundas se baseiam em uma infração objetiva e direta das normas constitucionais, de forma independente.[248] O reconhecimento da proibição de utilização probatória independente, por outro lado, é uma conseqüência adicional da diferenciação originária entre a proibição da produção de prova e sua utilização.[249]

É evidente que existe uma *colisão* entre as proibições de provas e o princípio da investigação (§§ 155, II, 160, II, 244, II). As proibições de produção probatória limitam a atividade das autoridades de investigação penal dirigida ao esclarecimento dos delitos e, igualmente, as proibições de utilização de prova impedem que os tribunais penais realizem uma valoração com base no conjunto total dos elementos dos autos, mormente acerca do material probatório colhido, mesmo sendo proibido.[250] Tal conseqüência tem por efeito

---

[246] Cf., por todos, Beulke (nota supra 12), n° 457: "Não é qualquer erro na prática probatória que leva inevitavelmente à não utilização do meio probatório obtido." Cf. também Roxin, *Strafverfahrensrecht*, 25. ed. 1998, § 24 n° 19; Kindhäuser, *Strafprozessrecht*, 2006, § 23 n° 11; Arloth, GA 2006, 258; Jäger, p. 135; BVerfG NJW 2000, 3557; e sobre efeitos indiciários nesta questão vide, também, Finger, JA 2006, 529 (531).

[247] Jäger (supra nota 14), p. 137 s.

[248] BGHSt (NT – *Entscheidungen des Bundesgerichtshofs in Strafsachen* – decisões em matéria penal do Supremo Tribunal Federal alemão) 28, 122, 124; Rogall, ZStW (103) 1991, S. 1 (3); Roxin (nota supra 33), § 24 n° 23; Volk (nota supra 24), § 28, n° 4 s.; Beulke (nota supra 12) n° 457; cf., também, Meyer – Mews, JuS 2004, p. 39; Schuster, nota supra 17, p. 51 e ss.

[249] Arloth, GA 2006, 258.

[250] *Idem*; cf. também KK – Senge, nota supra n° 22, 27.

que "a verdade alcançada acaba sendo incompleta, trazendo traços fictos".[251] Assim, as proibições probatórias acabam por levar à ratificação da conclusão de que a verdade (processual), de acordo com as famosas palavras do Supremo Tribunal Federal alemão, não deve ser investigada "a qualquer custo",[252] impondo-se sempre a consideração dos interesses individuais previamente identificados. Sem embargo, as proibições probatórias servem, ao mesmo tempo, para a própria proteção do conteúdo da averiguação da verdade, já que impedem a utilização de informações incompletas, indiretas ou distorcidas,[253] o que é demonstrado de forma incisiva no § 136, *a* (veja-se, a propósito, o item 3.1, em continuação).

3. Proibições expressas (escritas) na lei sobre utilização de provas, com especial referência ao § 136, *a*, III

Em geral, há um consenso quanto ao fato de que a existência de uma proibição de utilização probatória não depende – no sentido formal – de sua expressa presença em uma codificação ou de sua previsão legal,[254] mas que, na verdade, tal proibição se determina, em sentido material, de acordo com a razão de ser (ontológica) da norma processual violada e, também, em vista daqueles interesses contrapostos que obstaculizam a averiguação dos fatos. Por outro lado, se fosse sempre exigida uma disposição legal expressa acerca da proibição da utilização probatória, ou seja, que a proibição de utilização probatória constasse de uma codificação ou de uma lei, isto implicaria o fim das discussões político-criminais e dogmáticas processuais de maneira fatal, já que as regras de proibição que se encontram legalmente estabelecidas, além de serem escassas, são (relativamente) inequívocas, não dependendo, assim, de maior esforço interpretativo.

---

[251] Volk (nota supra 24), § 28, n° 6.

[252] BGHSt (NT – *Entscheidungen des Bundesgerichtshofs in Strafsachen* – decisões em matéria penal do Supremo Tribunal Federal alemão) 14, 358, 365; 31, 304, 309; 38, 214, 220.

[253] Amelung, FS Roxin, 1259 (1263).

[254] Beulke (nota supra 12), n° 457.

3.1. O § 136, a, do Código de Processo Penal alemão

É clássica a redação do § 136, *a*, III: "As declarações que forem produzidas em violação a esta proibição, também não poderão ser aproveitadas, mesmo que o imputado, venha a concordar com sua utilização". A incondicionalidade da norma se origina, sobretudo, em razões de prevenção geral, pois se a violação da proibição de produção da prova ficasse sem sanções processuais, não se incentivaria devidamente o seu cumprimento.[255] Trata-se de uma proibição de utilização de provas *dependente*, já que é uma conseqüência de uma preexistente proibição de *produção* probatória, contemplada no § 136, *a*, I, referente a certos métodos proibidos de coleta de declarações, métodos estes que lesionam a "liberdade de decisão e de ação do imputado" ("Freiheit der Willensentschließung und der Willensbetätigung"). Em razão da conseqüência dependente da norma de proibição, resulta claro que o declarante também poderá invocar, como razão da não-utilização da prova, cuja produção é proibida, uma escusa de responsabilidade pelos mesmos motivos[256] que embasaram aquela proibição de produção de prova expressa na lei.[257] A razão primeira da norma funda-se menos na conseqüência, isto é, na proibição de valoração probatória, do que na determinação exata dos métodos de interrogatório ou coleta de declarações que devem se considerar como proibidos. Também fica clara esta evidência, na recente discussão que existe nos EUA sobre o máximo de intensidade admissível ou de "resistência" aos métodos de interrogatório proibidos aplicados aos suspeitos de terrorismo.[258] Os métodos de interrogatório proibidos mencionados no inciso 1 (maus-tratos, fadiga, tortura, etc., o que é denominado "interrogatório em terceiro grau"), de qualquer modo, não são taxativos,[259] pois o que é decisivo é o exame se estas ou outras "técnicas de interrogatório" tenham suprimido ou debilitado a liberdade de decisão do agente submetido ao interrogatório. No que diz respeito à (ameaça de) tortura,

---

[255] Neste sentido Volk (nota supra 24), § 28 nº 24.

[256] Cf. nota 10 e texto principal.

[257] A respeito sobre uma restrição teleológica da norma, Roxin/Schäfer/Widmaier, StV 2006, 656.

[258] Cf. Danner, *Torture and Truth: America, Abu Ghraib and the War on Terror*, 2004; Langbein, *Torture and the Law of Proof*, 2006 (nova tiragem), p. IX, XI.

[259] KK – Boujong (nota supra 1), § 136, a nº 9; sobre os grupos de casos, cf. Volk (nota supra 24), § 9 nº 14 e s.

recentemente, o Tribunal Constitucional Federal alemão (BVerfG, *Bundesverfassungsgericht*) enfatizou que com ela "se reduz a pessoa interrogada a um puro objeto da luta contra o crime, violando-se suas garantias constitucionais de se ver avaliada e respeitada", sendo destruídos, assim, "os pressupostos fundamentais da existência individual e social do ser humano".[260] Uma declaração obtida ou baseada em tal menosprezo individual não poderia ser utilizada como meio de prova. Não obstante, é possível que a declaração do acusado, citada na premissa principal da fundamentação de uma sentença, se converta na base de uma condenação, sob a condição de que ao respectivo acusado tenham sido feitas as advertências e informações (tenha sido instruído) sobre seu direito de ficar em silêncio,[261] inclusive sobre o direito à não-utilização posterior de suas declarações ou mesmo à possibilidade de retratação de sua anterior declaração.[262] Desta forma, como resultado, descarta-se a possibilidade de violação dos seus direitos fundamentais, já que a proibição de utilização de provas, a ser apreciada pelo tribunal penal competente, poderá ser relevada, já que se compensou, com a instrução do acusado, a irregularidade processual original consistente na obtenção probatória de forma inadmissível pela lei. Deve ser enfatizado, a este respeito, que na proibição de utilização de provas prevista no § 136, *a*, não se tem somente, em um sentido idealista, a proteção da dignidade humana do imputado, mas, também, a proteção do conteúdo verídico da declaração, pois, com efeito, sabe-se que os imputados coagidos estão mais motivados a falar para pôr fim aos sofrimentos que lhes são impostos, do que por se sentirem obrigados a dizer a verdade.[263]

O § 136, *a*, tem, em sua literalidade, como objetivo, a proteção da liberdade de decisão e de ação do *"inculpado"*, porém pode ser aplicado, igualmente, às testemunhas e peritos (§§ 69, III, 72). As autoridades responsáveis pela persecução penal, em especial a po-

---

[260] BVerfG (NT – *Bundesverfassungsgericht* –Tribunal Constitucional Federal alemão, 2 BvR 1249/04 de 14.12.2004, caso do Chefe da polícia de Frankfurt), n° 7.

[261] BVerfG (NT – *Bundesverfassungsgericht* – Tribunal Constitucional Federal alemão, 2 BvR 1249/04 de 14.12.2004, n° 3.

[262] Sobre a instrução qualificada, vide, *v.g.*, Meyer – Goßner, *Strafprozessordnung mit GVG und Nebengesetzen*, 49. ed., München 2006, § 136 n° 9; Roxin (nota supra 33), § 24, n° 27.

[263] Cf. também Kühne (supra nota 4), n° 890.

lícia, são as *destinatárias* principais da norma, uma vez que se trata de um ato de "interrogatório"[264] ou de coleta de declarações* dentro do procedimento de investigação ou do processo penal.[265] É intuitivo que tais autoridades não devem praticar métodos proibidos de interrogatório, ou mesmo permitir que sejam realizados *através de outros agentes*.[266] O recambiamento ou remoção de imputados para outros Estados que tenham leis e/ou procedimentos menos severos ou exigentes, Estados estes onde efetivamente os declarantes serão inquiridos, não elide, a princípio, a incidência da garantia, pois o § 136, *a*, faz parte de um patamar mínimo jurídico-estatal,[267] cuja violação – independentemente do lugar onde é produzida a prova[268] – torna impossível sua utilização por tribunais constituídos e pertencentes a um Estado de Direito, como é o caso da Alemanha.[269] Isto também advém de uma situação legal paralela, considerando-se possíveis infrações de normas da Convenção Européia de Direitos Humanos nos outros Estados referidos: se um Estado que é parte na Convenção expulsa ou extradita pessoa para outros Estados que violam os direitos humanos, estas violações podem ser imputadas

---

[264] Conforme o BGH (Supremo Tribunal Federal) BGHSt. (decisões em matéria penal) – (Plenário) 42, 139, 145, se insere no "conceito de interrogatório no sentido do StPO (...), se no ato da declaração da pessoa que outorga a informacão (...) se faz presente agente em função oficial e nesta condição obtenha da mesma uma informação (uma declaração)" (citando o BGHSt 40, 211, 213, e com mais referências). Ver sobre o assunto também Otto, GA 1970, 289 (299).

* NT – Como se vê do texto, denomina-se interrogatório na Alemanha qualquer declaração tomada de pessoa oficialmente, independentemente de ser ou não investigado ou imputado, enquanto no Brasil se faz clara distinção na lei e na doutrina, ou seja, é interrogatório o ato ao qual é submetido o imputado inquirido, enquanto se testemunha, vítima ou outro informante, a denominação usada é "coleta ou tomada de depoimento" ou de "declarações", conforme o caso. Por este motivo, para melhor compreensão do texto pelo leitor brasileiro foi feita a tradução, em várias passagens, utilizando-se o termo "tomada de declarações" em conjunto com o termo "interrogatório".

[265] Oldenburg, NJW 1953, p. 1237.

[266] Meyer – Goßner (nota supra 49), § 136, a, n° 2.

[267] Sobre este patamar mínimo cf. Schuster, nota supra 17, p. 122 e ss.; recentemente, também, Esser, NStZ 2007, 106 (108).

[268] Fundamental que se faça o exame acerca da utilização de provas produzidas no exterior, através da leitura de Schuster, nota supra 17, p. 83 ss., 142 ss.

[269] No mesmo sentido OLG Hamburg NJW 2005, 2326 f., *Leitsatz* (parte resolutiva) 3, em favor de uma aplicação do § 136, a, por analogia, em relação à coleta de provas no estrangeiro.

ao Estado-Parte, ou signatário da Convenção.[270] Nos casos de investigações *sem determinação ou fundamento oficial* – feitas por terceiros particulares ou por um defensor – não há, a princípio, um enquadramento na norma e, conseqüentemente, não se poderia admitir aplicação ou se extrair efeitos diretamente do § 136, *a*, com relação a terceiros que não tenham agido oficialmente e, da mesma forma, não se haveria uma proibição de utilização de provas desta natureza;[271] mas, porém, isto não é bem assim, pois, só porque não existe uma adequação direta à norma, não se pode elidir a *ratio* do § 136, *a*. Imagine-se o caso concreto no qual o investigador privado, contratado pela vítima ou seus parentes, torture o investigado ou imputado até que este venha a confessar. Não deveria, nesta hipótese, se aplicar, ao menos analogicamente, a norma do § 136, *a*, em benefício do investigado maltratado ou torturado,[272] como se dá em todos os casos de infração contra a dignidade humana,[273] ou de um comportamento extremado de violação dos direitos humanos?[274] Não seria uma obrigação de um Estado de Direito impedir lesões como estas contra imputados ou investigados?[275] Alguns argumentam que se a utilização das provas fosse feita oficialmente, como forma de se apresentar provas novas, aí sim se daria a violação legal,[276] o que seria correto, uma vez que o Estado, ao adquirir tais provas, se apropriaria de provas que foram obtidas com violação dos direitos humanos. Desta forma se daria o enquadramento na norma, mas tal não se daria diretamente em razão da ação do particular, mas tão-somente em vista da própria violação dos direitos humanos e, conseqüentemente da norma, como visto anteriormente.[277] É óbvio que deverá incidir a proibição de utili-

---

[270] Cf. Ambos, *Internationales Strafrecht*, 2006, § 10 n° 62, 81 ss. Sobre o CEDH (Convênio Europeu de Direitos Humanos) e o PIDCP como integrantes de um patamar mínimo, como se menciona, ver Schuster, nota supra 17, p. 123 ss.

[271] Fundamental o exame de Bockemühl, *Private Ermittlungen im Strafprozess*, 1996; ver também Meyer – Goßner (nota supra 49), § 136, a, n° 3; Beulke (nota supra 12), n° 478; Kindhäuser (nota supra 33), § 23 n° 33.

[272] Neste sentido, também, o parecer de Volk (nota supra 59), § 9 n° 17.

[273] Otto, GA 1970, 289 (299); KK – Senge (nota supra), antes do § 48 n° 52; Beulke (nota supra 12), n° 479; Finger, JA 2006, 529 (537).

[274] Roxin (nota supra 33), § 24 n° 48; Kindhäuser (nota supra 33), § 23 n° 35; e, de forma crítica, Jäger (nota supra 14), p. 223 e ss.

[275] Desta forma, Hassemer/Matussek, *Das Opfer als Verfolger*, 1996, p. 77.

[276] Volk (nota supra 24), § 28 n° 35.

[277] Sobre a utilização "indireta ou mediata" pelo Estado, veja também Kühne (nota supra 4), n° 904, p. 459.

zação probatória se o particular foi contratado por instâncias oficiais ou estatais de investigação (para, *v.g.*, investigações secretas, remetendo-se, a propósito, ao item 4.2.3.5, a seguir), sob pena de se elidir a aplicação da norma legal proibitiva da produção de prova.[278]

São igualmente problemáticos os casos nos quais se dá a manipulação do investigado ou inculpado por meio de *truques* ou *ardis*, fazendo com que este colabore com o procedimento investigatório penal e, conseqüentemente, com a sua própria condenação. São de especial relevância *"os casos de espionagem acústica"*: a polícia providencia uma escuta de conversação telefônica entre o investigado ou imputado e uma terceira pessoa (confidente ou colaborador policial, testemunha, etc.) efetua a gravação ou captação acústica. Este método se assemelha ao *"caso de espionagem na cela"*,[279] em que um informante, com prévia instrução policial, é introduzido na cela do imputado para obter, com este ardil, uma confissão que, posteriormente, será introduzida no juízo oral, ou em uma audiência judicial, por meio das declarações daquele informante ou colaborador. Se bem que todas as formas de truques ou ardis possam parecer, a princípio, se enquadrar no § 136, *a* (de forma análogica), – já que isto é sugerido pelo termo *"Hörfalle"* ("armadilha de escuta") –, a jurisprudência vem permitindo sua utilização e constrói numerosos argumentos, para fins de justificativa, neste campo.[280] Por um lado, a obrigação de advertência sobre o direito de ficar em silêncio ou não depor, contida no § 136, somente se propõe a criar um "contrapeso" ao interrogatório praticado pelas autoridades oficiais, e um contrapeso de tal natureza não se faz necessário na atividade dos particulares.[281] Por outro lado, o conceito de "engano" ou "ardil" deve ser entendido no contexto do § 136, a, em um sentido estrito, não se aplicando, assim, a todas as hipóteses supramencionadas.[282] O StPO* não proíbe nenhuma atuação encoberta ou secreta para se iniciar a

---

[278] Por todos, cf. Kindhäuser (nota supra 33), § 23 nº 34, com mais referências.

[279] BGHSt (NT – decisões em matéria penal do Supremo Tribunal alemão) 34, 362.

[280] É fundamental cf. BGHSt (Plenário) 42, 139; de forma crítica Volk (nota supra 24), § 9 nº 19 e ss.

[281] BGHSt 42, 139, 145 ss.; e anteriormente Otto, GA 1970, 289 (295); igualmente Finger, JA 2006, 529 (536).

[282] BGHSt 42, 149.

* NT – Código de Processo Penal alemão, ou Ordenação Processual Penal alemã, na tradução literal.

investigação penal.[283] O princípio do *nemo tenetur* dá uma proteção no que diz respeito à coação para se colaborar no procedimento penal, mas dá, também, igual proteção no que tange a um erro acerca do direito de guardar silêncio, mormente quando o agente seja levado a erro pelo Estado.[284] É certo que existem limitações constitucionais na utilização de particulares na luta contra o crime – sendo, por exemplo, proibido o início de uma relação amorosa para fins de se obter informações (também chamados de "casos Romeo") –,[285] devendo ser feita, em suma, uma *ponderação* de acordo com o princípio da proporcionalidade, dando-se uma especial consideração acerca do modo e da intensidade da provocação estatal em relação à gravidade dos delitos em questão.[286] Em particular, a este respeito, o Supremo Tribunal Federal (*Bundesgerichtshof*-BGH) já determinou a seguinte diretriz:

> "No caso em que uma pessoa particular tenha tido, por iniciativa das autoridades de investigação, uma conversação com o suspeito, sem a revelação das reais intenções de averiguação, cujo objetivo tenha sido a obtenção de informações referentes ao objeto da investigação, pode ser utilizado o conteúdo da conversação como prova testemunhal, sempre e quando se tratar do esclarecimento de um delito de considerável importância, cuja averiguação tenha sido muito menos comprometedora e, essencialmente, seria mais difícil a utilização de outros métodos de investigação".[287]

O Supremo Tribunal reconheceu, posteriormente, uma proibição de utilização de prova deste tipo, em um caso em que foi designada uma detida, que estava em prisão provisória por se apresentar como "vidente", para o fim de arrancar confissões escritas de seus companheiros de cárcere, através de promessas, como a obtenção de uma sentença mais benigna.[288] Além do já mencionado "caso do espião introduzido na cela", aplica-se um princípio geral, segundo o qual se considera incidir uma proibição de utilização de prova quando existe um prejuízo para a garantia da não-auto-incrimina-

---

[283] BGHSt (NT – julgados criminais do Supremo Tribunal Federal alemão), 42, 149 ss.
[284] BGHSt 42, 151, 153.
[285] *Idem*, 154 s.
[286] *Idem*, 155 ss.
[287] *Idem*, 139.
[288] BGHSt 44, 129.

ção do investigado ou imputado que vá além do próprio caráter secreto da averiguação. A diferença dos casos de espionagens acústicas (normais) da *"Hörfalle"* (armadilha de escuta), está no fato de que o investigado ou imputado, neste último caso, adicionalmente se encontra em uma situação forçada (detenção provisória) e se converte, assim, devido à privação de liberdade, em mero objeto do procedimento.[289] Se a hipótese, em virtude de utilização de um agente infiltrado, é de provocação de um fato delituoso, trata-se, de acordo com o Tribunal Europeu de Direitos Humanos, de um procedimento que "desde o princípio e de forma definitiva"[290] é injusto (atentando contra o princípio da igualdade de armas e do devido processo – ou procedimento – legal), e disto advirá, como conseqüência, uma ampla proibição de utilização da de prova.[291] Nos assim chamados *"casos de voz"*, nos quais se grava secretamente a voz do investigado ou imputado para que se possa fazer um cotejo posterior, a violação (punível) do direito individual (violação do direito ao silêncio, na forma correspondente do direito de "segredo da palavra", de acordo com o § 201 do StGB*) conduz, fatalmente, a uma proibição de utilização desta prova.[292]

A jurisprudência que aceita, assim, tal tipo de prova, é, ao mesmo tempo, inconseqüente e inconsistente. Em um caso de espionagem acústica se leva um agente, que até aquele momento era somente suspeito, ou mesmo já indiciado ou imputado, a uma auto-incriminação, e evidentemente, este se encontra sob a incidência de um erro sobre o caráter de interrogatório daquele diálogo; e, em conseqüência, não pode existir dúvida, o imputado está sendo en-

---

[289] Cf. Jäger (nota supra 14), p. 184, 186; também Kühne (nota supra 4), n° 904 (p. 459); Finger J. A., 2006, 529 (537); conduzindo ao mesmo resultado, igualmente, Fezer, *Strafprozessrecht*, 2. ed. 1995, p. 222.

[290] *Teixera de Castro v. Portugal*, sentença de 9 de junho de 1998, p. 39.

[291] Cf., desde já, Ambos, NStZ 2002, 628 (632) com mais referências; em particular, igualmente Jäger (nota supra 14), p. 207 ss.

* NT – *Strafgesetzbuch* (Código Penal alemão).

[292] BGHSt (NT – decisões criminais do Supremo Tribunal Federal alemão) (34, 39; igualmente Kindhäuser (nota supra 33), § 23 n° 34; Joerden, JuS 1993, 927 (928); em particular, igualmente Jäger (nota supra 14), p. 174 ss., 190s.; com outra opinião Finger, JA 2006, 529 (538) alegando, surpreendentemente, sem embargo, que "hoje não se pode confiar mais na confidencialidade da conversação telefônica, pois, muitos telefones contêm aparatos de escuta e de gravação". Porém, a proteção dos direitos fundamentais não pode depender do nível técnico ou do âmbito fático de intervenção (neste caso: espionagem telefônica)!.

ganado.[293] Por esta razão, tem de ser aplicado – independentemente da existência de um interrogatório formal e de um eventual nexo de causalidade entre a atuação do particular e das autoridades de persecução penal –, em qualquer caso e de forma integral, o § 136, a, devendo ser proibida a utilização probatória. De qualquer modo, há de se presumir um nexo de adequação ao dispositivo legal, se o particular é introduzido ou colocado, conscientemente[294] em cena, com o fim de extrair do investigado ou imputado uma declaração ou uma confissão. Ainda quando se negue a existência de ardil ou engano, deve ser considerada a existência de uma infração contra a obrigação de instrução prévia do § 136 (de forma análoga ao que se dá quando o agente, instruído, se nega a participar de um "interrogatório"), com a conseqüência de uma proibição de utilização da prova (explicada de forma mais detalhada no item 4.2.1, a seguir), pois o § 136, também protege contra a auto-incriminação provocada por um erro (se provocado pelo Estado).[295] Também não haveria diretamente nexo de adequação, mas este seria presumível, decisivamente, desde o momento em que se invade o campo íntimo intangível do investigado ou imputado com a medida procedimental (cf. mais detalhadamente no item 4.3).[296]

3.2. Monitoramento e vigilância das telecomunicações e gravações secretas

Tendo em vista informações que, na prática, têm sido obtidas de forma acidental, fortuita ou casualmente, a partir de realizações de interceptações de telecomunicações (o que é chamado, usualmente,

---

[293] Chegando ao mesmo resultado Jäger (nota supra 14), p. 169 e ss, aduzindo uma delimitação (complicada) em relação à astúcia permitida; também cf. Kühne (nota supra 4), n° 896; Otto, GA 1970, 289 (296 e ss.).

[294] A doutrina tende a fazer exigências demasiadas no que diz respeito ao nexo de adequação, cf. Volk (nota supra 24) § 28 n° 36; Beulke (nota supra 12, n° 481 ("selecionadas pelas autoridades de persecução penal"), 481, *g* ("seletivamente introduzidos em uma investigação concreta ").

[295] Roxin (nota supra nota 33), § 24 n° 30; Beulke (supra nota 12), n° 481g; em particular, igualmente Jäger (nota supra 14), p. 184, que deduz do § 136 a exigência de um mandato formalizado para um interrogatório estatal e concluindo pela sua violação.

[296] Beulke (nota supra nota 12), n° 480.

te, de *encontro casual**), o § 100, *b*, V, contém uma regra que a jurisprudência até os dias de hoje vem seguindo,[297] e que leva em conta se tais informações são necessárias para a averiguação dos delitos previamente catalogados em lei, de tal forma que se possa permitir a interceptação. Se tal norma for considerada em seu verdadeiro sentido, somente nesta hipótese será admitida a utilização do dado obtido casualmente, ou seja, fazendo-se uma leitura sob o aspecto negativo, não será possível a utilização para os fins de averiguação acerca de fatos delituosos que não estejam contados no rol do § 100, *a*, e, em conseqüência, muito menos no caso em que a medida, de antemão, seja materialmente ilegal (cf. o item 4.2.3.3, adiante).[298] Não obstante tal conclusão, a jurisprudência flexibiliza esta interpretação literal, apesar de tal interpretação restrita constar da própria lei. Por um lado, argumenta-se que pode ser admissível uma utilização das informações obtidas casualmente se forem relacionadas com fatos delituosos que não estejam no rol taxativo da lei, desde que estes fatos delituosos se encontrem em relação ou conexão (processual) direta o estreita com um fato que esteja previsto taxativamente naquele rol legal.[299] Por outro lado, argumenta-se, que uma proibição de utilização de prova não deveria excluir a possibilidade de continuação da investigação com base naquelas informações obtidas casualmente, pois, com tais informações, poder-se-ia chegar à obtenção de outros meios probatórios (o que se denomina de "rastreamento de pistas ou vestígios" – *Spurenansatz*). Isto significa que não se atribui um efeito reflexo à proibição de utilização deste tipo de prova.[300] Isto é muito preocupante, pois se é permitida a utilização de informações obtidas ilegalmente para que, com elas, se possam fazer investiga-

---

* NT – No Brasil, a doutrina denomina de "encontro fortuito" a hipótese similar, ou seja, quando, apesar da interceptação ter sido deferida para determinado fim, acaba sendo descoberto delito outro.

[297] BGH 26, 298, 303; 31, 296, 301.

[298] Em geral também BGH NStZ 2003, 499.

[299] BGH (*Bundesgerichtshof* – Supremo Tribunal Federal alemão) NStZ 1998, p. 426; OLG Düsseldorf NStZ 2001, 657. Segundo BVerfG, NJW 2005, 2766 sem reparos constitucionais. Ver também *Allgayer*, NStZ 2006, 604 com mais referências.

[300] BGHSt 27, 355, 358; 32, 68, 70; desta forma BVerfG, NJW 2005, 2766; mais restritivo OLG Karlsruhe NJW 2004, 2687. Da mesma opinião é *Allgayer*, NStZ 2006, 604 ff. (608) com mais referências, "que unicamente pretende proibir uma utilização da prova como base para início de uma investigação, quando está estabelecida uma proibição de utilização e não somente uma proibição em consideração ao meio probatório".

ções posteriores, tal acaba por se caracterizar como um desprezo dos pressupostos (materiais) que são exigidos em lei, para se justificar uma efetiva vigilância das telecomunicações.[301]

No que diz respeito às informações sobre *os dados vinculados às telecomunicações* (§ 100, *g*), o § 100, *h*, *v*, faz uma limitação da utilização somente daquelas informações obtidas em outros processos penais nos quais as averiguações sejam, também, dirigidas a delitos previamente catalogados no rol legal (§ 100, *g*, I, 1).

Com referência às denominadas *escutas intensivas* (*Lauschangriff*), deve-se distinguir entre a escuta em domicílios particulares (o que se denomina grande *Lauschangriff*, §§ 100, *c*, *d*),[302] e aquela escuta levada a efeito em instalações ou locais que não sejam privados (o que se denomina pequeno *Lauschangriff*, § 100, *f*, II). As informações obtidas a partir das escutas menos intensivas (pequeno *Lauschangriff*), ou seja, aquelas em locais não-privados, poderiam ser utilizadas em apurações de outros fatos puníveis, se tais fatos dissessem respeito a investigações de delitos previamente catalogados no rol do § 100, a, (§ 100, *f*, V). Porém, em se tratando de escutas de maior intensidade, ou seja, aquelas levadas a efeito em locais privados (ou grande *Lauschangriff*), o Tribunal Constitucional Federal declarou que a regulamentação legal, que existia anteriormente, seria parcialmente inconstitucional, por violação do art. 13, combinado com o art. 1, 1 da *Grundgesetz* (Lei Fundamental ou Constituição alemã), impondo-se maiores garantias, dentre as quais uma proteção absoluta do "núcleo da vida privada", acarretando, assim, como conseqüência, a proibição de utilização desta prova.[303] Portanto, como efeito impositivo desta decisão, e para dar efetivo cumprimento à mesma, o legislador[304] excluiu, de forma explícita, este campo essencial de vigilância da telecomunicação (§ 100, *c*, IV, 1). Assim, se detectadas, deverão ser interrompidas, de forma imediata, tais medidas de vigilância (§ 100, *c*, V, 1), sendo anuladas ou destruídas as respectivas gravações (§ 100, *c*, V, 2), e *não podendo ser utilizadas* tais informações ou dados já obtidos (§,100, *c*, V 3).

---

[301] Crítico, também, Volk (nota supra 24), § 10 n° 47; Beulke (nota supra 12), n° 476.

[302] Desde um ponto de vista empírico v. Meyer – Wieck, *Der große Lauschangriff*, 2005. Segundo esta investigação, a medida tem uma aplicação e também um efeito limitado (ver, também, Heghmanns, GA 2006, 826).

[303] BVerfG 109, 279 = NJW 2004, 999; a favor Volk (nota supra 24), § 10 n° 51.

[304] "Gesetz zur Umsetzung des Urteils des BVerfG", BGBl. 2005 I p. 1841, modificando os §§ 100 c – f, do StPO (NT – Código de Processo Penal alemão).

3.3. Outras proibições expressas de utilização de provas

Existem, também, outras vedações expressas de utilização de provas no Código de Processo Penal alemão, especialmente nos seguintes casos:

• O uso de coleta de sangue ou de células do corpo humano, que fica limitado ao respectivo processo penal (§ 81, *a*, III);

• Intervenções corporais e coletas de sangue em menores de idade, que somente podem ser utilizadas em um processo penal instaurado posteriormente se houver consentimento do respectivo representante legal (§ 81, *c*, III, frase 5);

• Dados pessoais obtidos e gravados através de meios mecânicos, que têm restrição de utilização "em outros processos penais" (Art. 98, *b*, III, frase 3);

• Não se permite a utilização de objetos vinculados a um aborto, encontrados em um consultório médico "por ocasião do registro ou autuação" (§ 108 I), como prova em um processo penal que venha a ser instaurado contra a paciente deste fato (§ 108, II);

• As informações pessoais que sejam obtidas por meio de um agente encoberto, que só devem ser utilizadas em outros processos penais quando se tratar de delito contido no rol do § 110, *a*, I, (§ 110, *e*).

É digno de especial menção o § 252, que reza que uma testemunha informada sobre seu direito de não depor (§§ 52-53, *a* – vide o item 4.2.2), pode fazer uso deste direito durante sua manifestação oral, – sempre quando as declarações possam incriminar o acusado[305] –, resultando na conseqüência de que suas declarações anteriores não deverão ser "*lidas*" ou levadas em consideração.[306] No que diz respeito à leitura pública da declaração prévia, se trata de uma proibição de utilização expressa, que, além de tudo, tem caráter autônomo, uma vez que existe independentemente da legalidade

---

[305] Entende-se como proibições de utilização aquelas que significam proibições de responsabilização pela autoria do fato (nota supra 10 e texto principal), declarações testemunhais *em favor* do acusado não estão abrangidas pelo § 252 *a limine* (Roxin/Schäfer/Widmaier, StV 2006, 660; com outra opinião: BverfG 57, 250, 275).

[306] Com maior profundidade Volk (nota supra 24), § 27 nº 8 ss.

da produção de provas (interrogatório em sede de investigação).[307] Evidentemente que a opinião dominante não somente observa como impedimento a leitura das declarações anteriores, como também a utilização das mesmas em um sentido amplo, especificamente através do interrogatório da pessoa que presidiu a inquirição, ou realizou o ato,[308] sendo controvertido, porém, se poderia ser admitida, ao menos, a oitiva do juiz da investigação penal que participou do interrogatório da testemunha (§ 162). A jurisprudência acata esta última vertente, caso o imputado tenha sido instruído legalmente, aduzindo como argumento, entre outros, a alta qualidade do interrogatório judicial em confronto com aquele realizado pelo Ministério Público ou pela Polícia.[309] Porém, tal argumentação não é convincente, sendo, ainda, contraditória. Se a intenção é não desistir da declaração da testemunha obtida na etapa de investigação, a solução seria interpretar o § 252 estritamente, ou seja, somente no sentido de uma mera proibição de leitura da declaração,[310] permitindo-se a oitiva da autoridade que presidiu o ato, mas o que não se pode fazer são diferenciações qualitativas entre a presidência dos atos de interrogatórios de imputados, tendo por base a qualidade da pessoa ou autoridade que realizou o interrogatório ou fez a inquirição, pois hoje, legalmente, não se faz tais distinções,[311] como também tal diferenciação não é feita na prática.[312] Se, ademais, a jurisprudência permite[313] que a pessoa, ao ser interrogada judicialmente, possa con-

---

[307] Ignorado por Finger JA 2006, 529 (533 e s.), que o classifica como proibição não-escrita dependente. Jäger (nota supra), p. 268 fala de uma "proibição secundária de prática de provas" (*Zweiterhebungsverbot*).

[308] Beulke (nota supra 12), n° 419.

[309] BGHSt 2, 99, 106 e ss.; 21, 218, 219; 49, 72, 77; cf. Beulke (nota supra 12), n° 465.

[310] Cf. Jäger (nota supra 14), p. 270.

[311] Anteriormente só existia a obrigação de instrução quanto ao interrogatório judicial que era realizado na etapa de investigação penal, porém hoje tal se aplica igualmente para o interrogatório policial e aquele realizado pelo Ministério Público (§§ 161, a, I, 2, 163, *a*, V). A distinção entre interrogatório judicial e não-judicial no § 251, I, II e o privilégio existente somente em relação ao interrogatório judicial no § 254 – dada à mesma formação e a atual equiparação do órgão do Ministério Público e do Juiz, bem como a possibilidade de se trocar de funções (entre a de promotor e juiz) em vários Estados da federação – somente se traduz em uma ficção legal e em nada contribui para a solução do tema ora tratado.

[312] Crítico também Beulke (nota supra 12), n° 420, porém no que diz respeito a uma proibição absoluta; Jäger (nota supra 14), p. 270 s.

[313] BGH NJW 2000, 1580; StV 2001, 386.

sultar o anterior termo do interrogatório para ativar sua memória, na forma do § 253, *y* – é intuitivo que tal permissão se refere ao termo do interrogatório levado a efeito pela Polícia ou pelo Ministério Público[314] – e, assim, de qualquer forma, os interrogatórios presididos por tais autoridades acabam por ser introduzidos no processo, ou seja, teremos a introdução de um ato procedimental anterior na fase do juízo oral.[315] De qualquer forma, se o que se busca é uma diferenciação entre o interrogatório judicial e o interrogatório não-judicial (o que se apresenta como uma ilusão ante os claros termos do § 252),[316] pode-se chegar à conclusão de que pode ser vislumbrado, no contexto da norma, de acordo com a opinião dominante, algo mais do que uma simples proibição de leitura. No fim das contas, trata-se de uma ponderação de bens entre o interesse da persecução penal e a proteção da testemunha,[317] e, particularmente nos processos que tenham por objeto delitos sexuais contra menores, tem-se reduzido a pressão contra as vítimas que prestam declarações,[318] principalmente quando esta é a principal prova contra o acusado.

Também existem outras proibições de utilização probatória em *leis especiais*, por ex., nos §§ 51 da Lei de Registro Central Federal (*Bundeszentralregistergesetz*), 393, II, da Lei Tributária (*Abgabenordnung*), 97, I, 3, da Lei Falimentar (*Insolvenzordnung*), e 4º da Lei que dispõe sobre os documentos do Serviço de Segurança da antiga República Democrática alemã (*Stasi-Unterlagen-Gesetz*). Segundo o art. 13, v, frase 2, da *Grundgesetz**, as informações que tenham sido obtidas com base na introdução ou utilização de meios técnicos em domicílios privados são utilizáveis somente sob a condição da existência de prévia ordem judicial (a este respeito veja a problemática de diligência domiciliar e o item 4.2.3.4, mais adiante).

---

[314] Por ex., na seguinte forma: o imputado faz sua declaração perante a Polícia ou o Ministério Público referente ao conteúdo do interrogatório realizado no juízo oral. Cf., também, Finger JA 2006, 529 (534 nota de rodapé 41).

[315] KK – Diemer (nota supra 1), § 252 nº 25.

[316] Acertadamente Finger, JA 2006, 529 (534).

[317] Cf. também BGHSt. 45, 342.

[318] Cf. Rössner, *30 Probleme aus dem Strafprozessrecht*, 2003, p. 84; antes neste sentido Otto, GA 1970, 289 (295), que defende a admissibilidade da leitura do interrogatório anterior em causas de tutela de menores (296)

* NT – Constituição alemã

4. Proibições não-escritas, ou não-expressas em lei, de utilização de provas

4.1. À guisa de introdução

As vedações não-escritas de utilização probatória necessitam ao menos de uma fundamentação material, já que não se baseiam em uma prescrição legal. A busca de tal fundamentação nos remete, novamente, àquela indagação, já feita supra, sobre o objeto das proibições probatórias, o que já levou Beling a defender a necessidade de uma regulamentação a respeito, com fixação de princípios norteadores.[319] Não obstante, esta regulamentação não foi levada a efeito até o momento, devendo ser considerado que existe um consenso geral – ao lado da já mencionada diferenciação entre produção probatória e utilização de prova[320] – sobre a constatação de que não se conseguiu até hoje encaixar as proibições probatórias em um só fundamento.[321] Além disto, teorias distintas disputam a solução correta a ser dada para a hipótese, bem como os pressupostos que devem ser considerados nos conflitos de ponderações, sem que, evidentemente, se tenha conseguido alcançar uma resposta que satisfaça as diferentes matizes do problema.

A *teoria do âmbito ou círculo de direitos* (*Rechtskreistheorie*), anteriormente sustentada, mesmo que por pouco tempo, pela jurisprudência, é bastante questionável, já que se desenvolveu com fundamento em um problema específico (a vulneração da obrigação de instrução do feito em conformidade com o § 55, II), e somente questiona se "a violação afeta substancialmente o âmbito dos direitos da parte, ou se a violação é de somenos importância e, em conseqüência carece

---

[319] Beling (nota supra 1), prólogo: "[Se] não me engano, assim é a teoria das proibições de prova, que até hoje não tem sido tratada *ex professo* em nenhuma outra parte e que está, todavia, apta para ser objeto de ulterior desenvolvimento (...) No futuro não se poderá abandonar a tarefa de se buscar alguns princípios reguladores, para substituir a casuística desenvolvida até os dias de hoje".

[320] Cf. supra, item 3.3. e notas 305 e ss.

[321] Análise profunda da literatura se pode encontrar em Jäger (nota supra 14), p. 69 e ss., concluindo que até o momento não se logrou encontrar "uma fundamentação convincente das proibições de utilização"; em particular, igualmente Volk (supra nota 24), § 28 n° 8, 13; Beulke (nota supra 12), n° 457; Hellmann (nota supra 17), n° 782; Arloth, GA 2006, 258, 261.

de importância, não afetando, assim, direitos da parte".[322] Abstraindo-se a imprecisão desta fórmula, a teoria implica uma restrição dos direitos processuais do acusado, considerando seus de direitos fundamentais, já que deve ser garantido ao acusado um devido processo legal e justo em sua totalidade.[323] A *"afetação do âmbito de direitos"* (*Rechtskreisberührung*) tampouco deixa entrever, de forma direta, algo em relação a uma eventual conseqüência de reconhecimento de uma proibição de utilização probatória.[324]

A doutrina do *fim de proteção da norma* (*Schutzzwecklehre*) defende o questionamento acerca do sentido e fim de um dispositivo processual que tenha sido infringido, indagando se tal implicaria de forma induvidosa uma proibição de utilização da prova.[325] Isto exige, em primeiro lugar, que, incondicionalmente, exista uma norma processual (uma proibição de produção probatória), da qual se possa extrair uma finalidade de proteção.[326] A existência de tal norma, além da exigência de sua transgressão, leva à indagação se o propósito é excluir do arcabouço probatório, constante do resultado da instrução probatória, a prova obtida com a violação de proibição probatória, já que, por conta de sua eventual permanência nos autos, tal elemento assim obtido traria, dentro de si, uma violação do direito.[327] Por este motivo, metodologicamente, discute-se o problema referente à questão de que somente se poderiam extrair conseqüências a partir do fim de proteção encontrado em uma norma probatória auxiliar conexa, para poder se indagar se será caso ou não de utilização probatória.[328] Exemplificando: a testemunha Z, parente do

---

[322] BGHSt 11, 213, 215; críticas em relação ao BGHSt 19, 325, 332; 38, 214, 219 f.; 42, 73, 77; crítico também Hauf, NStZ (NT – *Neue Zeitschrift für Strafrecht* – Revista Alemã) 1993, 457; Dencker, StV 1995, S. 232; Volk (nota supra 24), § 28 n° 9; Beulke (nota supra 12), n° 459.

[323] Fezer, JuS (NT – *Juristische Schulung* – Revista Alemã) 1978, 325 (327); Geppert, Jura 1988, 305 (313); Roxin (nota supra 33), § 24 n° 20; Volk (nota supra 24), § 28 n° 9.

[324] Acerca da reprovação da circularidade da teoria do âmbito de direitos, *vide* Jäger (nota supra nota 14), p. 140.

[325] Cf. Beulke, ZStW (NT – *Zeitschrift für die gesamte Strafrechtswissenschaft* – Revista Alemã) (103) 1991, 657 ss.; de acordo também Arloth, GA 2006, 259 (260).

[326] Cf. Volk (nota supra 24), § 28 n° 10; também Kindhäuser (nota supra 33), § 23 n° 15.

[327] Cf. Fezer (nota supra 76), S. 219 com mais referências; também Kindhäuser (supra nota 33), § 23 n° 14. Em favor de uma teoria autônoma da dimensão do dano (*"Schadensvertiefungslehre"*) Grünwald JZ 1966, 490.

[328] Cf. Fezer (nota supra 76), p. 219 com mais referências.

acusado, não foi advertida sobre seu direito de se negar a prestar declarações (§ 55, II), surgindo, daí, a indagação sobre a questão atinente à interpretação do § 55, II, ou seja, se este somente se dirige à proteção da testemunha em relação à auto-incriminações e à incriminação de parentes (já que a norma não indica nenhuma proibição de utilização da declaração no que diz respeito ao acusado),[329] ou se a norma tem, também, como objeto e âmbito de proteção, o próprio imputado, perante eventuais afirmações da testemunha, e, em conseqüência, se poderia, neste último caso, ser reconhecida uma proibição de utilização da prova.[330]

A teoria do fim de proteção deixa claro, que, em sua essência, se trata de uma ponderação entre os interesses estatais de persecução penal e aquele referente à busca da verdade, por um lado, e os interesses individuais do cidadão, por outro lado. Desta forma, a doutrina acaba por se aproximar da dominante *teoria da ponderação (Abwägungslehre)*, a qual tem por base os concretos interesses a serem ponderados, levando em conta – ao falar a doutrina no propósito de proteção – a gravidade do fato imputado e o peso da infração processual:[331]

> "A decisão a favor ou contra a uma hipótese de proibição de utilização probatória deve ser fundamentada em uma ampla ponderação de interesses. Nesta ponderação deve estar compreendida a gravidade da violação procedimental, bem como sua importância para a esfera legalmente protegida da parte afetada, tal qual se dá com o axioma, segundo o qual se considera que a verdade não deve ser investigada a qualquer preço. Por outro lado, deve ser considerado que as proibições de utilização de prova se dão justamente em relação à busca da verdade e que o Estado, de conformidade com a jurisprudência constitucional, tem de garantir, através de sua Lei Fundamental, uma administração de justiça penal funcional, sem a qual a justiça não pode ser realizada. Se a norma processual que tenha sido violada não favorece, ou pelo não beneficia diretamen-

---

[329] Assim, a opinião dominante (com base na teoria do círculo de direitos), cf. Volk (nota supra 24), § 21 nº 15 f., § 28 nº 19, Beulke (supra nota 12), nº 464 ambos com mais referências.

[330] Neste sentido, Roxin (nota supra 33), § 24 nº 36.

[331] Cf. mais recentemente BGHSt 38, 214, 219 s.; resumindo também Volk (nota supra 24), § 28 nº 11; crítico a respeito Fezer (nota supra 76, p. 219 s.).

te (em primeiro lugar) ao imputado, estaremos longe de nela identificar uma proibição de utilização de prova; um exemplo é a violação do § 52 II, do StPO.* De outra parte, uma proibição de utilização de prova fica evidente, quando a norma processual violada é uma norma dirigida a garantir os fundamentos e direitos relativos à situação processual do imputado ou acusado no processo penal."

Jäger[332] constatou, em uma extraordinária investigação sobre a jurisprudência do Supremo Tribunal Federal alemão, que este "vacila entre a teoria do fim de proteção e a doutrina da ponderação, sem um sistema suficientemente claro", sendo que o Tribunal tende a reconhecer a incidência da teoria do fim de proteção em casos de erros processuais ocorridos em interrogatórios ou coleta de declarações, ou em casos de medidas coercitivas relacionadas com a proteção judicial do interrogando ou declarante, enquanto, nos demais casos, o Tribunal sempre recorre à teoria da ponderação. O mesmo Jäger pretende referir-se – através de uma teoria de proibição de utilização probatória dirigida materialmente ao objeto probatório (*beweisgegenständliche Verwertungsverbotslehre*) – a uma "função de proteção dirigida estritamente ao objeto das normas de produção probatória" (*beweisgegenständliche Schutzfunktion der Erhebungsnorm*).[333] O que se traduz em uma mitigação do princípio de abstração[334] e, destarte, segundo tal concepção, uma proibição de utilização de prova deveria ser considerada, "quando o sentido da norma referente a produção de provas consistisse em impedir a produção de provas de um certo objeto probatório".[335] Em conseqüência, a utilização se sujeitaria ao "fim de proteção da norma em um sentido estritamente objetivo" ("*gegenständlichen Schutzzweck der Norm*"), ou seja, ao "âmbito de proteção de proibição da produção probatória em um sentido estritamente objetivo" ("*gegenständlichen Schutzumfang des Erhebungsverbots*"), e se referiria ao "objeto probatório obtido pela instrução ou produção probatória" ("*durch die Erhebung erlangten Beweisgegen-*

---

* NT – Código de Processo Penal alemão.

[332] Jäger (nota supra a 14), p. 4 e ss. (67).

[333] Ibidem, p. 139 e ss.

[334] Cf., ainda, nota supra 34 e respectivo texto.

[335] Ibidem, p. 139. Quando o sentido da norma de produção probatória se embasa em impedir a prática probatória de um determinado objeto de prova.

stand").[336] É necessária uma "identidade do erro com base em dupla deficiência, tendo em vista o objeto probatório" (*"Fehleridentität im Sinne eines gegenständlichen Doppelmangels"*), ou seja, o alcance da proibição de utilização de prova secundária deve, conseqüentemente, corresponder à proibição de produção de prova primária.[337] Não é fator decisivo o âmbito de proteção pessoal da norma relativa à produção de prova, mas sim, seu âmbito de proteção a ser examinado de forma objetiva.[338] A ponderação entre as justiças material e processual deve ser feita através de um exame prático, de forma concreta, com o sobrestamento do feito, através de uma decisão judicial para resolver o incidente, evitando-se, assim, a prolação de uma sentença condenatória com um conteúdo materialmente errôneo, por causa de vícios formais de procedimento.[339]

A doutrina da pretensão de domínio informativo pessoal (*Informationsbeherrschungsanspruch*)[340] fundamenta a proibição de utilização probatória, em um primeiro plano, na pretensão de uma devolução secundária de proteção, dirigida ao titular detentor da informação, em razão da vulneração de seu direito primário à auto-determinação informativa; disto se deduz, de certa forma, um fundamento de "lógica e justiça".[341] Reflete a hipótese uma verdadeira pretensão de se compensar a parte por uma anterior supressão injustificada de resultados informativos, tal compensação seria feita através da não-utilização das informações que tenham sido obtidas ilegalmente, o que se caracterizaria como forma de investigação contrária aos direitos humanos, apesar de não ter resultado, necessariamente, na prática, em uma violação informativa, já que teria sido embasada na idéia da legitimação estatal de punir ou penalizar. Este atuar indigno do Estado ocorre quando este não respeita um patamar mínimo de ética (proteção dos direitos humanos).[342] Apesar da crítica exteriorizada

---

[336] Ibidem, p. 139. Quando o sentido da norma de produção probatória se embasa em impedir a prática probatória de um determinado objeto de prova.

[337] Ibidem, p. 139, 167.

[338] Ibidem., p. 140: não "a quem a norma de produção probatória dá um direito", mas "qual âmbito de proteção material" ela "encerra".

[339] Cf. De forma mais detalhada Jäger (supra nota 14), p. 255 ss., 281.

[340] É fundamental o exame de Amelung, *Informationsbeherrschungsrechte im Strafprozess*, 1990; modificando tal exame, FS Roxin, 2001, p. 1259 ss.

[341] Amelung, FS Roxin, 1258 (1265).

[342] Resumindo Amelung, FS Roxin 2001, 1258 (1260 e ss).

a respeito desta teoria,[343] esta pode eventualmente ser invocada, de forma complementar, naqueles casos em que se verifica presença de uma violação procedimental em relação à autodeterminação informativa do acusado,[344] já que deveria ser assegurada ao mesmo a última decisão acerca da utilização da prova a seu favor, pois o acusado é o único autorizado a dispor das informações em questão. Uma proibição de utilização absoluta e inflexível, como, por exemplo, no caso de anotações em diários pessoais, não pode levar a nenhum bom resultado, pois não se leva em conta a vontade possivelmente oposta do acusado, que pode ter interesse na divulgação do escrito, como prova a seu favor.[345] Finalmente, é mérito desta doutrina ter colocado no centro das atenções, e em discussão, a importância das informações como objeto de prova.[346]

Em *conclusão*, fica evidente que, em última instância, todas as decisões acerca da incidência ou não de uma proibição de utilização de prova se baseiam na ponderação entre os interesses da persecução penal e os interesses do imputado,[347] sendo que a teoria da ponderação deve ser alicerçada na finalidade de se evitar uma aparência de arbitrariedade,[348] sempre apoiada, também, em outras teorias, sobretudo naquela do fim de proteção. Ditas teorias, em regra, não conduzem a resultados diversos.[349] A decisão "correta", de qualquer modo, tem que se dar caso a caso, já que não se pode evitar a utilização de certa casuística.[350] A ponderação deve ser feita judicialmente, já que é o juiz do feito que deverá decidir, no juízo oral, se pode sanar o vício processual ou se deve reconhecer, necessariamente, a in-

---

[343] Fundamental o exame de Jäger (nota supra 14), p. 100 e ss., 140 e s., assim como as referências de Amelung, FS Roxin 2001, 1258 (1259 com nota supra 3).

[344] Sem embargo, a teoria de Amelung já tinha sido descoberta antes de nela se identificar um direito à autodeterminação informativa e, portanto, se desenvolveu independentemente deste (cf. Amelung, FS Roxin, 1258 (1265 com nota supra 25).

[345] Cf. Volk (nota supra 24), § 28 nº 12.

[346] Neste sentido, também, Jäger (nota supra 14), p. 104.

[347] Cf., também, Roxin (nota supra 33), § 24 nº 23; e, de modo similar, Hellmann (nota supra 17), nº 784; Arloth, GA 2006, 258 (260).

[348] Crítico a respeito Arloth, GA 2006, 258 (260); Kindhäuser (nota supra 33), § 23 nº 17.

[349] Sintomática a aplicação concreta da teoria de Jäger (nota supra 14), p. 143 e ss.; ver também referências individuais supra e nas notas seguintes.

[350] Neste sentido, também, no essencial, as opiniões resumidas por Jäger (nota supra 14), p. 106 e ss. como teorias da ponderação e combinação ("*Abwägungs – und Kombinationstheorien*").

cidência de uma proibição de utilização da prova.[351] A fixação pelo Poder Legislativo de uma proibição de produção probatória não antecipa a existência de uma prévia ponderação, de forma a fazer com que, necessariamente, sempre incida a vedação de utilização. Na realidade, o conteúdo normativo das regras legais de produção probatória deve ser examinado no caso em concreto, através de um trabalho interpretativo da questão relativa a uma específica utilização probatória[352] e, mesmo assim, raramente se terá um resultado que reflita uma inequívoca dedução, já que se trata de normas de *produção* probatórias, e não de dispositivos legais que disponham sobre a *utilização* de prova. Caso contrário, em todas as hipóteses em que se examina a incidência ou não de proibições de utilização probatória dependentes já se deveria, *a limine,* se excluir a utilização, em vista da existência de uma violação da lei, o que redundaria, na prática, na supressão do interesse público na persecução penal.

Em regra, e a princípio, poderá ser reconhecida uma proibição de utilização de prova, quando se tratar de uma violação a um dispositivo da lei processual de *especial gravidade ou importância,* tendo em vista, especialmente, as garantias dos direitos humanos,[353] já anteriormente mencionados, e (ou) se a violação se traduz em uma forma *bem calculada* ou *consciente* de menosprezo aos dispositivos processuais. O direito a um processo justo (*fair trial*) e, igualmente, o indispensável controle disciplinar das instâncias de persecução penal impõem, neste caso, a não-utilização da prova.[354] A objeção segundo a qual o meio de prova também poderia ser obtido legalmente, independentemente do vício original (o que se denomina de curso causal hipotético de investigação[355]) não muda, em nada, a conclusão que leva à não-utilização da prova neste caso, uma vez que a viola-

---

[351] Cf. Fezer (nota supra 76), p. 217.

[352] Cf. Fezer (nota supra a 76), p. 220; neste sentido, também, Beulke (nota supra 12), n° 458; Arloth, GA 2006, 258 (260); com a mesma tendência, Rösner (nota supra 105), p. 81 e s.

[353] Vide supra notas 60 e s.

[354] Igualmente Hellmann (n° 17), n° 78; Kindhäuser (nota supra 33), § 23 n° 10; também Finger, JA 2006, 529 (535).

[355] Sobre a fundamentação Grünwald, JZ 1966, 489 (495); e sobre o estado da discussão, em resumo, cf. Jäger (nota supra 14), p. 117 e ss. Crítica fundamental é feita por Dencker (nota supra 15), p. 80 e ss.; Jäger (nota supra 14), p. 230 e s., 234; Jahn/Dallmeyer, NStZ 2005, 297 e ss.; crítico também Roxin (nota supra 33, § 24 n° 21; Volk

ção processual foi irreversível, juntando-se a este argumento aquele de que o curso causal hipotético de investigação dificilmente pode ser previsto ou reconhecido de modo confiável. Ademais, esta objeção conduz a um relativismo carente de fundamento e, em última instância, a um abandono das normas processuais que autorizam as medidas coercitivas, já que acaba por se retirar, destas normas, qualquer efeito, fazendo com que, de certo modo, sejam vistas como uma "dogmática sem conseqüências".[356]

4.2. Exemplos de proibições de utilização de provas dependentes ou derivadas

4.2.1. Falta de informação ou de instrução ao imputado

O princípio segundo o qual o acusado não deve ser obrigado a cooperar na comprovação de sua culpabilidade – "nemo tenetur se ipsum accusare" – se encontra fixado constitucionalmente (art. 1, I, 20, III, *Grundgesetz**),[357] assim como em regras de direito internacional relativas à proteção dos direitos humanos (art. 6 da CEDH).** O acusado tem de ser informado sobre seu direito de nada declarar contra si (§ 136, I, 2), mesmo quando se evidencia que o inculpado conheça seu direito de permanecer em silêncio ou tenha comparecido perante o tribunal com um defensor.[358] Evidentemente, a obrigação de advertência ao acusafdo pressupõe um interrogatório na forma estabelecida pelo § 136,[359] de tal maneira que as manifestações espontâneas e as declarações feitas no momento de formulações de perguntas informativas ou questionários informais não estão compreendidos neste contexto.[360] A omissão pela autoridade da informa-

---

(nota supra 24), § 28 nº 14; favoravelmente a posição de Kühne (nota supra 4), nº 909.2; Arloth, GA 2006, 259 (260 e s).

[356] Kühne (nota supra 4), nº 908 (p. 462).

* NT – Lei Fundamental (Constituição) alemã.

[357] Beulke (nota supra 12), nº 467.

** NT – CEDH – Convenção Européia dos Direitos Humanos.

NT – TEDH – Tribunal Europeu de Direitos Humanos) StV (*Strafverteidiger – Revista Alemã*) 2006, 617, 620 e ss.

[358] BGHSt 38, 214, 220.

[359] Sobre este conceito ver nota supra 51.

[360] Cf. Volk (nota supra 24), § 9 nº 11; Finger, JA 2006, 529 (534) com mais referências.

ção e instrução ao acusado do direito de não produzir prova contra si mesmo conduz a uma *proibição de utilização* da respectiva prova colhida.[361] O mesmo ocorre no caso em que a autoridade omite a instrução ao acusado acerca de seu direito de consultar um defensor (§§ 136, I, 2, 137); porém, a conclusão não é a mesma no caso de a polícia omitir a informação ao investigado – que já tinha sido informado sobre seu direito de consultar um defensor – que sua falta de recursos não o impede de consultar um advogado.[362] Finalmente, dá-se, também, uma proibição de utilização de prova quando ocorre a falta de informação ou instrução do acusado no juízo oral (§ 243, IV, 1).[363]

Não obstante os vícios apontados, as declarações poderão ser utilizadas, excepcionalmente, se o acusado tiver conhecimento (sem nenhuma dúvida) de seu direito de não prestar a declaração e, mesmo assim, a prestar, ou se o defensor consciente da posterior utilização da prova não se opõe à sua realização até o momento do interrogatório do acusado no juízo oral (§ 257) (solução de impugnação prévia),[364] sendo que a outra solução seria se sanar o vício repetindo a instrução, desde o seu início.[365] A exceção à regra da não-utilização da prova, em vista do consentimento do defensor, com base na não impugnação prévia, até o momento do primeiro interrogatório do acusado, é bastante questionável, pois se é verdade que o direito a se abster de prestar declarações, bem como a advertência acerca deste direito, sejam expressões da garantia da auto-determinação informativa, tal advertência acerca deste direito, efetivamente, é dirigida ao imputado, ou seja, somente o acusado pode abrir mão de tal direito, e não o advogado que o represente; ademais, também é questionável se caberia ao defensor – e não ao tribunal, cuja obrigação é de prestar assistência e proteção ao acusado – sanar um vício processual.[366] Entretanto, a subtração do direito ao silêncio que deve ser garantido ao acusado (direito de ser advertido sobre o mesmo), por

---

[361] BGHSt 38, 214; Fezer (nota supra 76), p. 221; Roxin (nota supra 33), § 24 n° 24, 29; Kühne (nota supra 4), n° 909.1; Meyer – Mews, JuS 2004, 39 (40).

[362] BGH StV 2006, 566 y 567. Ver também Finger, JA 2006, 529 (535) com mais referências.

[363] Cf. Finger, JA 2006, 529 (534 e s.).

[364] No aspecto geral com mais referências, Finger, JA 2006, 529 (538).

[365] Cf. Volk (nota supra 24) § 9 n° 11.

[366] Crítico, também Roxin (nota supra 33), § 24 n° 25; Volk (nota supra 24), § 28 n° 22. Considera-se que o advogado defensor, como órgão da justiça, tem a obrigação de evitar e, eventualmente, sanar vícios processuais, mas, considerado o mesmo como

exemplo, quando se faz novo interrogatório ao agente sobre determinado tema, mormente quando se pretenda tomar novas declarações posteriores que dependam de entrevista ou contato prévio com o defensor, não leva sempre, de forma automática, a uma proibição de utilização das declarações obtidas com este vício, pois a prova poderá ser utilizada, desde que o acusado não tenha sido enganado ou ludibriado a prestar tais declarações, na forma do § 136, *a*, mas, muito pelo contrário, tenha feito a declaração espontaneamente aos agentes encarregados da persecução penal.[367]

A proibição de utilização da prova *não* se estende para beneficiar *terceiros*. Quando, por exemplo, se arquivado ou extinto* um procedimento contra um imputado (B) que foi interrogado sem prévia instrução sobre seu direito e se pretende fazer a leitura de seu interrogatório dentro de outro processo**, de conformidade com o § 251, 1, nº 2 – imagine-se que B tenha falecido e, assim, não possa ser interrogado como testemunha no outro processo –, a proibição de utilização da prova que originariamente ocorria em favor de B, no processo a que respondia, não irradia efeitos a (s) pessoa (s) acusada (s) em outro processo. Em conseqüência, o interrogatório de B poderá ser introduzido através de leitura no juízo oral de outro processo.[368]

A proibição de valoração da prova explicitamente prevista no § 136, *a*, III (vide supra, item 3.1), existe como corolário do princípio *nemo tenetur*. Isto porque, se já existe uma proibição de utilização da prova, no caso de falta de prévia instrução do imputado acerca do

---

mero representante dos interesses de seu cliente não tem esta obrigação (cf. sobre esta diferenciação Beulke, nota supra 12, nº 150 e ss., com mais referências).

[367] BGH (STF Alemão) *in* NJW (*Neue Juristische Wochenschrift* – Revista Alemã) 2006, 1008, 1009, onde se fixou que o tribunal poderia deixar em aberto o ponto em questão, mas, por outro lado, fugiu a decisão de uma acertada valoração de utilização da prova (1010). A decisão unicamente pode ser aplicada a este caso concreto, tendo sustentado o Tribunal do Estado, *in casu*, a impossibilidade de se reclamar contra o atuar comprovado dos funcionários responsáveis pela investigação penal. (LG Göttingen, Auto de 19 de abril de 2004, 6, Ks 7/03).

* NT – Em se tratando de ação penal, no Brasil é melhor se falar em extinção da punibilidade ou trancamento ou nulidade da ação (dependendo do caso em concreto), já que aqui não existe a possibilidade de "arquivamento" da ação penal, mas tão-só do inquérito policial.

** NT – No Brasil, a hipótese se denomina "prova emprestada", que pode ser aceita desde que submetida ao contraditório no processo em que vai ser utilizada.

[368] Cf. Volk (nota supra nota 24), § 28 nº 23; Beulke (nota supra 12), nº 468; crítico a respeito Roxin (nota supra 33), § 24 nº 26.

seu direito de guardar silêncio, com maior razão tal deve também ocorrer quando se força o imputado a fazer a declaração através de métodos proibidos, indicados no § 136, *a*, I.

A frustração do *direito de estar presente* no interrogatório judicial durante a fase de investigação* (§§ 168, *c*, II, 168, *d*, I), de acordo com a posição jurisprudencial, só acarreta uma atenuação do valor probatório deste ato,[369] sendo admitida a introdução (mesmo com tal vício) do termo judicial de interrogatório no juízo oral, de acordo com o § 251, II.[370] Por outro lado, sem embargo, a violação acerca da obrigação de notificação do imputado para o ato, prevista no § 168, *c*, v, segundo a jurisprudência, deveria acarretar uma proibição** de utilização da prova.[371] Isto nos parece contraditório, já que, em ambos os casos, o imputado é prejudicado em seu direito de ser ouvido (art. 103, I, *Grundgesetz*,*** e art. 6 da Convenção Européia de Direitos Humanos) e, assim, não poderia, em qualquer dos casos, valer como resultado probatório. Nos dois casos, a solução deveria ser a proibição de utilização da prova.[372]

4.2.2. Instrução deficiente de testemunhas que tenham o direito de se negar a prestar declarações ou de dar certas informações (§§ 52-55)

As declarações de *parentes* obtidas sem a advertência prévia acerca do *direito de se negar a prestar declarações* (§ 52 III) *não podem ser utilizadas como prova*, ou seja, as mesmas não podem ser lidas no

---

* NT – No Brasil só há possibilidade de ocorrer interrogatório judicial, nesta fase do procedimento, no caso de produção antecipada de prova como medida cautelar, pois na investigação preliminar não há atuação judicial, salvo em controle de legalidade ou como juiz garantidor

[369] BGHSt 46, 93.

[370] BGH StV 1997, 512: se foi informado ao acusado sobre a diferente valoração do termo; em sentido contrário AK – Achenbach, § 168, *c*, n° 18; crítico, também Volk (nota supra 24), § 28, n°, 26.

** NT – No Brasil também se reconhece na jurisprudência que o que gera a nulidade é a falta de notificação e não a falta de manifestação do imputado.

[371] Meyer – Goßner (nota supra 49), § 168, *c*, n° 6.

*** NT – Constituição alemã.

[372] Igualmente, quanto à conclusão, Fezer (nota supra 76), S. 221; Roxin (nota supra 33), § 24 n° 31; Kühne (nota supra 4), n° 909.1; Meyer – Mews, JuS 2004, 39 (41); Finger, JA 2006, 529 (535); também Jäger (nota supra 14) p. 194 e ss.

juízo oral, nem devem poder ser reproduzidas através da reinquirição da pessoa que prestou as declarações. Isto em razão do fim de proteção do § 52: não colocar em risco os vínculos familiares.[373] Por esta mesma razão, a declaração do parente não pode desempenhar nenhum papel probatório, sem importar se o tribunal, no momento em que colheu a declaração do declarante, conhecia ou não a relação de parentesco do mesmo com o imputado;[374] se bem que, eventualmente, o declarante tenha que ser instruído sobre sua relação de parentesco com o acusado.[375] Não obstante, é possível uma utilização desta prova em dois casos: após o falecimento da testemunha;[376] ou, em outra hipótese, se a testemunha declarou conhecer seu direito de se abster a depor e, mesmo assim, prestou a declaração, pois, neste caso sua declaração não foi produto da omissão da advertência sobre seu direito.[377]

Nos casos de *pessoas com relação de confiança com o acusado*,* quando, em regra, o declarante pode assumir conhecer o direito de se abster a prestar declaração (§ 53); só se reconhece uma violação processual quando o tribunal (que tem a obrigação de assistência ou garantia) não faz as advertências exigidas a uma pessoa que seja titular de uma relação de confiança para com o acusado, aliado à circunstância de que tal pessoa acredite estar obrigada a fazer a declaração ou se o tribunal, de forma errônea, informa à pessoa declarante que ela está livre do dever de guardar silêncio e, portanto, tem o dever de fazer a declaração (§ 53, II). Somente nestes casos são inquestionáveis as proibições de utilização da prova.[378] Se a pessoa de confiança faz a declaração, embora tenha conhecimento de seu

---

[373] Roxin (nota supra 33), § 24 n° 32; Volk (nota supra 24), § 28 n° 15. Pode, sem embargo, ser suficiente para a instrução, segundo o § 52, II, 1, a informação à testemunha de seu (possível) direito de negar a prestar a declaração (BGH NStZ 2006, 647 e s.).

[374] BGHSt 14, 159, 160.

[375] BGH NStZ 2006, 647 e s.

[376] BGHSt 22, 35; de outra opinião é Roxin (nota supra 33), § 24 n° 32; também Volk (nota supra 24), § 28 n° 15; Beulke (nota supra 12), n° 461; e coincidindo com o resultado Jäger (nota supra 14), p. 146.

[377] Cf. BGHSt 38, 214, 225; 40, 336, 339; BGH NStZ 1990, 549 s.; NStZ – RR 2004, 212.

* NT – No Brasil, a hipótese é tratada como pessoas proibidas de depor em razão da obrigação de guardar sigilo, em vista do emprego, função, ministério ou ofício.

[378] Volk (nota supra 24), § 28 n° 16.

direito de se abster de prestar a declaração, não se dá, segundo a opinião dominante, uma proibição de utilização da prova, posto que somente tem o *direito* de se abster de prestar declaração, e não a obrigação de se abster.[379] Porém, esta tese faz com que surjam dúvidas a respeito da relação entre a pessoa de confiança e o imputado (cliente, paciente, etc.), relação esta que pode vir a sofrer uma lesão através de uma declaração assim feita, levando-se em conta, ademais, que esta relação é protegida penalmente (§ 203 Código Penal: violação de segredos pessoais). Se for levado em consideração o fim de proteção da norma do § 53, esta relação de confiança também incluiria a proteção processual – paralelamente à situação de proteção material – de tal forma que se poderia argumentar que a antijuridicidade material da declaração provoca a impossibilidade de sua utilização processual.[380] Por outro lado, há quem se socorra ao fim de proteção da norma, no caso da *declaração testemunhal sem autorização*, na forma do § 54, para o fim de se rechaçar a proibição de utilização da prova, sob o argumento de que o propósito da norma – salvaguardar o dever de reserva dos funcionários públicos – já se encontra irreversivelmente frustrado com a declaração prestada.[381]

Last but not least, como já foi anteriormente acentuado,[382] a falta de instrução da testemunha que tenha o direito de se negar a dar certas informações, em razão da relação de confiança (§ 55), não acarretaria uma proibição de utilização de prova, uma vez que, de acordo com a opinião dominante do Supremo Tribunal Federal, o âmbito dos direitos do imputado não é afetado pela violação.[383] Apesar disto, considera-se igualmente protegido, através da norma do § 55, o interesse do acusado em ver no processo "declarações testemunhais, livres de conflitos e condizentes com a verdade"[384] e, assim, é possível fundamentar nisto uma proibição de utilização de provas. Em todo caso, ocorrerá proibição de utilização de provas se a testemu-

---

[379] BGHSt 9, 59, 62; 15, 200, 202; 18, 146, 147; a favor Volk (nota supra 24), § 28 n° 17; Hellmann (nota supra 17), § 3 n° 29; Kindhäuser (nota supra 33), § 23 n° 20; Finger, JA 2006, 529 (533).

[380] Neste sentido, Beulke (nota supra 12), n° 462, com mais referências.

[381] Cf. Volk (nota supra 24), § 28 n° 18; Kindhäuser (nota supra 33), § 23 n° 21; Finger, JA 2006, 529 (533); com outra opinião Fezer (nota supra 76), p. 223.

[382] Cf. item 4.2.1, supra.

[383] BGHSt GrS 11, S. 213, 215; Meyer – Goßner (nota supra 49), § 55 n° 17.

[384] Roxin (nota supra 33), § 24 n° 36.

nha se converte em imputado e, nesta condição, se opõe à utilização da prova em um juízo oral posterior.[385]

4.2.3. Execução ilícita de medidas coercitivas

4.2.3.1. Infração contra a proibição de entrega de bens (§ 97, I)

A proibição de entrega de bens do § 97, I, complementa o direito de permanecer em silêncio dos §§ 52, 53 e 53, a. Em conseqüência, sua violação também resulta em uma proibição de utilização da prova,[386] em todos aqueles casos em que os objetos sujeitos à proibição se encontrem em poder de testemunhas. Se os objetos estão em poder do acusado, ou se o titular do direito a se abster a prestar declaração é o próprio, não prevalece a proibição da utilização da prova.[387]

4.2.3.2. Prática ilícita de exames corporais (§ 81, a)

Feita a necessária abstração à proibição de utilização de prova contemplada no § 81, a, III, referente a uma utilização ilícita de prova em outro processo que não aquele a que responde o acusado, o tema de exames corporais é considerado integrante das hipóteses de proibições de utilização de provas não-escritas e dependentes, naqueles casos nos quais o exame corporal (especialmente a coleta de sangue) não é realizada por um perito médico-forense, ou quando tenha sido ordenada por uma autoridade ou pessoa não competente (sendo que, neste caso, se trata de uma proibição relativa de produção probatória). A opinião dominante, não obstante, rechaça tal proibição, sob o argumento de que, por um lado, o § 81, a, visa somente a erigir uma proteção relativa a danos à saúde e a punibilidade da conduta (§§ 223, 239 StGB*), tendo por base somente este fim de proteção; e, por outro lado, segundo tal corrente, uma violação ao § 81, a, não

---

* NT – *Strafgesetzbuch* (Código Penal alemão).

[385] BGH NZV 2001, 527; OLG Celle NStZ 2002, 386; Meyer – Goßner (nota supra 49), § 55 n° 17; SK – Rogall, Vor § 133 n° 188; Finger, JA 2006, 529 (533).

[386] KK – Nack (nota supra 1), § 97 n° 9; Fezer (nota supra 76), p. 221; Roxin (nota supra 33), § 24 n° 34; Volk (nota supra 24), § 28 n° 20; Beulke (nota supra 12), n° 463; Kühne (nota supra 4), n° 909.1.

[387] BGHSt 25, 168, 170 s.; Pfeiffer, *Strafprozessordnung*, 5. ed 2005, § 97 n° 1; no particular, igualmente Jäger (nota supra 14), p. 203.

diminui o valor da prova e nem tampouco poderia ter este efeito, tendo-se em vista a qualidade da pessoa que pratica a intervenção corporal.[388] Mas existirá efetivamente uma proibição de utilização de prova quando a violação de tal regra procedimental tenha sido realizada de maneira consciente ou intencional, ou quando forem empregados meios ilegais na prática do ato, já que disto pode resultar – dependendo da gravidade da intervenção – uma violação do princípio do devido processo legal (processo justo) (*fair trial*).[389]

4.2.3.3. Vigilância ilícita de telecomunicações (§ 100 a, b, g, h)

Excetuando-se a proibição explícita de utilização ilícita de provas (v. supra, item 4.2), temos que considerar a não-utilização daquelas informações obtidas através da interceptação e vigilância das telecomunicações, quando foram desatendidos os pressupostos *materiais* exigidos na ordem que a autoriza, por exemplo, quando a ordem ou mandado tenha sido expedido sem que existisse ao menos a suspeita da prática de um delito relacionado no § 100, *a*, ou tenha sido expedido com violação do princípio da subsidiariedade ou da vigilância, resultando, assim, em uma ilicitude por outro motivo, particularmente pode-se apontar o caso de vigilância de conversas realizada pelo defensor, violando-se a regra do § 148.[390] Apesar da existência de uma margem de discricionariedade na apreciação da proibição de utilização deste tipo de prova, a jurisprudência insiste em só reconhecer a existência de uma proibição de utilização de prova, *in casu*, ou seja: quando haja uma arbitrariedade objetiva ou uma contundente apreciação errônea ao se expedir a ordem ou

---

[388] BGHSt 24, 125, 128; OLG Karlsruhe StV 2005, 376; a favor temos as posições de Fezer (nota supra 76), p. 222; Roxin (nota supra 33), § 24 nº 37; Volk (nota supra 24), § 28 nº 27; Beulke (nota supra 12), nº 477 (apesar de se apoiar em uma fundamentação duvidosa, já que diz que não se pode esperar prejuízos à saúde); em particular, igualmente, Kühne (nota supra 4), nº 909.2; Jäger (nota supra 14), p. 196 ss.

[389] BGHSt 24, 125, 131; a favor as opiniões de Roxin (nota supra 33), § 24 nº 37; Volk (nota supra 24), § 28 nº 27; Beulke (nota supra 12), nº 477; cf. também, Finger JA 2006, 529 (536) referindo-se (nas notas 75 e s.) aos casos especialmente problemáticos de extração de fluidos corporais, aplicação de purgantes ou substâncias provocadoras de vômitos e de cateter; sobre uma proibição de utilização de prova em caso de substância provocadora de vômitos, haveria uma violação do art. 3 da CEDH e do princípio do *fair trial* (art. 6 da CEDH) v. TEDH, StV 2006, 617 e ss.; cf. também, Jäger (nota supra 14), p. 212 e ss.

[390] Beulke (nota supra 12), nº 475; Volk (nota supra 24), § 10 nº 46.

mandado.[391] Ademais, entende-se que deve ser sanada a eventual deficiência de uma ordem de vigilância da telecomunicação (ou interceptação) por inexistência de delito constante expressamente no rol legal, aceitando-se a realização da interceptação, quando tenha surgido suspeita conexa dirigida a um delito constante daquele rol.[392] As violações aos pressupostos *formais* da ordem (§§ 100, *b*, 101) não justificam uma proibição de utilização da prova, exceto em se tratando de inexistência ou falta efetiva de uma autorização ou ordem do Juiz ou do Ministério Público* (§§ 100, *b*),[393] pois, neste caso existe uma violação grave, no sentido do § 44 da Lei de Procedimento Administrativo (*Verwaltungsverfahrensgesetz*).[394] Neste caso, a (eventual) proibição de utilização de provas deve ser alegada no juízo oral (solução de impugnação prévia).[395]

4.2.3.4. *Registro ilícito de domicílio (§§ 102 e ss.)*

Ante a relevância e importância significativa do direito fundamental referente à inviolabilidade do domicílio (art. 13 da Lei Fundamental alemã, v. supra, item 3.3) e as exigências jurídico-constitucionais estritas para que se autorize a violação de domicílio, é necessário considerar a competência imediata ("risco de demora") por parte do Ministério Público e dos agentes encarregados da investigação policial (§ 105, I, frase, 1) para ordenar a autuação domiciliar.[396] A este respeito se discute a questão referente à indagação se autuação feita por autoridade incompetente, nos casos de urgência,

---

[391] BGHSt 41, 30, 34; 47, 362, 366; a favor Roxin (nota supra 33), § 24 nº 39; e também Bernsmann, NStZ 1995, 512; Küpper, JR 1996, 214; Schlothauer, StV 2003, p. 208; mais restritivo a favor de uma proibição de utilização de prova, Jäger (nota supra 14), p. 205 e s., identificando "limitações relacionadas com o objeto de prova" (*beweisgegenstandsbezogene Beschränkungen*) na proibição de prática probatória.

[392] BGHSt 48, 240. Crítico Beulke (nota supra 12), nº 475, com mais referências, vide supra nota 58 e s.

* NT – No Brasil, a ordem para interceptação telefônica, constitucionalmente, só pode partir do juiz.

[393] Beulke (nota supra 12), nº 475 com mais referências.

[394] Sobre esta situação em paralelo com o direito administrativo, v. Jäger (nota supra 14), p. 238.

[395] BGH NJW 2006, 1361; criticamente, nota supra 154 s. e o texto.

[396] BVerfG NStZ 2001, 382. As autoridades de investigação penal tampouco devem esperar, por outro lado, a solicitação da ordem judicial, caso esteja configurado um risco pela demora na expedição (BVerfG StV 2003, 206).

acarretaria ou não uma proibição de utilização dos meios probatórios constantes e extraídos do auto de registro. É o caso da autuação de urgência, quando inexista uma autorização válida da autoridade competente, ou quando, mesmo existindo uma autorização original, esta não teria sido cumprida dentro dos seis meses após sua expedição,[397] estando, assim, derrogada. Para se defender a existência de proibição de utilização da prova nestes casos, pode se socorrer à importância do direito fundamental que protege o domicílio de violações[398] e, para se defender o contrário, temos a aplicação dos princípios sobre vigilância de telecomunicação (conforme posição citada anteriormente), segundo os quais somente uma violação material justificaria uma proibição de utilização da prova.[399]

4.2.3.5. Investigações secretas

A situação acerca de investigações feitas secretamente não está bem esclarecida, já que o *StPO** somente contém normas referentes aos chamados investigadores encobertos (*Verdeckte Ermittler*), isto é, referentes a agentes policiais que fazem investigações infiltrados, de forma encoberta (§ 110, *a*, II), como já foi exemplificado com a proibição de utilização de prova assim colhida em outro processo penal, que não aquele onde se deu a infiltração policial (§ 110, *e*, v. supra, item 3.3); mas, no que diz respeito a outras pessoas que fazem investigações de forma secreta (informantes, particulares que estão a serviço da polícia ou que atuem com pessoas de contato, o chamado *V-Leute*, ou pessoas que não investiguem publicamente) somente pode ser aplicado o § 163, I, frase 2, mesmo assim como fundamento legal não-específico.[400] Em vista do caráter secreto das investigações, há uma semelhança com aquelas medidas relativas à vigilância das telecomunicações (anteriormente citadas) e, desta forma, são apli-

---

[397] Segundo se vê de BVerfG NJW 1997, 2165, o mandado perde sua validade a partir deste momento.

[398] A favor desta tese o Julgado Penal (AG) Braunschweig StV 2001, 394 f.; Finger JA 2006, 529 (536).

[399] Neste sentido, BGHSt 41, 30, 34, alegando que uma proibição de utilização de prova somente tem existência em caso de uma arbitrariedade objetiva ou uma decisão manifestamente falsa; nesta esteira, também, BGH StV 2003, 3 e s.; e, seguindo a mesma tendência Jäger (nota supra 14), p. 203 e s.

* NT – *Strafprozeßordnung* (Código de Processo Penal alemão).

[400] Meyer – Goßner (nota supra 49), § 110, *a*, nº 4, § 163 nº 34, *a*.

cadas as mesmas regras já mencionadas. Por conseguinte, pode ser considerada existente uma proibição de utilização de prova – no que tange aos agentes encobertos – no caso de ausência dos pressupostos materiais ou de autorização judicial ou do Ministério Público.[401] Não obstante, devem ser utilizados aqueles meios probatórios que foram colhidos dentro dos três primeiros dias que antecedem a medida que tenha sido decretada, uma vez que se autoriza que se possa obter o consentimento ou a autorização do Ministério Público (de forma posterior) "dentro de três dias" (§ 110, *b*, I); e, da mesma forma se o consentimento judicial posterior, que se faz necessário segundo o § 110, *b*, I, não foi possível de ser obtido no prazo, se permite a utilização dos meios probatórios obtidos no primeiros três dias.[402] Também é reconhecida a existência de uma proibição de utilização de prova se outros investigadores estatais, fora do caso de agentes encobertos, entrem, por engano, em domicílios alheios, porque, assim agindo, acabam por desobedecer à exigência mandamental, ou mesmo por violar o próprio âmbito do mandado judicial, segundo o disposto no § 110, *b*, II, n° 2.[403]

Se agentes encobertos e outros investigadores (particulares) secretos acabam por realizar, efetivamente, interrogatórios,[404] surge uma problemática questão, tendo por base a instrução prévia, ou seja, a advertência que se deve fazer obrigatoriamente ao declarante, pois esta só se daria no fim da investigação secreta, ao invés de ser feita no momento da inquirição. A violação da eventual obrigação de se instruir ou informar o declarante de seus direitos (§ 136, §§ 52, 252) não resulta, necessariamente, em uma proibição de utilização da prova, pois tal se dará somente no caso de uma artimanha intencional e consciente dirigida à coleta da prova, ou seja, quando o investigador secreto, precisamente por esta razão e com este deliberado fim, foi "encarregado" de proceder à investigação de um suspeito.[405] A jurisprudência, por exemplo, permite que seja o agente

---

[401] BGHSt 42, 103; Beulke (nota supra 12), n° 481, *a*; Volk (nota supra 24), § 28 n° 30; Kühne (nota supra 4), n° 909.1.

[402] BGHSt 41, 64, 66; a favor Beulke/Rogat, JR 1996, 520; Rogall, JZ 1996, 260; com opinião contrária SK – Rudolphi/Wolter, § 100, d n° 13.

[403] Deixándo em aberto, BGH NStZ 1997, 449; defendendo a proibição Roxin, StV 1998, 43 (45); Jäger (nota supra 14), p. 206 e s.

[404] Sobre o conceito de interrogatório, ver supra nota 51.

[405] Beulke (nota supra 12), n° 48, 1, *d, f*; Volk (nota supra 24), § 28 n° 33.

encoberto inquirido como testemunha referida (*Zeuge vom Hörensagen, hearsay evidence*) no juízo oral, sobre detalhes de sua conversa com uma pessoa que tenha direito a se abster de prestar declarações como testemunha.[406] Em todo caso, os investigadores secretos de forma alguma podem violar as proibições contidas no § 136, *a*.[407] Neste ponto, fica a indagação se poderia se utilizar o agente encoberto para se obter dados ou informações contra o mesmo.

4.3. Exemplos de proibições probatórias autônomas

Nas proibições autônomas nos deparamos com a infração a um direito – independentemente da legalidade ou ilegalidade da produção da prova – que acaba fazendo com que o interesse estatal na persecução penal passe para um segundo plano em grau de importância, na escala de valores em ponderação. Tal direito, entretanto, deve ser derivado dos direitos fundamentais e, em particular, dos direitos individuais, direitos estes assim concebidos em sentido amplo. Portanto, se pode também falar na existência de *proibições de utilização probatória de ordem jurídico-constitucional*.[408] Para se verificar a existência de tal proibição deve ser imaginado o resultado da produção probatória de forma antecipada, de forma que se vislumbre a produção probatória a ser obtida futuramente, levando em conta que, se ocorresse tal produção, esta seria considerada ilícita (isto no sentido constitucional).[409]

De conformidade com a *teoria das esferas* do Tribunal Constitucional Federal,[410] deve-se fazer a distinção entre o âmbito social (primeira esfera), a esfera meramente privada (segunda esfera) e a esfera íntima (terceira esfera). Enquanto a ingerência nesta última – considerando-se o caráter de intangibilidade do núcleo da vida privada – acarreta sempre uma proibição de utilização de prova, no que diz respeito à primeira esfera, não existe nenhuma forma de proibição, e, quanto à segunda, deverá ser feita uma ponderação

---

[406] BGHSt 40, 211, 216; favoravelmente Finger JA 2006, 529 (536).

[407] Cf. supra, item 3.1), como também Beulke (nota supra 12), n° 481e; Volk (nota supra 24), § 28 n° 34; de forma similar, Jäger (nota supra 14), p. 178 e ss. que, a princípio, defende a existência de um engano ou ardil no sentido do § 136, *a*.

[408] Fezer (nota supra 76), p. 215.

[409] *Idem*, p. 216.

[410] BVerfGE 34, 238, 245 e ss.; 109, 279.

entre a gravidade da ingerência a ser efetuada e os interesses da persecução penal estatal. A teoria das esferas é alicerçada, parcialmente, em fundamentos legais, como, por exemplo, nas recentes regulamentações relativas às intervenções acústicas operadas em residências particulares (*großer Lauschangriff*, § 100, *d*, v. supra, item 3.2), porém, a teoria não tem critérios seguros de delimitação de hipóteses e de aplicação. Dita teoria privilegia certa e determinada medida coercitiva em relação a uma das denominadas esferas, orientada para seus resultados, segundo se pretenda admitir ou não se admitir uma utilização de prova em concreto.[411] Ademais, a construção da teoria não foi uma iniciativa original do Supremo Tribunal, pois, na verdade, este tem decidido os casos de intervenção na esfera íntima através de sua doutrina de ponderação, e sempre com vistas a um caso em concreto.[412] De maneira idêntica, na doutrina se rechaça a existência de uma proibição absoluta de prova com base na simples proteção da intimidade, tendo em vista a referência social através de certos conteúdos, como por exemplo, a hipótese de exame de um diário pessoal, ou seja, hipóteses concretas que, em última instância, são jurídico-penalmente relevantes.[413]

A evidente discricionariedade – para não dizer arbitrariedade – nestas decisões jurisprudenciais fica bastante clara justamente nos *casos dos diários*. Nestas hipóteses as decisões são feitas caso a caso, não obstante já se pudesse chegar, independente da experiência, à conclusão de que registros consignados em um diário pessoal, de *per se*, pertencessem à esfera da intimidade e, em conseqüência, de forma imediata, já deveria ser descartada sua utilização como prova. Confirmando o acima afirmado, a jurisprudência, em caso concreto, já rechaçou a possibilidade de utilização de um diário pessoal para fins de se obter a condenação do réu por falso testemunho,[414] mas por outro lado já se admitiu, em outra hipótese, este tipo de prova para o fim de se condenar um assassino de mulheres, criminoso reincidente, que havia registrado em seu diário pessoal sua intenção de matar.[415] Em ambos os casos, o resultado obtido, em princípio, se fundamenta em uma convincente ponderação de interesses realiza-

---

[411] Crítico, também, Volk (nota supra 24), § 28 n° 39.
[412] Cf. Fezer (nota supra 76), S. 216 e s., com mais referências.
[413] Cf. Jäger (nota supra 14), p. 216 e s.
[414] BGHSt 19, p. 325.
[415] BGHSt 34, p. 397.

da com base na segunda esfera (privada), porém o problema reside na atribuição, para ambos os casos, da mesma esfera, pois em qualquer evento fático a constatação de uma anomalia psíquica grave, como, por exemplo, o desejo de cometer um homicídio, deveria ser avaliado segundo a (terceira) esfera da intimidade, e não, tendo em vista somente que este desejo interno tenha sido também exteriorizado, o que autorizaria se avaliar o fato de acordo, simplesmente, com a (segunda) esfera privada.[416] É também contraditório que o Supremo Tribunal Federal tenha atribuído à esfera da intimidade (é a primeira vez que assim decide) o *monólogo* controlado e externado por um imputado que estava internado em um quarto de hospital, e tenha declarado como inutilizável a gravação secreta deste em virtude de violação do arts. 13, I, *i*, V, *m*, e 1, I, 2, I da Constituição,[417] já que também nesta hipótese se trataria de uma exteriorização de pensamentos e sentimentos evidentemente internos de uma pessoa – exatamente como no caso do diário – com uma única diferença – fora a violação adicional do art. 13 da Constituição – ou seja, a de que, no caso do diário, os pensamentos foram registrados por escrito e, no caso do monólogo, foram exteriorizados oralmente. A forma diferenciada de exteriorização do pensamento não muda o seu conteúdo ontológico e, por esta razão, não se justifica uma interpretação ou tratamento jurídico distinto (para uma hipótese o enquadramento, simplesmente, na esfera da vida privada, com a conseqüente possibilidade de utilização da prova e, para outra, o enquadramento na esfera da intimidade, não possibilitando a utilização da prova).[418]

A vulneração do princípio do *fair trial*, com fundamento nos direitos humanos (art. 6 da CEDH*) pode, efetivamente acarretar uma proibição de utilização (dependente[419]) de prova, mas isto sempre dependerá, particularmente, das considerações doutrinárias e análise do conjunto das normas do Convênio Europeu de Direitos Humanos, que procura valorar, como um todo, se o processo examinado em seu conjunto deve ser considerado como injusto (*unfair*), ou se a violação procedimental no decorrer da ação posta em juízo (relação processual) não tenha sido já sanada ou ao menos compen-

---

[416] Igualmente Volk (nota supra 24), § 28 n° 39; Finger, JA 2006, 529 (537).
[417] BGH NJW 2005, 3295.
[418] De outra opinião Finger JA 2006, 529 (537).
[419] Ver nota supra 79, 141, 179 e texto principal.
* NT – Convenção Européia dos Direitos Humanos.

sada.[420] Concretamente, por exemplo, no caso de utilização de testemunhas anônimas, o Tribunal Europeu de Direitos Humanos exige que se elabore uma ponderação, feita entre os interesses da defesa e aqueles da testemunha ou da vítima, tendo em vista o fato de que a necessidade inflexível de se manter a reserva quanto à declaração da testemunha irá depender, em última análise, se a correspondente desvantagem para a defesa (art 6.3, *d*, da CEDH*) tenha sido suficientemente compensada.[421] Em suma, o Tribunal Europeu de Direitos Humanos busca uma solução no plano da valoração probatória.[422]

5. Efeito reflexo ou extensivo?

Através da noção de efeito extensivo se discute a questão e se procura responder à indagação se e quando for detectado um meio de prova inadmissível, além daquele efeito direto correspondente a uma proibição de utilização de prova, também deveria ser proibida a utilização do meio de prova indireto. Assim, o efeito extensivo pressupõe a existência de uma proibição de utilização de prova direta, cujo alcance terá uma extensão maior; não se tratando meramente de um possível *efeito contínuo* daquele meio de prova que não foi admitido.[423] Somente à guisa de exemplo: deve ser proibida a utilização, como prova, da arma usada no cometimento de um fato delituoso (meio de prova indireto) que tenha sido encontrada em razão de uma confissão (confissão esta que tenha sido considerada um meio de prova direto não possível de utilização) obtida através de tortura (§ 136, *a*)? Não deve ser obrigatoriamente proibida a utilização de documento (meio de prova indireto) que só foi encontrado graças a uma declaração de uma testemunha (declaração esta considerada meio de prova direto não passível de utilização no processo) que não foi informada ou instruída, como deveria, sobre seu direito de não fazer declarações (§ 52)?

---

[420] Cf. AMBOS (nota supra 57, § 10 nº 34 e s.).

* NT – Conselho Europeu dos Direitos Humanos.

[421] TEDH NStZ 2007, 103 (104 e s.)

[422] Esser, NStZ 2007, 106.

[423] Sobre esta diferenciação, ver Jäger (nota supra 14), p. 112.

A partir de um ponto de vista estritamente conceitual, a resposta parece clara, já que a utilização indireta de um meio de prova obtido licitamente possibilita, tal qual o meio de prova lícito direto, sua utilização no processo e, por conseqüência, se ilícito o meio de prova direto, o meio de prova indireto também deveria ter sua utilização proibida, tal qual se dá com a prova direta ilícita.[424] Porém, tal ótica conceitual é demasiadamente formal. De um ponto de vista material salta aos olhos que os exemplos expostos se diferenciam, considerando-se as formalidades da instrução probatória, bem como a gravidade da violação procedimental e da reprovabilidade do crime. Sobre tal problemática já se fez menção aos aspectos importantes da chamada *teoria da ponderação*, a ser utilizada de forma que se possa decidir sobre o efeito extensivo caso a caso.[425] No mesmo sentido é argumentação de Jäger que, reconhecendo, a princípio, uma proibição do efeito extensivo, acaba por defender a existência de limitações normativas, mormente quando a prática probatória viciada não tenha tido nenhum efeito sobre os demais meios de prova (indiretos).[426] Maior segurança jurídica – o que não implica, necessariamente, uma maior praticidade – pode ser extraída em dois pontos de vista opostos, encontrados, por um lado, na jurisprudência e, por outro lado, na doutrina (ao que parece) dominante. De acordo com a jurisprudência,[427] existem argumentos contundentes, sobretudo considerando o procedimento penal como um todo, que autorizam que não seja aceita, a princípio, a teoria do efeito extensivo.[428] Já de conformidade com a doutrina, existem argumentos contundentes, levando-se em consideração a teoria de proibição da utilização probatória, que autorizam o reconhecimento, a princípio, da teoria do

---

[424] Neste sentido, Henkel (nota supra 2), p. 271.

[425] KK – Senge (nota supra 1), antes do § 48 n° 45 ss.; KK – Boujong (nota supra 1), § 136, *a*, n° 42; LR – Hanack (nota supra 8), § 136, *a*, n° 66; Maiwald, JuS (NT – *Juristische Schulung – Revista Alemã*) 1978, 379 (384); Rogall, JZ (NT – *Juristen Zeitung – Revista Alemã*) 1997, 944, 948; Hellmann (nota supra 17), n° 484.

[426] Jäger (nota supra 14), p. 226 e ss.

[427] BGHSt 27, 355, 358; 32, 68, 71; 34, 362, 364; NJW 2006, 1361; BVerfG NStZ 2006, 46; igualmente Peters (nota supra 19), 337 e s.; Ranft, FS (NT – *Festschrift* – livro homenagem) Spendel, 719 (735); Lesch, *Strafprozessrecht*, 2. ed 2001, § 3 n° 170.

[428] Temos por exceção a decisão encontrada em BGHSt , 29, 244, 247: reconhecimento de um efeito extensivo no que diz respeito a uma violação do § 7, III, (agora § 6, II, 3 combinado com o § 7, VI) da Lei que regulamenta o art. 10 da Constituição alemã (G 10), tendo em vista fatos não contemplados no rol legal.

efeito extensivo[429] e, como conseqüência, por vezes, os meios de prova que acabaram sendo obtidos (e incluídos no processo legalmente) escapam da proibição de utilização de prova (teoria do curso causal hipotético);[430] ficando a indagação se poderia, e até que ponto, ser comprovado o fato desta forma, e isto quase não se discute.[431] As posições básicas e fundamentais sobre o tema têm, todavia, muito que evoluir, para poder alcançar uma verdadeira construção teórica acerca das proibições de utilização probatória (v. supra, item 3), fazendo com que forçosamente tenhamos que voltar, novamente, ao ponto inicial de nossas reflexões. Se às proibições de prova são atribuídas, freqüentemente, uma (assim considerada) função de controle disciplinar, tal acaba por favorecer o reconhecimento de um efeito extensivo, pois não existe outra forma para se retirar o já arraigado costume das autoridades encarregadas da persecução penal, em especial aquelas da polícia, de se utilizar de práticas probatórias ilícitas, que não seja através da conseqüente não-possibilidade de utilização (direta e indireta) das provas assim obtidas.

---

[429] Dencker (nota supra 15), p. 79 e s.; Spendel NJW 1966, 1102 (1105); Fezer (nota supra 76), p. 224; Roxin (nota supra 33), § 24 n° 47, com mais referências; Kühne (nota supra 4), n° 911; Volk (nota supra 24), § 28 n° 43; quanto ao resultado, cf. também Beulke (nota supra 12), n° 482, que enfatiza o âmbito de proteção da norma processual violada, assim como Amelung, FS Roxin 2001, 1259 (1262), com base em sua teoria dos direitos de domínio de informação.

[430] Fezer (nota supra 76), p. 224; Roxin (nota supra 33), § 24 n° 47; com a mesma tendência Beulke (nota supra 12), n° 483.

[431] Crítico, em geral, Kühne (supra nota 4), nm. 911; ver, também, supra nota 143.

Capítulo IV

As provas vedadas no processo penal brasileiro – vedação de produção e eventual possibilidade de sua utilização

1. A prova vedada no Brasil

No Brasil, tanto a doutrina como a disciplina legislativa em relação às provas ilícitas foram construídas tendo em vista a experiência dos Estados Unidos da América, onde de há muito foi fixado o princípio de inadmissibilidade das provas obtidas ilicitamente[432] e, conforme a doutrina brasileira, sendo reconhecido tal defeito da prova, a princípio, esta não poderia ser aceita no processo.

Segundo Frederico Marques, ao dispor sobre o tema, já no final do século passado: "de um modo geral são inadmissíveis os meios de prova, que a lei proíba e aqueles que são incompatíveis com o sistema processual em vigor.Tais são: *a)* os meios probatórios de invocação ao sobrenatural; *b)* os meios probatórios que sejam incompatíveis com os princípios de respeito ao direito de defesa e à dignidade da pessoa humana".[433]

---

[432] Em 1914, no caso *Weeks*, a Suprema Corte americana considerou ser um *prejudicial error* a admissão no processo de documentos apreendidos na casa do acusado sem o respectivo mandado de busca e apreensão.

[433] MARQUES, José Frederico. *Elementos de Direito Processual Penal*, vol. IV, Campinas: Bookseller, 1997, p. 256.

Existiam, na doutrina brasileira, quatro correntes em relação à questão da admissibilidade da prova ilícita, a saber:

Pela primeira, em não havendo impedimento na lei processual acerca da utilização da prova obtida ilicitamente (aquela que ofende as leis materiais ou a Constituição), somente a prova ilegítima (aquela que ofende a lei processual) poderia ser vendada no processo e, no que tange à prova ilícita, somente ficaria reconhecido o vício material, punindo-se o autor de sua produção, mas a prova permaneceria válida para o processo. Assim justificava o italiano Franco Cordero, defensor desta teoria: *male captum, bene retentum,* ou seja, mal colhida, mas bem produzida sendo que, em edições mais recentes de seu *Procedura Penale,* critica o art. 191 do Código italiano, que diz não serem válidas as provas obtidas com violação da lei (*non sono valutabili "le prove acquisite in violazione dei divieti stabiliti dalla legge"*),[434] sendo, também, defendida esta posição no Brasil por Hélio Tornaghi.

Três outras correntes davam por inadmissíveis as provas ilícitas no processo penal: uma, sob o fundamento de que, se o direito é uno, e se a prova é ilícita, tal ilicitude deveria ser considerada em todos os ramos do direito e, assim, não poderia a prova ilícita ser reconhecida e utilizada no processo (Pietro Nuvolone, na Itália, Frederico Marques e Heleno Fragoso, no Brasil); outra se baseava no fato de que o Estado deve se ater ao princípio da moralidade, não podendo se utilizar de meios ilícitos, nem mesmo para combater o crime; e, ainda, havia outra corrente (a terceira) que defendia que a prova ilícita ofenderia a Constituição, atingindo valores fundamentais do indivíduo e as garantias individuais (Cappeleti, Vigoriti e Comoglio, na Itália) e, entre nós, Ada Pellegrini Grinover.

Ultimamente, outra teoria cada vez mais vem ganhando espaço entre a doutrina e a jurisprudência brasileiras: é a teoria da *proporcionalidade,* que adota um princípio de proporção ou ponderação de interesses, admitindo a produção da prova ilícita, mesmo ante a violação de uma norma constitucional, mas isto somente em casos excepcionais, ou seja, também se deveriam, excepcionalmente, proteger valores igualmente constitucionais, idênticos ou até mais relevantes do que aqueles violados na coleta da prova. (Entre nós, são defensores desta teoria Barbosa Moreira, Camargo Aranha, Moniz

---

[434] CORDERO, Franco. *Procedura Penale,* terza edizione, Milano: Giuffrè, 1995, p. 582/583.

Aragão e Sergio Demoro Hamilton, dentre outros, e, na Alemanha, esta vigora, majoritariamente, na doutrina e jurisprudência). No Brasil, entretanto, é mais adotada a defesa do princípio da proporcionalidade somente a favor do réu (prova ilícita *pro reo*), como se vê de Ada Pellegini Grinover e outros doutrinadores.

No que diz respeito à legislação no Brasil, no que se refere à ilicitude probatória, na legislação infraconstitucional até 2008, só se conhecia o art. 233 do Código de Processo Penal de 1941, que tratava (e ainda trata) da correspondência interceptada, como hipótese legal taxativa de vedação de prova ilícita.

Entretanto, no próprio Código de Processo Penal já existiam várias outras regras que fazem exigências específicas ou visavam a impedir a produção de certas provas, como é o exemplo da exigência de laudo pericial se a infração deixar vestígio (art. 158), sendo que só há previsão de suprimento por prova testemunhal uma vez desaparecidos os vestígios (art. 167); da vedação do testemunho de pessoas que, pela função, ministério, ofício ou profissão, devam guardar segredo (art. 207); da não-deferência de compromisso no testemunho do menor de 14 anos (art. 208); da restrição às provas que digam respeito ao estado das pessoas, que só podem ser admitidas se produzidas na forma da lei civil (art. 155), *etc.*

Em todos estes casos, quando se tratava de prova produzida ilegitimamente no processo, defendia a doutrina que, não havendo conformidade com a regra processual, a prova não poderia ser admitida e, se fosse, seria nula, sendo que, posteriormente, passou a haver a tendência de se considerar ilegal a prova que violasse lei de qualquer natureza, mesmo que não a processual.

Conforme salientou Antonio Magalhães Gomes Filho:

"(...) verifica-se, principalmente nas últimas décadas, uma tendência a um alargamento do campo das proibições de prova, com base na constatação de que o ordenamento é uno e, assim, a violação de qualquer de suas regras, com o propósito de obtenção de provas, deve conduzir ao reconhecimento da *ilegalidade* das mesmas e, em conseqüência, à sua inaptidão para a formação do convencimento judicial".[435]

---

[435] GOMES FILHO, Antonio Magalhães, *Direito à Prova no Processo Penal*, São Paulo: RT, 1997, p. 100.

Posteriormente no Brasil, a chamada "prova vedada" restou consagrada pela Constituição de 1988, em seu art. 5º, LVI, que reza que "são inadmissíveis, no processo, as provas obtidas por meio ilícito", englobados no termo, aqui genérico, segundo a maior parte da doutrina, as provas ilegítimas e ilícitas propriamente ditas.

Assim, pelo princípio hoje em vigor constitucionalmente, em relação à proibição das provas, temos que nos ater, em primeiro lugar, à indagação se esta é de natureza exclusivamente processual, voltada para a finalidade e lógica do processo, ou se advém a vedação em razão de violação a normas substantivas ou a *direitos reconhecidos ao indivíduo, independentemente dos fins processuais.* No primeiro caso, segundo a doutrina, teremos as chamadas *provas ilegítimas* e, no segundo caso, as *provas ilícitas.*

Ambas as modalidades, na verdade, e nisto não há dúvida, se constituem em provas ilegais, ou no gênero *provas vedadas,* pois existe uma contradição com o ordenamento legal, ou uma violação a um princípio ou norma processual ou da lei material, mas, como esclarece Ada Pellegrini Grinover, adotando posição defendida por Nuvolone [436] na Itália, que, apesar de diferenciar os dois tipos de prova, reconhece serem os dois tipos vedados (ou ilícitos): "quando a proibição for colocada por uma lei processual, a prova será ilegítima (ou ilegitimamente produzida); quando, pelo contrário, a proibição for de natureza material, a prova será ilicitamente obtida".[437]

Assim, se até 2008 ficava claro que a lei processual não cuidava de hipóteses de ilicitude (*stricto sensu*) de prova, mas somente trazia, em muitas passagens, previsões acerca de prova ilegítima, agora, com a reforma operada pela Lei 11.690 de 09.06.2008, passou a lei a tratar das provas ilícitas, no art. 157 do CPP, dizendo ser "(...) inadmissíveis, devendo ser desentranhadas do processo, as provas ilícitas, assim entendidas as obtidas em violação a normas constitucionais ou legais".

---

[436] Cf. NUVOLONE, Pietro. "Le prove vietate nel processo penale nei paesi di diritto latino", in *Riv. It. Dir. Proc. Pen.,* 1991.

[437] Grinover, Ada Pellegrini *et alii. As Nulidades no Processo Penal,* 3ª ed., São Paulo: Malheiros, 1992, p. 113.

Assim, acaba-se com um problema, pois antes não havia previsão do desentranhamento, só havendo solução na lei infraconstitucional (CPP) quando fosse reconhecida a ilegitimidade da prova (prova colhida contra a lei processual), já que , neste último caso, o juiz não deveria valorá-la, pois eivada de nulidade, na forma do artigo 564, IV, do Código de Processo Penal, que diz respeito à omissão de formalidade. Porém, a doutrina e jurisprudência já dava a solução de desentranhamento para a hipótese de detectação da prova ilícita *stricto sensu*.

Por outro lado, ao se referir a nova lei (cujo texto já foi inserido no CPP) à violação a normas "constitucionais ou legais", não tomou claro partido sobre a tal propagada noção de Nuvolone, não dizendo se esta ilegalidade seria também a processual, quando se sabe que tais nulidades, muitas das vezes, podem ser supridas ou sanadas.

Acabamos, assim, por resolver uma *vexata quaestio* que existia na doutrina, para nos dar solução em relação à ilicitude da prova, já que não tínhamos no Código de Processo Penal norma atinente à sua inadmissibilidade como regra geral, o que agora veio a ser resolvido.

Ficava evidente, também, que no Brasil, tal qual na Alemanha, temos a existência de uma distinção construída na diferenciação entre proibições de *temas* probatórios, proibições de *meios* probatórios e proibições de *métodos* probatórios, se bem que não bem elaborada.

Entretanto, como já visto, a doutrina brasileira compreende o tema das proibições dentro do termo amplo "prova vedada", englobando as provas ilícitas propriamente ditas e as ilegítimas, sendo que as primeiras, como já dito, são aquelas produzidas em desacordo com as garantias constitucionais ou conflitantes com leis materiais, e, as segundas aquelas *produzidas* em desacordo com a lei processual, mas outro parâmetro de diferenciação, aqui para nós de extrema importância, é que a ilicitude *stricto sensu* se verifica na coleta da prova, enquanto a ilegitimidade ocorre na sua produção durante o procedimento criminal.

Temos exemplo de *tema probatório proibido,* em relação à produção de prova, sendo caso específico de prova ilegítima, na vedação de se utilizar como prova no processo penal aquela relativa ao "estado de pessoa". No Brasil, assim, a princípio, o tema probatório pode comportar limitações, como se dá em relação ao estado das pessoas, (art. 155, parágrafo único, do Código de Processo Penal), ou mesmo doutrinariamente, no caso do fato axiomático (aquele que se deduz de outro) ou no caso do fato impertinente.

Em relação aos meios e métodos probatórios proibidos, estes, via de regra, se constituem em provas ilícitas (*stricto sensu*), não se permitindo métodos como a tortura ou aqueles levados a efeito com violação da necessária preservação da intimidade, ou mesmo, provas obtidas através de violação do domicílio.É que a prova ilegítima se refere mais ao modo de produção da produção da prova (já que a ilegitimidade se dá forma de produção no processo), à qualidade do sujeito de prova (tipo de testemunha) e ao tema probatório, enquanto os meios e métodos de obtenção da prova dizem respeito à coleta da mesma, gerando hipóteses de ilicitude *stricto sensu*. Repita-se: enquanto a ilicitude se refere à coleta da prova, a ilegitimidade se identifica na sua produção no procedimento.

Entre as mais comuns formas de ilicitude (*stricto sensu*) da prova penal, temos os métodos ilícitos ou amorais de *interrogatórios*, mormente aqueles obtidos mediante tortura, sendo que no Brasil, a Constituição Federal, em seu artigo 5º, III, dispôs que *"Ninguém será submetido a tortura nem a tratamento desumano ou degradante"* e, previu o crime de tortura como inafiançável e insuscetível de graça e anistia (art. 5º, XLIII).

A questão que se impõe é a de se saber se todas as modalidades de provas, ilegais ou vedadas, realmente poderiam ser incluídas no gênero *prova ilícita*, consoante a expressão da Constituição Federal, conforme defende a doutrina.

A maioria da doutrina, como visto, se inclina por entender que a Constituição brasileira, quando se refere à prova ilícita, quer se referir à prova *vedada*, que compreende, como gênero, as espécies das provas ilícitas (*stricto sensu)* e das provas ilegítimas, seguindo corrente já adotada pela doutrina italiana, mormente por Pietro Nuvolone.[438]

Consoante Luiz Francisco Torquato Avolio: "A importância dessa corrente doutrinária se verifica, outrossim, pelo fato de que

---

[438] Cf. NUVOLONE, Pietro. "Le prove vietate nel processo penale nei paesi di diritto latino", in *Riv. It. Dir. Proc. Pen.*, 1991.

a utilização da expressão *vedadas* já indica a sua opção pela inadmissibilidade, no processo, das provas obtidas por meios ilícitos". Coincide, assim, perfeitamente, com o enunciado da garantia inserida pelo constituinte brasileiro, no art. 5°, LVI: "São inadmissíveis, no processo, as provas obtidas por meios ilícitos".[439]

Porém, a doutrina no Brasil não tem atentado para a conseqüência prática desta afirmação, pois em se entendendo que a expressão *prova ilícita* utilizada pelo legislador constituinte engloba os dois tipos de provas ilegais, teremos que concluir que a vedação de ambas as modalidades de provas, sendo de cunho constitucional, acarretaria, automaticamente, em regra, a impossibilidade de utilização da prova vedada, independentemente se de natureza ilícita *stricto sensu* ou se de natureza ilegítima. Ocorre que, se verificarmos a aplicação prática do direito processual penal, isto não se dá, tal qual ocorre na Alemanha, conforme se vê do estudo do Prof. Kai Ambos. *Na verdade, há de se fazer uma distinção entre a proibição de coleta e produção de prova e proibição ou impossibilidade de sua utilização no processo* e, para verificarmos se existe a possibilidade de utilização da prova proibida que foi efetivamente produzida, devemos levar em conta a sua natureza e, ao que nos parece, perante o direito brasileiro, tal distinção deve partir da dicotomia entre prova ilegítima e ilícita. E, como já visto, a reforma processual de 2008, ocorrida no Brasil, somente se refere à violação de normas "constitucionais ou legais", não tomando partido claro sobre aquela defendida noção de Nuvolone, ou seja, não diz ser esta ilegalidade também a processual, o que vai nos trazer conseqüências no que se refere à possibilidade posterior de utilização da prova, como veremos abaixo.

2. Proibição de produção de provas e de utilização de provas

É evidente que, como já visto, existe uma *colisão* entre as proibições de provas e o princípio de investigação e, ainda, em relação à chamada obtenção da verdade real, o que, também no Brasil, tal qual na doutrina alemã, se reconhece.

---

[439] AVOLIO, Luiz Francisco Torquato. *Provas Ilícitas – Interceptações telefônicas e gravações clandestinas*, 2ª ed., São Paulo: RT, 1999, p. 43.

Sem dúvida que o modelo adotado no processo penal, apesar de permitir uma maior investigação pelo juiz , aproximando-se daquela velha noção de "verdade material", só nos leva a uma "verdade provável", já que é impossível se atingir a dita e propagada verdade real.

Ocorre que, no processo penal, apesar de haver uma maior participação na busca da prova pelo juiz (art. 156 do CPP) e serem os meios probatórios mais amplos (art. 155 do CPP), existem provas não passíveis de serem produzidas, como as provas ilícitas e as imorais e, além disto, o Código de Processo Penal traz hipóteses legais de vedação de prova, que nada mais são do que hipóteses de reconhecimento de ilegitimidade de provas, não sendo, assim, passíveis de produção, seja por sua natureza, seja pelo modo da obtenção, *v.g.*, em relação à primeira espécie, quando se trate de estado de pessoa e, no que se refere à segunda, a oitiva de pessoa proibida de depor (art. 208 do CPP) e, assim, em vista de tantas vedações não se tem a chamada verdade material como é idealizada. A verdade material é um ideal, mas sempre inatingível.

Mas, a constatação, como, também, já foi visto anteriormente, de que a verdade obtida no processo é sempre relativa, não nos leva à necessária conclusão de que o juiz não possa fazer "um acertamento verdadeiro no processo", mas somente que tal acertamento é sempre relativo. A verdade relativa é aquela que se situa entre o não-conhecer (ignorância) e a verdade absoluta, evidentemente tendo-se em vista uma maior aproximação possível (considerada em graus) da verdade, ou em outras palavras: é a chamada *probabilidade*.

De certa forma, pode-se dizer que, tal como ocorre na Alemanha, também no direito processual penal brasileiro se pode falar em proibição de produção de provas e proibição de utilização de provas, com um tratamento diferenciado entre as hipóteses, apesar de a doutrina não se debruçar sobre esta problemática.

Agora no Brasil, com a reforma processual penal ocorrida em 2008, passamos a ter regras mais claras a respeito da vedação de provas por ilicitude (*stricto sensu*), pois, antes, como dito, só tínhamos aquele impedimento já apontado de uso no processo, como meio de prova, da carta obtida por meio ilícito (art. 233 do CPP), sendo que, neste caso, fica claro que se tratava de norma que visava a *impedir a utilização da prova assim produzida no processo*. Trata-se, portanto, de norma escrita que veda a utilização desta prova específica no processo.

Agora, com a reforma, uma vez verificada a ilicitude da prova no momento de sua aquisição para o processo, o juiz não pode aceitá-la, devendo indeferir sua produção ou rejeitar a aquisição, pois esta será uma prova *inadmissível*, na forma do art. 5º, LVI, da Constituição Federal; mas, caso tal ilicitude venha a ser constatada após a prova já estar incorporada ao processo, o juiz não poderá levá-la em conta ao formar seu convencimento, devendo excluí-la desde já do processo, dando-se o desentranhamento.

O § 3º do artigo 157, inserido pela nova Lei, reza que preclusa a decisão de desentranhamento da prova declarada inadmissível, esta será inutilizada por decisão judicial, facultado às partes acompanhar o incidente.

Toma-se, assim, drástica providência, fazendo com que tal prova não tenha influência no convencimento do juiz.

Aliás, o projeto de reforma, que visava a alterar a matéria relativa às provas no processo penal brasileiro, tomava medida mais drástica, já que dispunha o § 4º do art. 157, do Projeto de Lei:

"Art. 157. (...)
§ 4º O juiz que conhecer do conteúdo da prova declarada inadmissível não poderá proferir a sentença ou acórdão."

Mas o Presidente da República acabou por vetar o dispositivo, ao sancionar a Lei 11.690/2008.

Para nós com razão o veto, pois em uma reforma que deseja imprimir celeridade e simplicidade ao processo, como bem elencou as razões de veto, poderia causar transtornos razoáveis ao andamento processual, se obrigar que o juiz que fez toda a instrução processual deva ser, eventualmente substituído por um outro que nem sequer conhece o caso.

Poderíamos ter problemas nas comarcas de um só juiz (o que é comum no Brasil) e ficaria a dúvida se o impedimento seria para a instrução ou só para a sentença do juiz. Ocorreria ainda o problema levantado pelas razões de veto, já que "quando o processo não mais se encontra em primeira instância, a sua redistribuição não atende necessariamente ao que propõe o dispositivo, eis que mesmo que o magistrado conhecedor da prova inadmissível seja afastado da relatoria da matéria, poderá ter que proferir seu voto em razão da obrigatoriedade da decisão coligada."

Por fim, a reforma processual determina que o juiz, após o desentranhamento, inutilize a prova inadmitida, o que pensamos se aplicar especialmente à prova ilícita, já que às ilegítimas, por serem resultantes de ofensa a normas processuais, terá o incidente resolvido pelo critério aplicável às nulidades, como veremos abaixo.

De acordo com Nazareno Cezar Moreira Reis:

"(...) o novo §3º do art. 157 do CPP dispõe que: 'art. 157, § 3º: Preclusa a decisão de desentranhamento da prova declarada inadmissível, esta será inutilizada por decisão judicial, facultado às partes acompanhar o incidente'. A decisão judicial, bem entendido, não inutiliza, mas sim autoriza a inutilização da prova inadmissível, que deverá dar-se por meios físicos apropriados, como incineração, por exemplo. É isso que se depreende da afirmação de que é 'facultado às partes acompanhar o incidente', em redação, aliás, que lembra o art. 9º da Lei nº 9.296/96 ('art. 9º A gravação que não interessar à prova será inutilizada por decisão judicial, durante o inquérito, a instrução processual ou após esta, em virtude de requerimento do Ministério Público ou da parte interessada. Parágrafo único. O incidente de inutilização será assistido pelo Ministério Público, sendo facultada a presença do acusado ou de seu representante legal'). Mas a prova inadmissível só será destruída depois de preclusa a decisão de desentranhamento. A propósito, a decisão de primeira instância que declara a nulidade da prova, por ilicitude, e que manda inutilizar as evidências ilegitimamente colhidas, é impugnável por recurso em sentido estrito, visto como anula parcialmente a instrução (CPP, art. 581, XIII)".[440]

Frise-se: trata-se aqui de "desentranhamento", e não de declaração de nulidade, mas poderá ser aplicada a hipótese de recurso em sentido se utilizando o juiz da interpretação extensiva (art. 3º

---

[440] REIS, Nazareno César Moreira. Primeiras impressões sobre a Lei nº 11.690/2008. A prova no processo penal. Jus Navigandi, Teresina, ano 12, n. 1818, 23 jun. 2008. Disponível em: <http://jus2.uol.com.br/doutrina/texto.asp?id=11414>. Acesso em:28.06.2008.

do CPP), uma vez que a inadmissão que gera o desentranhamento é mais grave do que a mera declaração de nulidade (a lei que trata da hipótese de recurso em sentido estrito disse mais do que queria e deveria dizer o legislador, até porque a hipótese quando do advento do Código não existia).

O Código de Processo Penal brasileiro, ao contrário do Código de Processo Penal italiano,[441] não trata detalhadamente do problema de aquisição da prova para o processo, salvo em relação ao novo art. 156, introduzido pela reforma, que dá poderes ao juiz de colher a prova, inclusive aquela antecipada, e do também novo art. 212, que dá poderes ao juiz de indeferir as provas tetemunhais que possam induzir a resposta ou não tenham relação com a causa, ou mesmo importarem em repetição de outra pergunta.

Contudo, é defendida pela doutrina brasileira a interpretação de que teremos que nos ater aos meios de aquisição e, antes mesmo deste próprio ato, deverá ser feita a valoração se a prova pode ser *admitida no processo e, para tal, a mesma não poderá ter vícios.* O que é certo é que, no Brasil, a autoridade (protagonista processual) que faz a aquisição da prova e, portanto, administra tanto a produção como utilização da prova no processo brasileiro, é sempre o juiz.

O que prevalece como regra geral, acerca da admissibilidade da prova no processo penal brasileiro, de molde a se verificar a permissão de sua produção e de sua utilização, é que, não sendo o meio de prova indigno, imoral, ilícito ou, ainda, ilegal e sendo respeitada a ética e a dignidade da pessoa humana, poderá este ser *admitido* e *passível* de aquisição no processo, mesmo que não esteja *legalmente relacionado no Código de Processo Penal.*

Muitas das vezes a prova é colhida ou obtida fora do processo (produção) e outras vezes se faz o requerimento para que a produção ou coleta se dê dentro do processo. No primeiro caso o juiz terá que decidir se aceita (se é possível ou não é proibida) a utilização da prova no processo, com sua inclusão. No segundo caso, requerida a produção da prova pela parte no processo, ocorrerá o deferimento da produção e inclusão da prova no processo (ou seja: sua produção), desde que esta tenha sido proposta tempestivamente e seja *admissível*, examinando-se (e isto é um ato exclusivo do juiz), em

---

[441] Cf. TONINI, Paolo. *La Prova Penale, seconda edizione,* Padova, Itália: Cedam, 1988, p. 18.

um primeiro lugar, não só se produção não é proibida, mas também critérios de economia processual, o que aconselha a seleção das provas e, portanto, deve haver a consideração da *pertinência* e *relevância* da prova, sendo que exemplos da preocupação do legislador processual penal, com tal pertinência e relevância, estão no art. 184 do Código de Processo Penal, que determina o indeferimento da perícia quando *não for necessária ao esclarecimento da verdade,* e no artigo 212, que trata das perguntas às testemunhas, permitindo o indeferimento se tais perguntas *não tiverem relação com o processo.*

O que é certo é que, quando a prova é obtida ou colhida fora do processo, o juiz, via de regra, ao fazer um juízo sobre a aquisição para o processo estará em suma decidindo se a prova pode ser utilizada e, considerando que a prova é ilícita, não poderá autorizar sua utilização, até porque, a prova ilícita *stricto sensu* não pode ficar no processo, devendo ser desentranhada e inutilizada (soluções trazidas com a reforma processual penal de 2008). Mas, coisa diversa se dá com a prova ilegítima, pois esta é produzida (colhida ou obtida) dentro do próprio processo e, neste caso o juiz fará um juízo sobre sua produção e conseqüente utilização quase que de forma imediata e concomitante.

Ocorre que juiz, como qualquer ser humano, não é infalível e, por vezes, a prova obtida ilicitamente é incluída e permanece no processo e, por outras vezes, temos a produção de prova ilegitimamente no processo sem aferição sobre sua futura utilização no julgamento, e, aí fica a pergunta: poderão, e em que medida, estas provas virem a ser utilizadas no deslinde da causa criminal?

Acontece que, como visto, no Brasil, a norma constitucional do art. 5º, LVI, ao estabelecer que "são inadmissíveis, no processo, as provas obtidas por meios ilícitos", parece abranger não só a produção da prova como, também, sua posterior utilização e, assim, a princípio, tal constatação pode nos levar à errônea conclusão que se traduza de *maneira inflexível* sempre na resposta negativa à pergunta supra.

Na verdade, a doutrina brasileira ainda não se deteve sobre a conseqüência desta constatação, não indagando sobre a diferenciação entre ilicitude e ilegitimidade ao se fazer o juízo de possibilidade de utilização da prova colhida ou produzida de forma viciada, sendo que parece entender que, pelo simples fato da produção da prova ser proibida ou vedada, dar-se-ia, em conseqüência, a não-possibilidade de utilização, seja ela ilícita ou ilegítima. Mas, isto não é bem assim, pois a discussão empreendida no excelente estudo do Prof. Kai Ambos, no capítulo I desta obra, pode, perfeitamente, ser estendida à realidade brasileira.

Quer nos parecer que o fundamental para se solucionar a questão, perante o ordenamento jurídico brasileiro, é se *repensar* a afirmação de que a expressão "prova ilícita" do dispositivo constitucional se constituí um gênero que compreende as espécies prova ilícita e prova ilegítima, pelo menos no que se refere ao reconhecimento da ilicitude e sua conseqüência no processo.

Explica-se: se entendido que a norma constitucional torna inadmissível no processo tanto a prova ilícita (*stricto sensu*) como a ilegítima, teríamos a conseqüência, de antemão, de se proibir qualquer utilização de ambas as espécies de provas vedadas, o que, na prática, não se verifica, pois é intuitivo que existe uma maior flexibilidade de aceitação de utilização da prova ilegítima, em algumas hipóteses (inclusive com a autorização da lei) do que em relação à aceitação de utilização da prova ilícita. Na verdade, mesmo em relação à prova ilícita em alguns casos se aceita a utilização, se feita com base na ponderação de normas constitucionais, ou seja, existe maior rigor mas também em alguns casos pode se dar a futura utilização da prova ilícita *stricto sensu*.

Ora, é certo que, na prática, por algum motivo ou por uma falha na detectação de ocorrência de vedação na produção da prova, estas podem acabar sendo produzidas, mas não poderão, por vezes, ser utilizadas judicialmente. Assim, uma interceptação telefônica, *v.g.*, se feita irregularmente em desconformidade com a Constituição e a Lei 9.296/96, apesar ter sido introduzida indevidamente no processo (indevidamente, pois deveria ser desentranhada e inulizada), não poderia, a princípio, ser considerada no julgamento do final deste, devendo, inclusive, segundo a reforma processual penal, ser retirada dos autos e inutilizada, como vimos.[442] Em regra, esta será a con-

---

[442] Pergunta-se: perante esta realidade brasileira, se verificada pelo juiz a presença de prova ilícita (*stricto sensu*) já produzida nos autos, qual seria a solução? Tudo dependerá do momento desta constatação. Uma vez verificada a ilicitude da prova no momento de sua aquisição para o processo, o juiz não pode aceitá-la, devendo indeferir sua produção ou rejeitar a aquisição, pois esta será uma prova *inadmissível*, na forma do art. 5º, LVI, da Constituição Federal, mas, caso tal ilicitude venha a

seqüência, pois se trata de hipótese de prova ilícita *stricto sensu*, já que a interceptação telefônica irregular ofende a Constituição, mas, porém, *extraordinariamente*, tendo em vista o princípio da proporcionalidade, não seria absurdo se defender, no Brasil, a utilização desta prova, apesar de ser sua produção vedada, tudo dependendo de uma ponderação de interesses.

No que se refere à prova ilícita (*stricto sensu*), sendo no Brasil a regra a respeito da vedação da prova de cunho constitucional, o efeito de não valoração ou de não utilização no processo, tem sido considerado, em regra, absoluto, salvo em se tratando de prova ilícita *pro reo*, quando poderia ser utilizada no processo, em hipótese unilateral de adoção do princípio da proporcionalidade (admite-se somente para uma das partes e não para outra, ou seja, *pro societate*) e, em casos extremos, poderia ser admitida, segundo parte da doutrina até em prol do Estado. Mas sempre, em ambos os casos, se levará em contra ponderação de normas ou princípios constitucionais.

Porém, a mesma solução não se dá, na prática, em relação à chamada prova ilegítima. É que, ao contrário da prova ilícita *stricto sensu*, a prova ilegítima, via de regra, apesar de ter sua produção vedada pela lei processual, caso haja (por qualquer motivo) a produção indevida poderá, dependendo da hipótese, acabar sendo utilizada no processo, e isto de uma maneira muito mais flexível do que em relação à prova ilícita, que tem uma vedação de utilização mais absoluta. A própria lei assim autoriza expressamente em algumas hipóteses e, em outros casos, apesar de não haver autorização escrita, a doutrina e a jurisprudência admitem tal utilização, na maioria das vezes levando em conta o fim de proteção da norma processual ou a falta de prejuízo ao interessado na produção do prova, guardando, assim, neste ponto, uma linha de semelhança com a doutrina alemã.

---

ser constatada após a incorporação da prova ao processo, o juiz não poderá levá-la em conta ao formar seu convencimento, devendo *excluí-la* do processo, dando-se o desentranhamento e destruição. Tal não impede, entretanto, a futura utilização (caso, obviamente, por qualquer motivo, não tenha sido destruída) utilizando-se o princípio da proporcionalidade: é o que se dá no caso da prova ilícita *pro reo*.

Mas o certo é que não há no Brasil, de maneira direta, uma distinção doutrinária entre proibições *absolutas* e *relativas* de produção e de utilização provas, até porque, como dito, a doutrina majoritária entende se equiparar a prova ilegítima à ilícita, resultando, assim, que todas seriam vedadas pela Carta Constitucional, o que daria, de forma enganosa, foro absoluto à proibição.

Porém, se verificado de forma atenta, pode-se chegar à conclusão de que existe a previsão, na lei processual penal, de meras limitações relativas em relação à utilização da prova, mas isto sempre aplicável à esfera das provas ilegítimas, ou seja, aquelas com vício processual na sua produção, mas, quando à prova ilícita, a lei processual, pós-reforma traz conseqüências mais drásticas, impondo sua retirada do processo e destruição (provas ilícitas *stricto sensu*). No caso das provas ilegitimamente produzidas no processo, poderá ser admitido, adotando-se a teoria das nulidades, o saneamento do vício, com a conseqüente utilização da prova no feito. Existem, ainda, considerações de maior relevo (de cunho constitucionais) que mitigam a impossibilidade de utilização da prova e, neste caso, se aplicam também à prova ilícita *stricto sensu*, através do princípio da proporcionalidade (ainda não bem trabalhado pela doutrina brasileira), principalmente quando a prova é produzida a favor do réu, como melhor se verá a seguir.

Exemplificando, em relação à prova ilegítima, existe no Código de Processo Penal a vedação do testemunho de pessoas que, pela função, ministério, ofício ou profissão, devam guardar segredo (art. 207 do CPP), sendo que esta vedação é obrigatória e, portanto, sendo colhida tal prova, esta seria nula, *mas ressalva a lei a possibilidade de utilização deste meio probatório*, na hipótese da pessoa detentora do segredo desobrigar a testemunha e esta, por sua vez, anuir em dar o depoimento. Assim, não havendo estas duas condições *concomitantes* da ressalva, este meio de prova, apesar de produzido, não poderia ser utilizado. Porém, a *contrario sensu*, estando presentes as duas condições, a prova poderia ser utilizada, o que vem demonstrar que a própria lei traz, expressamente, a possibilidade de utilização de prova considerada, a princípio, ilegítima. Por outro lado, mesmo que não presentes as duas condições, eventualmente esta prova poderia ser utilizada, *v.g.* quando não trouxesse prejuízo ao réu (às vezes o depoimento vem a favorecer o réu).

Já em relação ao art. 206 do CPP, os parentes do réu podem se recusar a depor, mas tal vedação de produção da prova é meramente relativa, uma vez que, de acordo com a lei, se o juiz precisar ouvir uma destas pessoas poderá fazê-lo, mesmo contra a vontade das mesmas.

Portanto, conforme se vê, a situação no Brasil é diferente da Alemanha, onde a coleta do testemunho de parente do réu, contra a sua vontade, parece implicar, em regra, a vedação de utilização da prova, enquanto que naquele país, ao contrário do Brasil, não seria proibida a oitiva de pessoa que tenha relação de confiança com o imputado (aqui vista como detentora de segredo).

Mas, fica evidente, no Brasil, apesar da doutrina não estudar especificamente o tema, a existência de uma diferenciação quanto à prova ilícita (*stricto sensu*) e a prova ilegítima em relação a seus efeitos ou conseqüências, ou seja, enquanto a possibilidade de utilização da prova ilícita é muito mais restrita ou quase impossível, a utilização da prova ilegítima, perante nosso ordenamento jurídico, é mais flexível, seja em virtude de previsão legal, seja em vista de interpretação doutrinária e jurisprudencial, aferindo-se o fim da norma e o prejuízo à parte.

Isto fica evidente na lei processual, pois em algumas normas se permite, de forma expressa, a utilização da prova, como se viu dos exemplos relativos à prova testemunhal. Por outro lado, é comum se dar interpretação extensiva a normas processuais, como se vê da hipótese de suprimento do exame de corpo de delito. Apesar de no artigo 158 parecer que o legislador quer dar taxatividade à exigência de exame de corpo delito direto, só admitindo a ressalva no que se refere à prova testemunhal para supri-lo de forma indireta (combinação como o art. 167), o que poderia levar à conclusão de que nenhuma outra prova poderia demonstrar a materialidade, sendo assim ilegítima a produção ou utilização de outra para tal, a doutrina e a jurisprudência acabam por aceitar outras hipóteses de suprimento.

Assim, na lei processual existem autorizações legais de utilização da prova, cuja produção seria, a princípio, ilegítima. Por outro lado, a doutrina e jurisprudência apontam outras formas de possibilidade de utilização da prova originalmente ilegítima, como se dá com o chamado boletim de atendimento médico e o exame de DNA, que podem ser utilizados, também (apesar da lei assim não dispor), como suprimento do exame de corpo de delito. Tem-se aqui, a consideração dos fins das normas dos arts. 158 e 167 do CPP.

No que se refere à possibilidade de utilização no processo da prova produzida ilegitimamente, apesar de ser vedada a sua produção, o problema poderá ser resolvido, também, pelo prisma da convalidação dos vícios processuais, mormente se a hipótese não envolver o interesse público. Explica-se: quando a hipótese envolver interesse público, na maioria dos casos a prova será ilícita, afrontando a Constituição, reconhecendo a jurisprudência tratar-se de nulidade absoluta (*v.g.* prova colhida atentando-se contra o princípio da ampla defesa).

Ora, se o ato ou sua forma se trata de imposição legal em vista de interesse público, teremos hipótese de nulidade absoluta, mas, se o interesse protegido pela lei é no interesse da parte que, com a omissão ou prática errônea, vem a sofrer prejuízo, a nulidade será sempre relativa.

A princípio, quando o vício vem previsto em lei como nulidade (*v.g.* "[...] é nulo [...]"), será, via de regra, caso de nulidade absoluta e, ainda que não seja prevista em lei, a nulidade será absoluta se houver infringência ao interesse público (este a ser detectado em uma valoração do caso concreto). Já a nulidade relativa se refere à desobediência de norma de exclusivo interesse da parte (assim estando patente na norma ou no seu fim), mas tal critério identificador não basta por si só, pois também o vício consistente em "mera irregularidade" se dá em desobediência a tais normas. O que irá fazer a diferenciação, entre mera irregularidade e nulidade relativa, é exatamente o critério do prejuízo, critério ou princípio que não tem recebido a devida atenção da doutrina, mas que tem vital importância não só na detectação da nulidade relativa, como para fins de seu reconhecimento e decretação.

De se acentuar que, ao contrário do que pode parecer, também a nulidade relativa pode ser declarada de ofício pelo juiz, já que a este cabe velar pela regularidade processual, fazendo com que o ato seja praticado corretamente, mas o que ocorre é que a parte que sofreu o prejuízo pode "abrir mão" de sua declaração e, uma vez ocorrida a preclusão, não alegando a parte a nulidade no momento oportuno, só poderá ser reconhecida, em casos extremos, e com a demonstração da ocorrência de prejuízo efetivo, com repercussão negativa em potencial sobre o processo, não incidindo, ainda, as hipóteses legais de aproveitamento do ato, sendo que, somente nestes casos é que não haverá convalescimento.

Em outras palavras, em se tratando de uma produção de prova de forma vedada na lei processual (prova ilegítima), mas ficando claro que a vedação é erigida no interesse da parte somente ou não havendo evidente interesse público, caso não haja a demonstração do prejuízo à parte ou caso esta não faça a impugnação da prova tempestivamente, de molde a evitar sua utilização futura, como se trata de mera nulidade relativa, não existirá impedimento à sua utilização no processo, em vista da ocorrência do convalescimento.

Deverá, ainda, a parte ter *interesse* na declaração da nulidade, pois, se a decretação da nulidade só interessa à parte contrária, não pode a outra pretendê-la. Por outro lado, deve haver *lealdade,* pois a parte que deu causa à nulidade não pode alegá-la.

Consoante o art. 565 do CPP:

"Art. 565. Nenhuma das partes poderá argüir nulidade a que haja dado causa, ou para que tenha concorrido, ou referente à formalidade cuja observância só à parte contrária interesse."

Portanto, deverá haver a impugnação da produção da prova de modo viciado pela parte interessada (em sendo nulidade relativa), evitando-se, assim, sua utilização no processo, sendo certo que a nulidade relativa tem momentos preclusivos para sua alegação. As nulidades sendo alegadas no momento próprio previsto em lei, não precisarão de demonstração de prejuízo, e não sendo neste momento alegadas, a princípio estarão sanadas, salvo demonstração de prejuízo capital e em casos extremos. Deverá, ainda, a parte ter interesse na decretação da nulidade da prova e não podendo ter dado causa ao vício processual.

Apesar de a ocorrência de nulidade não depender somente de disposição expressa da lei neste sentido, uma vez que basta o descumprimento do modelo legal que deveria ser cumprido ou que haja violação da ordem pública (no caso de nulidade absoluta), o certo é que o nosso Código de Processo Penal, em vista da importância e maior ocorrência de alguns vícios, no art. 564, passa a elencar, de forma pontual, hipóteses de nulidade.

Mas o próprio legislador ratificando que aquele rol não é exaustivo, no inciso IV do mesmo art. 564, faz previsão genérica no sentido de que se dará a nulidade "por omissão de formalidade que constitua elemento essencial do ato" e, destarte, ficam abrangidas quaisquer formas relevantes de descumprimento de modelos ou formas legais de atos processuais, inclusive os probatórios, ficando, para o intérprete, a missão de identificar o grau do vício.

Assim, de acordo com José Barcelos de Souza:

"(...) ocorre nulidade não só nos casos especificados em lei, mas também quando houver irregularidade suscetível de causar prejuízo à defesa ou à acusação. Por outro lado, o fato de existir nulidade não significa que necessariamente deverá ser pronunciada, visto que regras outras poderão incidir, de modo a tornar incabível a declaração".[443]

O que é certo é que, sendo a forma da prática do ato prevista em lei, a princípio, será vedada sua prática de outra forma e, em vista da previsão em lei, o legislador dispensa a demonstração ou indagação acerca do prejuízo para impugnação do ato, mas tal não impede o aproveitamento deste em alguns casos, mormente quando presente hipótese prevista no art. 572 do CPP.

Assim, no que se refere especificamente à produção probatória, o rol do art. 564 (III, *b*) só trata da imprescindibilidade do exame do corpo de delito na forma preconizada pelo art. 158, e só ressalvando como forma indireta a hipótese do art. 167 (suprimento por prova testemunhal) mas, como visto, outros meios de prova também poderão suprir o ato, como o boletim de atendimento médico, o exame de DNA etc., e estes serão passíveis de utilização no processo.

Mas tem inteira aplicação em relação à produção probatória a norma genérica do inciso IV do art. 564 (nulidade "por omissão de formalidade que constitua elemento essencial do ato") que, em tese, pode ser aplicada a todas as formas de vícios na produção da prova, sendo que, descumprida formalidade procedimental essencial do ato, teríamos uma nulidade na produção da prova, mas tal prova

---

[443] SOUZA, José Barcelos de. *Direito Processual Civil e Penal*. Rio de Janeiro: Forense, 1995, p. 88.

poderá ser utilizada, desde que seja a nulidade meramente relativa, dispondo o art. 572 do CPP que tais nulidades serão sanadas se não "forem argüidas, em tempo oportuno" pelo interessado, ou seja, no momento preconizado no art. 571 do CPP, ou "se praticado por outra forma, o ato tiver atingido o seu fim".

Assim, se o interessado não impugnar o ato ou se o fim da norma for de qualquer modo atingido, desde que não haja prejuízo crucial à parte, a prova, mesmo sendo ilegítima, mormente quando não for sacrificado o interesse público, poderá ser utilizada no processo.

Portanto, deverá ser feita uma aferição, caso a caso e, nesta aferição deverá se dar um balanceamento, considerando-se: 1. se foi sacrificado interesse público ou interesse particular na produção viciada da prova (princípio da ponderação de interesses); 2. a existência de interesse público na posterior utilização da prova e, ainda, 3. se houve ou não impugnação da prática viciada pelo interessado.

Em suma, dando-se a identificação como nulidade relativa, dependendo da hipótese, a prova poderá ser perfeitamente utilizada no processo, apesar do vício em sua produção, seja a favor do acusado ou a favor da acusação.

Agora, em se tratando de nulidade absoluta, ou seja, quando houver violação do interesse público na produção da prova, só poderá ser esta utilizada, mesmo assim em casos extraordinários, em prol de uma preservação de interesse público ainda maior (princípio da proporcionalidade) ou se for a favor do réu, como único meio de provar sua inocência, já que neste caso incide a justa causa, considerando-se que não se pode sacrificar o *jus libertatis*, estando em jogo, ainda, a garantia constitucional da ampla defesa (proporcionalidade).

Portanto, chega-se á conclusão de que, apesar da doutrina defender que a expressão "prova ilícita" constante do dispositivo constitucional abrangeria tanto a prova ilícita *stricto sensu*, como também a espécie prova ilegítima, fica patente que em vista da necessidade de se distinguir as hipóteses de vedação de produção de prova e de vedação de utilização de prova, esta compreensão não seria a mais adequada, pois, é evidente, as hipóteses de ilegitimidade na produção da prova, justamente por significarem violação da norma procedimental infraconstitucional, muitas das vezes se constituirão em nulidade relativa, sendo que, em alguns casos, a própria lei processual autoriza a utilização desta prova. Assim, a taxatividade da norma constitucional, que veda genericamente a prova ilícita no processo, é mais condizente com a prova ilícita *stricto sensu* (se considerado que a vedação implica na produção e posterior utilização da prova no processo), esta sim, via de regra, terá tanto a vedação de produção como de utilização no processo consideradas de forma absoluta, mormente quando houver violação da norma constitucional, só podendo vir a ser utilizada em ocasiões especiais, utilizando-se o princípio da proporcionalidade, ou seja, confronto de normas da própria Constituição.

Aliás, como já visto, a reforma operada pela Lei 11.690, de 09.06.2008 no CPP, passa a tratar das provas ilícitas, no art. 157 do CPP, dizendo que são inadmissíveis e devendo ser desentranhadas do processo, as provas ilícitas, assim entendidas as obtidas em violação a normas constitucionais ou legais".

Mas, ao se referir à violação de normas "constitucionais ou legais", não tomou claro partido sobre a noção ilicitude de Nuvolone, pois não diz ser esta ilegalidade também a processual, podendo perfeitamente ser interpretado o dispositivo como se se referisse às provas legais materiais e não processuais. Se quisesse o legislador teria dito "normas constitucionais ou legais, sejam estas últimas, materiais ou processuais", o que tornaria indiscutível a abrangência, também, da chamada prova ilegítima.

Por outro lado, seria absurdo se dar o desentranhamento e a "destruição" da prova ilegítima, pois esta, como prova colhida contra o ordenamento processual, se traduz em prova viciada (no sentido de irregular ou nula) e, assim, é passível de ratificação, saneamento e suprimento, dependendo, por vezes, mormente se a nulidade for relativa, da demonstração do prejuízo.

De outra parte, no que se refere à prova ilícita *pro reo*, esta, apesar de colhida contra a Constituição, segundo a doutrina e jurisprudência no Brasil, poderá ser utilizada, entendendo-se prevalecer sempre o direito à ampla defesa (também princípio conrtitucional), havendo, ainda o argumento de que haveria a justa causa, por se encontrar o réu em espécie de "estado de necessidade ou em legítima defesa". Utiliza-se aqui a ponderação de interesses.

3. Possibilidade de utilização da prova ilegítima. Algumas hipóteses específicas

Considerando-se que a prova ilegítima é aquela que é produzida de modo contrário à norma processual penal, é de se esperar que o Código de Processo Penal, em alguns casos, aponte, textualmente, hipóteses de não-admissão de prova e, em outros casos, a não-admissão advém, de forma indireta, do descumprimento de normas processuais a respeito.

No art. 155, § 1º, do Código de Processo Penal, temos uma hipótese de vedação de prova expressa, no que se refere ao tema "estado de pessoas", dispondo a lei que *somente quanto ao estado das pessoas serão observadas as restrições à prova estabelecida na lei civil*". Portanto, a regra é que a possibilidade de produção de prova no processo penal seja bastante ampla, mas, há a impossibilidade de se provar o estado de pessoas no âmbito do processo penal, já que o local próprio para tal é perante o juízo civil.

Desta forma, o casamento só se prova com a certidão do seu efetivo registro (art. 202 do Código Civil); a prova da menoridade também exigirá a certidão de nascimento (Súmula 74 do STJ), e o óbito, a respectiva certidão (art. 62 do CPP).

E é considerando isto que o legislador processual penal, de forma coerente e sistemática, estabelece no art. 92 do CPP:

"Se a decisão sobre a existência da infração depender da solução de controvérsia que o juiz repute séria e fundada, sobre o estado civil das pessoas, o curso da ação penal ficará suspenso até que no juízo cível seja a controvérsia dirimida por sentença passada em julgado, sem prejuízo, entretanto, da inquirição das testemunhas e de outras provas de natureza urgente".

Portanto, estando em jogo questão prejudicial relativa ao estado civil das pessoas, ou seja, uma questão referente ao complexo dos pressupostos que constituem a personalidade, o juiz criminal terá que suspender a ação criminal, pois tal prova não pode ser produzida no feito criminal.

O citado complexo relativo ao estado civil da pessoa deve ser visto em uma tríplice relação: quanto à pessoa em si; no que se refere à sua ligação com o Estado e no que tange à sua ligação com a família (*v.g.*, parentesco e casamento), não podendo, como dito, o juiz criminal produzir prova relativa a fato que se compreenda neste complexo, devendo ocorrer a produção probatória no juízo extra penal ou cível em sentido amplo.

De acordo com Manzini, o motivo deste tratamento especial da lei processual penal se apóia na política penal, ou seja, tendo em vista "a dificuldade e a delicadeza da prova do estado das pessoas; o perigo de injusta perseguição ou de intento vingativo por parte da pretensa vítima do crime; e o dano que deriva da inevitável perturbação da tranqüilidade das famílias".[444]

Mas, a princípio, não se trata aqui apenas de questões relativas ao estado de família, sendo que Mirabete conclui que aquelas questões que dizem respeito à capacidade (maioridade, menoridade, sanidade mental) e cidadania (brasileiro nato ou naturalizado, em gozo das prerrogativas políticas) são relativas ao estado civil das pessoas.[445]

Porém, como bem rebate Vicente Greco Filho, a "capacidade não, porque a inimputabilidade é sempre aferida por meio do incidente de insanidade no próprio processo penal. Também não aos outros estados, como o profissional e o político".[446]

Entretanto, apesar da ressalva, no caso, *v.g.*, da menoridade, em que se pode determinar no processo penal o exame para se dirimir dúvida sobre a mesma (*v.g.*, exame de arcada dentária ou ósseo), o certo é que uma causa referente ao registro civil, em tramitação no juízo cível, poderá se tornar prejudicial e condicionante para a causa criminal, mormente quando a menoridade for elementar do tipo penal, como é o exemplo do delito de corrupção de menores. Tal não se daria, entretanto, caso a discussão acerca da menoridade não se desse em vista da existência da infração, como no exemplo dado, e sim sobre a inimputabilidade do próprio réu, pois neste caso não está em discussão a existência do crime e sim a culpabilidade e, destarte, tal pode ser resolvido no processo criminal, através de exame próprio.

---

[444] MANZINI, Vicenzo. *Trattato de diritto processuale penale italiano secondo il nuovo Codice*, vol. 1, 1931, p. 266.

[445] *Processo Penal*. São Paulo: Atlas, p. 203.

[446] *Manual de Processo Penal*. São Paulo: Saraiva, p. 154.

De qualquer modo, estando presentes os requisitos do art. 92, o juiz fica obrigado a suspender o processo penal, ficando a prescrição suspensa (art. 116, I, do CP), aguardando-se o deslinde da questão pelo juiz cível, não podendo o juiz criminal se pronunciar sobre a mesma. Assim, na verdade, há um verdadeiro deslocamento da competência criminal para o juízo cível, uma vez que, como é intuitivo, quem irá decidir o processo criminal será o juiz cível, pois, dirimida a questão prejudicial, resolvido estará o mérito da ação criminal.

O que fica evidente é que, conjugando os dispositivos da lei processual penal, resulta clara a impossibilidade, de forma absoluta, da produção de prova relativa ao estado de pessoa no juízo criminal, desde que haja uma manifesta influência em uma elementar do tipo penal. Por outro lado, tem se aceitado em alguns casos a utilização da prova produzida de forma contrária ao disposto no art. 155 do CPP, mormente se for para fins se aferir circunstâncias judiciais ou atenuantes em favor do réu (*v.g.* tem se aceitado, para fins de se decretar a extinção da punibilidade com base na redução operada pela menoridade, dado em que conste, em depoimento oficial, a idade do réu como menor de 21 anos).

Em relação à prova testemunhal temos mais dois exemplos de vedação expressa de produção de prova, mas, nestes casos, sempre de forma relativa.

Em primeiro lugar, é preciso observar que, perante o direito brasileiro, como se vê do art. 202 do CPP, em regra, qualquer pessoa pode ser testemunha, inclusive o menor de 18 anos, admitindo-se, inclusive, o testemunho infantil.

Resta, assim, estabelecido um verdadeiro dever de depor, consoante a primeira parte do art. 206 do CPP, *verbis*: "A testemunha não poderá eximir-se da obrigação de depor".

Porém, existem casos legais de incompatibilidade para depor, e isto se dá, consoante bem resume Paolo Tonini, "quando uma pessoa não é legitimada a desenvolver a função de testemunha em razão da posição assumida no procedimento ou da atividade que exercita ou exerceu".[447]

---

[447] TONINI Paolo. *La Prova Penale*, 2ª ed, Padova: Cedam, 1988., p. 54 (tradução livre nossa).

Assim, excepciona a segunda parte do art. 206 do CPP brasileiro, algumas pessoas que podem recusar-se a prestar o depoimento:

"Poderão, entretanto, recusar-se a fazê-lo o ascendente ou descendente, o afim em linha reta, o cônjuge, ainda que desquitado, o irmão e o pai, a mãe, ou filho adotivo do acusado, salvo quando não for possível, por outro modo, obter-se ou integrar-se a prova do fato e de sua circunstâncias".

Temos, aqui, caso peremptório de *dispensa* do dever de depor, cabendo àquele que for instado a prestar o depoimento dizer se deseja ou não relatar o que sabe.

Como ressalta Camargo Aranha:

"Em nome de um interesse maior, qual seja a solidariedade e o amor que devem estar presentes em todas as relações familiares, a lei processual dispensa a ouvida quando houver relação de parentesco".[448]

Como frisa, ainda, o autor, o vínculo de parentesco deve ser aferido no momento do depoimento, e não no momento em que o fato se deu.[449]

De acordo com Malatesta:

"O depoimento contra o próprio parente que se encontra sob o grave peso de uma acusação não tem lugar, portanto, ordinariamente, porque repugna a consciência. Mas, mesmo que existisse, por sua própria falta de naturalidade, em lugar de fazer supor um culto à verdade, levaria até a sufocar as afeições naturais, faria supor uma animosidade, capaz de conduzir à mentira em sentido contrário".[450]

O legislador brasileiro refere-se ao parentesco legítimo ou ilegítimo, porém, não se pode dar efeito extensivo à norma e, assim, *v.g.*, não contempla a amante do acusado.

O que ocorre é que, neste caso, nem a vedação de produção e nem a de utilização da prova serão absolutas, pois ressalva o arti-

---

[448] CAMARGO ARANHA, Adalberto José Q. T. de, *Da Prova no Processo Penal*, São Paulo: Saraiva, 1999, p. 145.

[449] *Idem.*

[450] MALATESTA, Nicole Framarino Dei. *A Lógica das Provas em Matéria Criminal.* Campinas: Bookseller, 1996, p. 345.

go em questão que tais pessoas ficam dispensadas de depor, "salvo quando não for possível por outro modo obter-se ou integrar-se a prova do fato e de suas circunstâncias".

Assim, em nome da busca da verdade real (ou provável), princípio reitor do processo penal, quando não houver outro meio de se apurar o ocorrido, mesmo aquelas pessoas que podem se recusar a prestar o depoimento, poderão ser obrigadas a tal, como, *v.g.*, em casos de delitos cometidos dentro do lar, só estando presentes parentes do acusado no momento do fato. Destarte, como se vê, a coleta de declarações de parentes do imputado, mesmo contra sua vontade, não gera, no direito brasileiro, a impossibilidade de se utilizar a prova, imperando sempre a investigação judicial pelo juiz durante o processo, na busca da verdade real.

Em conseqüência, queremos crer que também a não-advertência ao declarante sobre seu direito de recusar o depoimento, não irá gerar nulidade ou impossibilidade de utilização da prova, desde que haja o declarado interesse judicial na oitiva. O que ocorrerá é que o juiz não tomará o *termo de compromisso* do inquirido, o que resulta que, na verdade, a prova poderá ter uma menor valia dentro do exame final, daí se denominar, na prática, tais pessoas, de meros "informantes".

Queremos crer que o legislador poderia ter elencado outros casos de incompatibilidade de depor como testemunha, como fez o Código de Processo Penal italiano, em seu artigo 97, letras *a* e *b*, que não permite o testemunho do co-réu no mesmo processo, ou do co-autor ou partícipe do mesmo delito, ou do imputado em procedimento conexo (*v.g.*, autor da receptação no processo referente ao autor do furto). Entretanto, apesar de não existir previsão a respeito, entendemos que, em face do interesse destes agentes, não deve ser permitido o testemunho nestas hipóteses, podendo, quando muito, se considerar este elemento como uma "chamada de co-réu" quando for para incriminar o outro agente e, assim, mesmo, com todos os cuidados que esta espécie de prova inominada requer.

Em contrapartida, temos a previsão no Código de Processo Penal de pessoas *proibidas de depor*, consoante dispõe o art. 207, segunda parte, em relação às pessoas que, em razão de função, ministério, ofício ou profissão, devam guardar segredo, até mesmo sendo desobrigadas pelas partes, caso não queiram depor. Neste caso, não havendo a desobrigação e a vontade de depor, haverá verdadeira prova ilegítima e, ante a proibição expressa, a prova produzida em desacordo com o dispositivo não poderá também ser utilizada. Nesta hipótese, a não-advertência quanto ao direito do depoente, a nosso ver, irá provocar a não-possibilidade de utilização da prova.

Trata-se, aqui, ao contrário da hipótese anterior, não de mera dispensa, mas *de proibição* de depor, uma vez que não existe a ressalva da parte final do art. 206, autorizando o juiz a colher o depoimento caso entenda necessário, ou vale dizer: efetivamente, tais pessoas só irão prestar depoimento se quiserem e se forem autorizadas, já que a única ressalva legal, que autoriza a coleta da prova, é justamente *a vontade de depor da testemunha quando desobrigada pela parte interessada*, ou seja, o detentor do segredo, consoante a parte final do art. 207.

Portanto, para que se dê a possibilidade de produção e posterior utilização da prova, são necessários os dois requisitos: que a pessoa queira depor e esteja desobrigada pela parte interessada.

Estamos com Camargo Aranha quando defende que a expressão "parte interessada tem um sentido amplo, sendo entendida não somente como os envolvidos no processo, mas também um órgão de classe. Vale dizer, o médico estaria proibido, mesmo que desobrigado pelo acusado, o interessado direto, desde que sua entidade profissional e código de ética mantivessem a obrigatoriedade do sigilo".[451]

A proibição se explica. É que, em contrapartida à busca da verdade provável, princípio do processo penal, existe a proteção feita pelo Direito Penal à integridade dos segredos, sendo a revelação de segredo tipificada no art. 154 do Código Penal.

Conforme Malatesta, "trata-se de uma falta de idoneidade relativa à matéria e absoluta quanto às causas; não se pode depor sobre o conteúdo da confidência em qualquer ocasião que seja convidado a depor".[452]

Deve o conhecimento do segredo pelo depoente ter se dado em *razão* de sua *função, ministério, ofício* ou *profissão*, e, assim, se a cognição do fato se deu fora do exercício de tais atividades, não haverá a proibição de depor, *v.g.*, um padre que presencia um crime

---

[451] Ob. cit., p. 147.
[452] Ob. cit., p. 346.

poderá depor, ao contrário daquele que tem tal notícia através da confissão, pois, no último caso, deve obedecer ao segredo do confessionário.

Função é o exercício de uma atividade por força de lei, decisão judicial ou convenção (funcionário público, tutor, etc.); *ministério* é a atividade decorrente de condição individual, mormente ligada à religião (padre, irmã de caridade, pastor protestante, etc.); *ofício* é a atividade de prestar serviços manuais (eletricista, bombeiro, relojoeiro); *profissão* é qualquer atividade desenvolvida com fim de lucro (engenheiro, médico, advogado, etc.).

A obrigação de guardar segredo pode decorrer de imposição legal ou regulamentar e até mesmo por força dos costumes ou da natureza da atividade exercida.

Assim, entende-se que, como o padre, que tem que manter a confissão em sigilo, também deve obedecer ao sigilo o pastor protestante, apesar de não ter esta obrigação imposta por lei, regulamento ou costume,[453] pela própria natureza da atividade exercida, ou de seu ministério, deve guardar o segredo que lhe foi revelado nesta condição.[454]

Também, levando-se em conta a natureza da função, entende-se que as empregadas domésticas, as secretárias etc., da mesma forma, são proibidas de depor sobre segredos de que tiveram conhecimento em razão de suas atividades e, caso sejam ouvidas, o depoimento não terá valor como prova, a não ser que haja justa causa para o depoimento, ou se for considerada a teoria da proporcionalidade na aferição desta prova ilegítima.

Portanto, em relação às pessoas proibidas de depor não se poderá produzir a prova testemunhal, só se autorizando a coleta probatória se estiverem presentes aquelas duas condições de forma concomitante. Se não presentes as duas condições e, mesmo assim, for produzida esta prova (considerada prova ilegítima), não poderá ser utilizada no processo, salvo se, posteriormente, houver a concordância do depoente e do detentor do segredo, já que, neste caso, haverá o saneamento do vício original.

---

[453] O padre tem a obrigação de segredo pelo Código Canônico.
[454] Cf. TOURINHO, ob. cit., p. 304.

Ainda em relação à prova testemunhal, conforme a primeira parte do art. 208 do CPP, não será deferido o compromisso aos doentes e deficientes mentais e aos menores de 14 anos.

Assim, apesar de, em princípio, todas as pessoas poderem ser testemunhas no processo penal brasileiro, deve-se ter em conta que aquelas pessoas debilitadas, por problemas de saúde ou senectude, os deficientes mentais e as crianças (menores de 14 anos), por razões evidentes, não têm em seus testemunhos a força probatória devida, daí não prestarem compromisso, ou seja, serão ouvidas apenas como informantes.

No que se refere à ilegitimidade da produção da prova, temos, ainda, hipóteses indiretas, como é o caso da imprescindibilidade do exame de corpo de delito que só pode ser realizado nos vestígios do crime, a princípio, na forma da lei, seja direta ou indiretamente, quando se tratar de crime material.

Ocorre que o legislador só aponta uma forma de se fazer o exame de corpo de delito indireto, ou pelo menos parece apontar como única forma de suprimento do exame direto, a prova testemunhal (art. 167 do CPP), assim mesmo colocando como condição que os vestígios tenham desaparecido. Portanto, deixa entrever a lei que a prova (exame de corpo delito indireto) seria ilegítima se produzida de outra forma, ou seja se produzida através de outra prova que não a testemunhal e se produzida em hipóteses de que o exame direto pudesse ser feito (os vestígios ainda não tinha desaparecido). Entretanto, como já visto, segundo doutrina e jurisprudência, tal prova mesmo produzida através de outros meios (através de documentos, *v.g.* boletim de atendimento médico, ou através de outros exames, *v.g.* DNA), poderá ser utilizada no processo. E mais: existe corrente que aceita tal prova se realizada mesmo quando os vestígios não tinham desaparecido, mas, por qualquer motivo, não se fez o exame direto como devia ser feito no corpo de delito. Assim, apesar de se dar a produção da prova por outros meios não previstos na lei, a utilização será possível, desde que o meio tenha idoneidade de se constituir exame de corpo de delito indireto e desde que os circunstâncias autorizem, o que deve ser avaliado caso a caso (ponderação de interesses e fim da norma).

No processo penal brasileiro temos um caso particular de inadmissão da prova ilegítima, ou seja, uma forma, pode-se assim dizer de "inadmissão de prova por produção isolada". Trata-se de caso em que o meio de prova só pode ser utilizado se aferido em conjunto com outro ou com outros meios de prova: é a hipótese da confissão.

Assim, apesar de ser valioso meio de prova, a confissão não tem força de prova *por si só*, já que o próprio artigo 197 do Código de Processo Penal alerta que "o valor da confissão se aferirá pelos critérios adotados para os outros elementos de prova, e para sua apreciação o Juiz deverá confrontá-la com as demais provas do processo, verificando se entre ela e estas existe compatibilidade ou concordância".

É que, se por um lado pode haver o remorso do acusado, sendo verdadeira a confissão, por outro podem existir interesses escusos em se assumir a prática do crime, *v.g.*, para servir de álibi para crime mais grave (cometido na mesma hora), ou para encobrir a autoria de um ente querido.

Assim, conclui-se que, no processo penal brasileiro, a confissão, apesar de produzida nos autos, isoladamente não pode ser utilizada como meio de prova, sendo ilegítima para embasar condenação.

No que se refere a distinção feita pela jurisprudência alemã acerca da validade ou não da utilização da prova obtida em fase de investigação na fase processual (juízo oral naquele país), considerando-se a qualidade da autoridade que colheu a declaração, se juiz, promotor ou policial, o que é veementemente criticado por Kai Ambos, no Brasil o problema não se apresenta da mesma forma. A uma porque o juiz é completamente afastado da fase de investigação e, a duas, porque a diferenciação aqui, modernamente, se faz em relação ao próprio conceito e natureza da prova, que só pode ser aquela colhida em juízo, se bem que tenhamos o mesmo problema existente na Alemanha, relativo à possibilidade de leitura de apontamentos anteriores por testemunhas, além da prática condenável do juiz ler os depoimentos policiais para as testemunhas repetidas em juízo, a fim de "reativar a memória das mesmas". O parágrafo único do art. 204 do CPP brasileiro permite à testemunha *breve consulta a apontamentos*, dispositivo que merece críticas de Sérgio Demoro Hamilton:

"A prova testemunhal é prova oral; se a testemunha não se recorda de determinado fato ou de certo dado deve afirmá-lo ao juiz. O risco da consulta a apontamentos consiste no perigo que a autenticidade do depoimento pode incorrer".[455]

No Brasil, como dito, a moderna doutrina faz a diferenciação entre atos de investigação e atos de prova em sentido estrito.

É que, pelo caráter de dualidade do procedimento da persecução criminal do Brasil, temos duas fases bem distintas, a da investigação, onde a polícia judiciária irá colher elementos probatórios contra o indiciado, preparando elementos para a denúncia do promotor (ou queixa do ofendido, na ação penal privada) e a do processo (já proposta a ação penal), onde se dará a verdadeira instrução probatória, pois presente, de forma ampla, o contraditório entre as partes.[456]

Apesar de algumas provas colhidas na fase investigatória serem de grande importância e até definitivas, como é o caso do exame pericial ou das provas técnicas, outras provas, que não de caráter técnico, devem ser repetidas em juízo, uma vez que na investigação não existe contraditório, e, assim, as provas ali colhidas não são suficientes para embasar uma decisão condenatória. Daí a distinção entre provas repetíveis (a regra), e provas irrepetíveis, ou seja, aquelas que não podem ser reproduzidas na fase judicial, face à impossibilidade ou mesmo ao perecimento.

Consoante Aury Lopes Jr., considerando o sistema adotado no Brasil, os atos praticados na investigação "esgotam sua eficácia probatória com a admissão da acusação, isto é servem para justificar medidas cautelares e outras restrições adotadas no curso da fase pré-processual e para justificar o processo ou o não-processo (...)".[457]

Assim, deve-se distinguir entre atos de prova e atos de investigação. Apesar dos elementos colhidos no inquérito serem denominados, em sentido amplo, de prova, na verdade, esta é aquela colhida no processo sob o crivo do contraditório, sendo aqueles elementos

---

[455] HAMILTON, Sérgio Demoro."A Disciplina Legislativa da Prova Penal". *Revista de Direito da Defensoria Pública do Rio de Janeiro*, n° 16, p. 236-254.

[456] Em alguns países, como nos EUA, existe a *unidade* da persecução, não sendo as duas fases procedimentais tão distintas, o que se vê também nos países que adotam o processo inquisitivo.

[457] LOPES JÚNIOR, Aury. *Sistemas de Investigação Preliminar no Processo Penal*, Rio de Janeiro: Lumen Juris, 2001, p. 119.

colhidos no inquérito meros atos de investigação de validade limitada.

De acordo, ainda, com Aury Lopes Jr., "podemos afirmar que os atos de investigação preliminar têm uma função endoprocedimental, no sentido de que sua eficácia probatória é limitada, interna a fase. Servem para fundamentar as decisões interlocutórias tomadas no curso da investigação, formalizar a imputação, amparar um eventual pedido de adoção de medidas cautelares ou outras medidas restritivas e para fundamentar a probabilidade de 'fumus comissi delicti' que justificará o processo ou não-processo".[458]

Assim, conclui-se que a "prova" produzida na fase de investigação não pode ser utilizada para embasar a sentença condenatória por si só, independentemente se foi colhida pela polícia ou pelo Ministério Público, podendo, quando muito, ser considerada como complementar à prova colhida no processo judicial, mas nunca de forma isolada. Ou seja, tem somente força auxiliar argumentativa, já que somente a prova produzida em juízo autoriza o juiz a embasar a fundamentação pela condenação ou absolvição

É evidente que, no Brasil, sendo a prova colhida pelo juiz esta poderá ser utilizada no processo (desde que não seja prova vedada), mas, neste caso, o juiz não terá colhido elementos de investigação, já que só pode atuar na fase investigatória cautelarmente e, aí, como é intuitivo, tal a prova será judicial e não inquisitorial. É o que ocorre no caso do procedimento cautelar de produção antecipada de prova testemunhal, em vista de ocorrência do *periculum in mora*.

Trata-se, indubitavelmente, de uma medida cautelar de natureza instrutória, já que revestida do caráter de urgência, sumariedade formal e material, temporariedade e referibilidade.

A medida é prevista no Código de Processo Penal, em seu art. 225, *in verbis*:

"Art. 225. Se qualquer testemunha houver de ausentar-se, ou, por enfermidade ou por velhice, inspirar receio de que ao tempo da instrução criminal, já não exista, o juiz poderá, de ofício ou a requerimento de qualquer das partes, tomar-lhe antecipadamente o depoimento".

---

[458] Ob. cit, p. 122.

Assim, como defendido supra, o que se deve evitar é atuação do juiz na fase investigatória, onde se dá a busca da fonte de prova, pois tal é que afronta o sistema acusatório.

A Lei 11.690/08, que introduziu reforma na parte referente às provas no CPP brasileiro, neste ponto, passa a autorizar que o juiz colha a prova antecipada (genericamente sem dizer qual tipo de prova) também na fase de investigação penal, o que, para nós, arranha o princípio acusatório, sendo inconstitucional, já que, se o juiz pode, como defendemos, de ofício e de forma supletiva, buscar a prova no processo, antes de iniciada a ação, por outro lado, na fase inquisitorial, não pode assim agir.

Diz o art. 156 que "A prova da alegação incumbirá a quem a fizer, sendo, porém, facultado ao *juiz de ofício: I* – ordenar, *mesmo antes de iniciada a ação penal,* a produção antecipada de provas consideradas urgentes e relevantes, observando a necessidade, adequação e proporcionalidade da medida;"

Para que se possa aplicar o dispositivo, este deve ser entendido em uma interpretação conforme a Constituição, no sentido de que tal "ordenar do Juiz" deverá *sempre* pressupor um pedido da parte, caso seja em fase inquisitorial, pois o juiz só pode agir de ofício, na coleta probatória, se já houver processo (jurisdição), sob pena de se incidir em inconstitucionalidade (arts. 129, I, e 5º, XXXV, da CF).

Como asseveram Joel Tovil e Denise de Mattos Martinez Geraci:

"(...) o que não nos parece possível, por absolutamente incompatível com um processo penal democrático, é a atribuição de poderes persecutórios ao juiz antes de deflagrada a ação penal (...). Depois da CF/88, ao juiz não podem mais ser atribuídos poderes inquisitórios na fase pré-processual, e os que forem exercidos *ex officio* durante o processo, hão de sê-lo com comedimento e eqüidistância, podendo a lei vir limitar tal atividade, a exemplo do que já se faz no direito italiano. Entre correr o risco de obter um primeiro veredicto parcial e o sacrifício da verdade *possível* preferimos o primeiro, até porque eventuais erros do julgador sempre poderão ser corrigidos na segunda instância, onde oficiam magistrados que não participaram da instrução criminal nem da colheita da prova. Demais disso, parece certo que a segunda opção aqui referida – sacrifício da verdade *possível* – também resultaria num julgamento parcial e, pior do que isso, injusto (...)".[459]

Entretanto, deve ser elogiada a exigência da observação da "necessidade, adequação e proporcionalidade", para se decretar a medida, sendo a primeira vez que a norma processual no Brasil se refere a tais princípios, tão caros à doutrina e legislação alemã no que se refere à solução dos problemas ligados à utilização da prova no processo.

4. Possibilidade de utilização da prova ilícita. Algumas hipóteses específicas

4.1. Tortura e direito ao silêncio

Entre os métodos ilícitos de coleta de prova, avulta o interrogatório sob tortura ou outro meio degradante ou cruel e, ainda, a violação ao direito ao silêncio, insculpido no art. 5º, LXIII, da CF.

O Prof. Kai Ambos, ao discutir o art. 136, *a*, do Código de Processo Penal alemão, nos traz um exemplo expresso de "proibição de utilização probatória dependente", dentro da análise e divisão doutrinária existente naquele país, no que diz respeito à matéria. É que, se proíbe na Alemanha a utilização do uso em determinado processo do resultado probatório que tenha sido obtido com meios não permitidos de interrogatórios, mesmo que haja anuência do interrogando.

No Brasil, não temos regra legal infraconstitucional idêntica, mas, como já visto, a proibição entre nós de utilização de métodos ilícitos ou amorais de interrogatórios, após 1988, advém da literalidade do texto da Constituição Federal que, em seu artigo 5º, III, dispõe que "Ninguém será submetido a tortura nem a tratamento desumano ou degradante" e prevê o crime de tortura como inafiançável e insuscetível de graça e anistia (art. 5º, XLIII).

---

[459] TOVIL, Joel; GERACI, Denise de Mattos Martinez. Poderes Instrutórios do Juiz. In *Revista Síntese de Direito Penal e Processual Penal*, nº 26, Porto Alegre, jun. – jul. 2004, p. 36-37.

Sob influência do direito anglo-americano (*privilege against self-incrimination*), a Constituição de 1988 também consagrou a garantia do silêncio em seu artigo 5º, LXIII: o preso será informado de seus direitos, entre os quais o de permanecer calado.

Aliás, a Convenção Americana sobre Direitos Humanos, já dispunha em seu artigo 8º, § 2º, *g*, que toda a pessoa acusada de delito tem o direito de não ser obrigada a depor contra si mesma ou de declarar-se culpada.

De se notar que tanto a doutrina como a jurisprudência tem entendido que, embora a regra constitucional se refira ao preso, a garantia abrange qualquer pessoa que venha a poder ser incriminada, mesmo que ainda esteja na simples posição de investigado ou mesmo que seja testemunha ou informante. Portanto, a garantia se estende às testemunhas, vítimas ou peritos que venham a depor, aliás, como se vê do estudo empreendido pelo Professor Kai Ambos, no capítulo I desta obra, isto também se dá na Alemanha.

Como conseqüência, alterou-se o Código de Processo Penal que, apesar de prever o direito ao silêncio, autorizava que o juiz o utilizasse contra o réu, pois, o Código de Processo Penal Brasileiro de 1941, era dúbio a respeito, já que, apesar do art. 186 dispor sobre o direito ao silêncio, alertava *que este poderia ser interpretado em prejuízo da própria defesa* na parte final do dispositivo e, assim, guardava manifesta incompatibilidade com o novo texto constitucional, da mesma forma que a parte final do artigo 198 do Código de Processo Penal, *verbis: O silêncio do acusado não importará confissão, mas poderá constituir elemento para a formação do convencimento do juiz.*

Assim, a Lei 10.792/2003, embasada na adesão brasileira ao Pacto Internacional sobre Direitos Civis e Políticos[460] e na Convenção Americana sobre Direitos Humanos,[461] acabou por dar nova redação ao art. 186 do CPP, modificando-o, de forma a amoldá-lo ao texto constitucional, mas, de forma inexplicável, deixou intacto o art. 198 do mesmo diploma legal, que diz que apesar do silêncio do acusado não importar confissão, poderá constituir elemento para formação de convencimento do juiz. Mas, como é evidente, há de se entender

---

[460] Aprovado pelo Congresso Nacional pelo Dec. Legislativo 226/1991 e com cumprimento determinado pelo Dec. 592 do Presidente da República de 06.07.1992.
[461] Aprovada pelo Congresso por meio do Dec. Legislativo 27/1992 e cumprimento determinado pelo Dec. 678 da Presidência, de 06.11.1992.

que a parte final do dispositivo não foi recebida pela Constituição de 1988.

Apesar de, mesmo defronte ao art. 5º LXIII da CF e da própria Lei 10.792/2003, alguns poucos autores brasileiros continuarem a defender que o silêncio do acusado pode ser valorado como prova e até como causa de aumento de pena,[462] por ser a norma constitucional de eficácia contida e, assim, estaria livre o legislador ordinário para melhor regulamentá-la, o certo é que prevalece a esmagadora maioria da doutrina, no sentido de que o direito ao silêncio é absoluto.

Entretanto, a observação e o alerta feito pelo Prof. Kai Ambos perante a realidade alemã, a nós também se aplica, pois não é incomum a utilização em sentenças de argumentações que levam em consideração declarações policiais sobre as quais pesam a desconfiança de serem colhidas de forma irregular através de meios de interrogatórios sob coação física e moral, desde que, em juízo, seja o acusado alertado do seu direito de exercer o silêncio e não tenha expressamente se retratado daquelas declarações, sendo evidente que tal prática nos afigura reprovável e inadmissível, já que as declarações policiais não valem por si só como prova, e até mesmo as confissões judiciais, como já visto, precisam ser comprovadas ou ratificadas por outros meios de prova colhidos em juízo, como se vê do artigo 197 do Código de Processo Penal brasileiro.

No que se refere à violação do direito de informação ou de instrução ao interrogando sobre seu direito ao silêncio, o que é considerado como passível de se gerar a proibição de utilização da prova (chamada prova dependente por Ambos, em seu estudo), é preciso, antes de se verificar se tal se dá no Brasil, salientar que a imposição da informação também aqui existe, ficando isto patente pelo simples exame da redação do texto do artigo 5º, LXIII: O preso *será informado de seus direitos, entre os quais o de permanecer calado.*

Tal qual na Alemanha, como já visto, a doutrina e a jurisprudência brasileiras têm entendido que, embora a regra constitucional refira-se ao interrogando imputado (a Constituição brasileira fala em "preso"), a garantia abrange *qualquer pessoa que venha a poder ser incriminada, mesmo que ainda esteja na simples posição de investigado ou mesmo de mera testemunha ou informante.*

---

[462] Cf. COUCEIRO, João Cláudio. *A Garantia Constitucional do Direito ao Silêncio.* São Paulo: RT, 2004, p. 178/184.

Segundo Couceiro:

"Embora a Constituição, no art. 5º, LXIII, fale em 'preso', a garantia deve ser estendida para toda e qualquer pessoa suspeita da prática de infração penal, não apenas àqueles que estão presos. Afinal, em se tratando de garantia individual, a aplicação do princípio da isonomia é corolário do próprio espírito da Carta Magna".[463]

De acordo com a doutrina de Maria Elizabeth Queijo:

"Além de decorrência do *nemo tenetur se detegere,* o direito ao silêncio configura manifestação do direito à intimidade que, igualmente, é direito fundamental.Insere-se também entre as liberdades públicas, oponíveis ao Estado (...) tal silêncio, como decorrência do *nemo tenetur se detegere,* não é antinatural, positivo ou negativo. Não tem conotações valorativas. É direito do acusado no exercício da autodefesa. Pode apresentar-se também como estratégia defensiva, adotada segundo a orientação da defesa técnica. Como opção do acusado ou estratégia de defesa, deliberadamente escolhida, não comporta valorações. Insere-se na construção de um processo ético, de respeito à liberdade e dignidade do ser humano".[464]

Portanto, aplica-se ao interrogatório do imputado, e mesmo a qualquer declaração oral de outra pessoa que possa a vir a ser incriminada, a norma constitucional sobre o direito ao silêncio e, no que se refere à necessidade de se informar o interrogado e o declarante que tenha a perspectiva de incriminação, consoante Ada Pellegrini Grinover, em obra conjunta com outros autores, constitui "formalidade indeclinável do interrogatório a *prévia advertência sobre o direito ao silêncio* (art. 5º, LXIII, CF), que deve constar obrigatoriamente do auto; tratando-se de norma constitucional processual estabelecida no interesse público, pensamos que sua não observância, implicará nulidade absoluta, que deverá ser decretada de ofício, independente da provocação do interessado".[465]

---

[463] COUCEIRO, João Cláudio. *A Garantia Constitucional do Direito ao Silêncio.* São Paulo: RT, 2004, p. 178/184.

[464] QUEIJO, Maria Elizabeth. *O Direito de não produzir provas contra si mesmo.* São Paulo: Saraiva, 2003, p. 191/194.

[465] GRINOVER, Ada Pellegrini; FERNANDES, Antônio Scarance; GOMES FILHO, Antonio Magalhães. *As nulidades no Processo Penal.* 3. ed. São Paulo: Malheiros, 1993, p. 233.

De acordo com Maria Thereza Rocha de Assis Moura e Maurício Zanóide de Morais:

"(...) desde o momento da prisão, deve ser conferido e assegurado ao indivíduo o direito ao silêncio e nada do que vier a dizer, sem que seja alertado de seu direito constitucional, poderá ser utilizado contra si (...) as declarações do acusado devem ser reduzidas a termo, e devem constar do auto de prisão em flagrante. De igual modo, deve constar expressamente daquela peça a informação a respeito do direito ao silêncio conferido ao indiciado, reputando-se com não formulada se dela não houver qualquer menção".[466]

Em relação ao descumprimento pela autoridade sobre o direito ao silêncio, segundo os autores supracitados, na ótica do direito brasileiro,

"(...) uma vez desrespeitados os ditames constitucionais, a prisão em flagrante se torna ilegal, sem possibilidade de convalidação, por não guardar a legalidade necessária. Contra o indiciado, se for o caso, poderá até ser decretada a prisão preventiva, mas a manutenção da situação de flagrância, nessas condições, se nos afigura ilegal. Entendemos, ainda, que o interrogatório viciado deverá sempre ser refeito com as cautelas constitucionais, e, se for essencial para a validade de outro ato processual, a ele a nulidade se comunicará. É certo, porém, que o reconhecimento de nulidade de todo o processo, ou só do interrogatório policial, prende-se ao exame, no caso concreto, do prejuízo ao direito de defesa. Assim é que, embora inexistindo, no auto de prisão em flagrante, qualquer informação acerca do direito de calar, e se ainda assim o indiciado deixou de responder às perguntas, ou mesmo as respondendo, negou os fatos imputados, não há porque declarar a nulidade, porque a autodefesa não ficou prejudicada, nem tampouco a defesa técnica".[467]

Portanto, apesar de não haver dúvida sobre a necessidade de informação ou instrução do interrogando, para se aferir se poderá ou

---

[466] MOURA, Maria Thereza Rocha de Assis; MORAIS, Maurício Zanóide de. Direito ao silêncio no interrogatório. *In: Revista Brasileira de Ciências Criminais*, São Paulo: Revista dos Tribunais, v. 2, n° 6, p. 133-147, abr-jun, 1994.
[467] Idem, p. 144, abr – jun, 1994.

não a prova ser utilizada, mesmo não sendo o agente informado de seus direitos, aqui também deve ser feito um exame em relação ao efetivo prejuízo que tal pode ter gerado à defesa. É que às vezes, apesar da omissão, o interrogando bem exerceu seu direito de auto-defesa.

Mais delicada é a situação da testemunha, pois não se exigirá a advertência sobre o direito ao silêncio que é dirigida ao interrogando. Porém, caso haja probabilidade desta testemunha ser transformada em futuro acusado, deverá ser feito o alerta. Assim, irá ser necessário o exame detalhado de cada caso em concreto, verificando o perigo da testemunha poder ou não ser incriminada, bem como o teor do depoimento, já que em regra a testemunha é notificada a depor simplesmente nesta condição.

No que se refere à vedação de utilização de provas produzidas por particulares (como é o caso de advogados) a doutrina brasileira, com raríssimas exceções,[468] não traz maior exame a respeito, se bem que, se é verdade que as normas referentes à vedação de prova são, a princípio, dirigidas a agentes estatais ou oficiais, por outro lado não se pode deixar de aplicá-las analogamente a particulares. Assim, também o interrogatório colhido mediante tortura por particular ou aquele em que não se assegure o direito ao silêncio também será eivado de ilicitude. Mas, o que ocorre é que quando o advogado, por exemplo, colhe determinada prova, em regra age para fins de defesa de seu cliente e, segundo a doutrina e jurisprudência brasileira, quando a prova é obtida ou colhida de forma ilícita, mas no exercício de estado de necessidade, legítima defesa ou justa causa pela vítima, poderia a mesma ser utilizada no processo penal, e também a prova ilícita que beneficie o réu é permitida, sendo o que se denomina prova ilícita *pro reo*, o que não deixa de ser um reflexo do princípio da proporcionalidade.

Situação diferente se dá a particulares que auxiliem a polícia ou órgãos estatais (aqui chamados de X-9), pois em tudo se equiparam aos agentes estatais quando ao tratamento da ilicitude de prova.

Assim, no Brasil, mesmo em relação à prova ilícita, poderemos ter possibilidade de utilização da prova produzida ilicitamente, seja produzida pelo Estado ou por particulares, desde que não haja prejuízo ao réu e seja utilizado o princípio da proporcionalidade, mas

---

[468] É o caso de Antônio Scarance Fernandes, *in A reação defensiva à imputação*. São Paulo: Revista dos Tribunais, 2002.

em se tratando de ilicitude de prova por ser o incriminado forçado a falar ou não advertido sobre o direito ao silêncio, desde que tal prova possa a vir incriminar o agente, a solução será, a princípio, a vedação absoluta tanto da produção como da utilização, devendo se dar o desentranhamento da prova, e, inclusive, a destruição da mesma, consoante a reforma processual de 2008.

4.2. A questão da produção e utilização da prova obtida através de agente provocador

Quanto à atuação de um agente provocador, que, através de um ardil, faça com que o imputado ou investigado acabe colaborando na produção de provas contra si mesmo, entendemos que, perante o direito brasileiro, dependendo da atuação deste agente, acabará por se tornar impossível a conduta daquele que foi provocado a produzir prova conta si. Este raciocínio se constrói a partir dos estudos sobre o agente provocador para fins de flagrante, quando tal agente é um agente estatal, mas, não existem estudos ou jurisprudência acerca da atuação de agente particular, embora possa haver uma aplicação analógica, mas tudo dependerá, segundo entendemos, da utilização do princípio da proporcionalidade.

Com a Lei 9.034/95, surgem no direito brasileiro as figuras do "agente infiltrado" e do "agente encoberto", mas sempre com respeito à atuação policial, dando contornos de licitude à este tipo de coleta probatória.

O agente infiltrado é o que oculta sua identidade e sua qualidade para fins de obtenção de provas para incriminar o suspeito, de forma a ganhar sua confiança e, assim, passar a fazer observação para obter informações sobre a atividade criminosa, já o chamado agente encoberto atua em passividade, ficando na espreita, nos locais da atividade delituosa, na esperança de obter informações ou elementos probatórios.

Na verdade, tanto o agente provocador, como o infiltrado e o encoberto agem utilizando a dissimulação e o engodo, mas enquanto a atuação do agente provocador se choca com a lei (art. 17 do CP), sendo vedada por Súmula do STF (Súmula 145), em princípio as provas obtidas pelo agente infiltrado ou encoberto são válidas ou lícitas, desde que estes, principalmente o agente infiltrado, não atuem de tal forma que se tornem um verdadeiros provocadores, sendo que o importante é a verificação de cada caso em concreto para se aferir se não há choque contra o princípio da dignidade da pessoa humana.

A Convenção Americana dos Direitos Humanos, apesar de não tratar do problema expressamente, deixa entrever a impossibilidade de utilização da prova obtida por obra do agente provocador, na medida em que, no seu art. 8º, § 2º, *g*, dispõe que o agente tem o "direito de não ser obrigado a depor contra si mesmo, nem de declarar-se culpado", além de dispor no § 3º do mesmo artigo que "a confissão do acusado só é válida se feita sem coação de nenhuma natureza".

O que ocorre é que a doutrina e jurisprudência no Brasil, freqüentemente, se utiliza de argumentos que acabam por dar validade a esta coleta probatória, especialmente para fins de flagrante delito, argumentando que havendo a intervenção prévia do policial, mas se a consumação era possível, ou se ocorreria de qualquer modo (*v.g.* policial que procura comprar tóxico de traficante que já estava de posse da droga para a venda), tratar-se-ia de um mero flagrante esperado, e não de flagrante provocado ou mesmo preparado, não sendo caso, assim, de aplicação da Súmula 145 do STF.

O que é certo é que a ação do imputado que é induzida por agente provocador afronta os direitos fundamentais, principamente o princípio da dignidade da pessoa humana, e, em caso de utilização policial, se constituiria em ilegalidade estatal, ou seja: verdadeira prova ilícita, por atuação ilegítima, além de provocar a atipicidade do fato. Portanto, a consequência seria a de não se poder utilizar no processo as provas obtidas através do agente provocador,exceto para o fim de se instaurar (ou no curso do) processo criminal contra o próprio provocador.

No que se refere à infiltração, a chamada atuação do *agente infiltrado*, mormente no combate ao crime organizado no Brasil é prevista em Lei (Lei 10.217/01 e art. 2º, incisos IV e V, e respectivo parágrafo, da Lei 9.034/95), sendo que a atuação do chamado "agente infiltrado" necessita de prévia autorização judicial, mas, apesar de ser, como ressalta Manuel Augusto Alves Meires, na doutrina portuguesa, "uma figura bem mais 'suave' quando comparada com o agente provocador (...) nunca poderá ser ele a instigar ou a determinar ao crime, sob pena de se converter num verdadeiro agente provocador, pois a provocação sendo uma forma não autorizada de investigação policial, e não estando autorizada por lei, consumiria a infiltração".[469]

Apesar da doutrina brasileira ainda não ter se debruçado detalhadamente sobre a questão, pensamos que, como se defende na doutrina portuguesa,[470] a atividade do agente infiltrado se constitui em "método de prova relativamente proibido", ou seja, será prova ilícita, por atentar contra os direitos individuais fundamentais, sempre que se traduzir numa "intromissão abusiva", ou seja, quando efetuada fora dos casos previstos em lei e sem autorização judicial, ou mesmo quando desproporcional e inadequada, de forma a aniquilar direitos fundamentais, mormente quando não se tenha em mira proteger outros direitos fundamentais. Destarte, pode-se dar a infiltração ilegítima (*entrapment*) quando o agente for induzido ou encorajado a praticar o ilícito, com efeito similar à provocação (vedada pelo art. 17 do CP e pela Súmula 145 do STF), ou seja, tornando o fato atípico, ou podendo ainda se falar em ilegitimidade da infiltração quando houver *ação estatal intolerável ou inadmissível*, o que tornará a prova ilícita, com base nos arts. 1º, III, e 5º LIV e LVI, da CF, ou seja, quando o Estado se utilizar de métodos intoleráveis que ultrapassem os limites razoáveis, métodos estes não permitidos pelo direito ou que atentem contra a dignidade humana.

4.3. A captação de conversas e a interceptação telefônica

A questão da gravação de conversas ou mesmo de voz, para futura comparação, não tem merecido especial atenção da doutrina brasileira, mas há que se considerar sempre o caso em concreto, fazendo-se a distinção entre gravação entre presentes, gravação ambiental e gravação telefônica.

Há de se fazer, ainda, a distinção com a chamada interceptação da comunicação telefônica.

Com a Constituição de 1988, o sigilo da correspondência toma contornos de garantia absoluta, como se vê do art. 5º, XII, mas admite-se, mediante ordem judicial, especificamente no processo penal, a interceptação telefônica, *verbis*: "É inviolável o sigilo da corres-

---

[469] MEIRES, Manuel Augusto Alves. *O Regime das Provas Obtidas pelo Agente Provocador em Processo Penal*. Coimbra: Almedina, 1999, p. 164

[470] Cf. Idem, p. 171 e segs.

pondência e das comunicações telegráficas, de dados e das comunicações telefônicas, salvo, no último caso, por ordem judicial, nas hipóteses e na forma que a lei estabelecer para fins de investigação criminal ou instrução processual penal".

Consoante Antonio Magalhães Gomes Filho, ao comentar o referido texto constitucional: "à simples leitura, constata-se que a garantia é *absoluta* em relação à correspondência, às comunicações telegráficas e os dados informatizados, enquanto pode comportar exceções desde que previstas em lei e resultantes de ordem judicial, no que tange à comunicação por via telefônica".[471]

No que se refere à interceptação telefônica, constitui valioso (e cada vez mais utilizado) instrumento de investigação e de prova contra o chamado crime organizado, o que faz com que advenha sobre este tipo de prova grande discussão doutrinária e mesmo divergências jurisprudenciais sobre sua utilização.

Explica-se: antes do advento da Constituição de 1988, tínhamos o Código Brasileiro de Telecomunicações, que, no artigo 56, § 2°, autorizava que os "serviços fiscais das estações e postos oficiais poderiam interceptar telecomunicação, não se constituindo em violação (art. 57, II, *e*) o conhecimento dado ao juiz, competente, mediante requisição ou intimação deste".

Assim, indagava-se se tal dispositivo teria sido recebido pela Constituição, bastando ao juiz fazer a requisição na forma do Código de Telecomunicações, acabando o Supremo Tribunal Federal, em apertada votação,[472] por concluir que não, pois era necessária uma nova lei que viesse a regulamentar o texto constitucional, fixando as hipóteses e formas da interceptação a serem deferidas por ordem judicial.

A questão foi resolvida com o advento da Lei 9.296, de 24.07.1996, que passou a tratar da matéria como exigia o texto constitucional, admitindo a interceptação telefônica, desde que haja :

1. Autorização judicial, por solicitação do Ministério Público ou outra Autoridade;
2. Demonstração de existência de indícios razoáveis de autoria na participação do fato investigado ou a ser investigado;
3. Investigação, em tese, de crime apenado com reclusão.

---

[471] Ob. cit., p. 122.
[472] *Habeas Corpus* 69.912-0 – RS.

Em havendo interceptação telefônica sem o cumprimento destes (ou de algum destes) requisitos, esta se constituirá em prova ilícita e, apesar de produzida, não poderá ser utilizada no processo (deve se dar o desentranhamento e destruição, salvo se adotado o princípio da proporcionalidade, *v.g. pro reo*).[473]

Note-se, porém, ser necessário diferenciar, como já dito, as várias formas da captação eletrônica da prova. Se há interceptação da conversa telefônica por terceiro, sem o consentimento dos interlocutores, temos o grampeamento ou interceptação telefônica propriamente dita ou *stricto sensu* e, neste caso, se aplica *in totum* o acima afirmado, pois é esta hipótese que a Lei 9.296/96 regula.

Mas, por outro lado, pode haver a interceptação da conversa telefônica por terceiro, com o conhecimento de um ou dos interlocutores, o que se pode denominar escuta telefônica e, neste caso, inexiste vedação legal.

Pode haver, ainda, captação oculta ou sub-reptícia através de gravação da conversa entre presentes, efetivada por terceiro dentro do local onde se realiza a conversa, temos o que se denomina interceptação ambiental. Não há, no Brasil, a diferenciação feita na Alemanha entre gravação ou interceptação em local privado ou público, mas é evidente, que em se tratando de domicílio, há maiores restrições como veremos a seguir, até mesmo em vista de mandamento constitucional que assegura a inviolabilidade do domicílio e, em se tratando de local público, a princípio, a gravação seria lícita.

Mas, vejamos a diferenciação que se faz no Brasil acerca das formas de coleta da prova telefônica, bem como as gravações, e seus efeitos no que diz respeito à futura utilização no processo.

É de se considerar que, se aquele que conversa com um interlocutor (destinatário) tem conhecimento da presença e da identidade do terceiro que efetua a captação, não há violação de segredo e interceptação propriamente dita, e sim uma escuta telefônica, e, o mesmo se diga de terceiro que faça a oitiva da conversa, mesmo ignorado

---

[473] Note-se que o STF tem mitigado a rigidez absoluta do dispositivo constitucional e da Lei 9.296/96, sendo que, em caso de interceptação ilícita onde foi descoberta prova *contra outra pessoa que não aquela que a interceptação visava*, considerou a prova lícita. Neste caso, o STF considerou válida escuta em telefone de concubina de traficante, mesmo não havendo individualização na autorização judicial do meliante. (HC 78.098/ *DF*, Rel. Min. Moreira Alves, in *Informativo STF*, 134).

pelos interlocutores, mas se fazendo perceptível, o que se denomina escuta ambiental.[474]

Inobstante isto, Camargo Aranha entende que esta prova seria ilícita, por afrontar a Constituição e a Lei 9.296/96, dando como exemplo caso de seqüestro quando é autorizada a escuta por parte de parentes da vítima, que negociam com o seqüestrador.[475]

Porém, estamos com Torquato Avolio, já que, aqui, não há, propriamente, interceptação, considerando-se, ainda, que, segundo corrente respeitável, a qual aderimos, a vítima e seus parentes, no caso, estão em estado de necessidade, o que se revestiria em justa causa para aquele atuar e, ainda, acrescentamos, em se tratando de seqüestro, v.g, estaria o agente em flagrante delito, pois trata-se de crime permanente, sendo que a Constituição, neste caso, admite até mesmo a prisão com violação de domicílio.

Pode ocorrer, ainda, a mera gravação clandestina, e não a interceptação, da conversa telefônica por um dos interlocutores sem o conhecimento do outro, que pode ser entre presentes ou não.

Neste caso, não há que se falar em interceptação, pois, conforme definição de Luiz Francisco Torquato Avolio, em sentido amplo, interceptação é "a captação da conversação entre duas pessoas, executada por terceiro".[476]

A interceptação exige sempre a presença do terceiro, que fará a escuta ou a gravação, sendo que, se é um dos interlocutores que grava a sua própria conversa com outrem, de forma oculta, não haverá interceptação, mas mera gravação clandestina, sendo que esta última não se encontra protegida pela garantia do dispositivo constitucional, não configurando crime e, assim, tão-somente a divulgação da conversa é que poderá configurar uma violação de segredo e, se tal ocorrer, poderá ser ilícita como prova, desde que o agente não esteja ao amparo de uma excludente de ilicitude ou justa causa (*v.g.*, a única forma da vítima provar que estava sendo extorquida ou chantageada era gravar a conversa).

Neste sentido, Luiz Francisco Torquato Avolio: "a gravação clandestina não encontra óbice legal à sua admissibilidade no proces-

---

[474] Cf., neste sentido, Luiz Francisco Torquato Avolio, ob. cit., p. 105.
[475] Ob. cit., p. 57.
[476] Ob. cit., p. 100.

so penal, enquanto meio atípico de prova, assim como outros meios não previstos em lei, a exemplo das perícias com base no DNA, hoje disseminadas no âmbito da moderna polícia científica como eficiente instrumento para o esclarecimento dos crimes".[477]

Mas tudo dependerá se houve ou não afronta às garantias constitucionais, devendo ser preservado o princípio da intimidade e do direito ao silêncio, com o corolário de que ninguém é obrigado a produzir prova contra si mesmo, ou *v.g.*, a obrigação de guarda de sigilo imposta por lei.

Estando patente um destes vícios, também esta prova inominada será ilícita, só podendo ser utilizada aplicando-se o princípio da proporcionalidade, sendo admitida *pro reo,* ou mesmo se for demonstrada justa causa, legítima defesa ou estado de necessidade por parte daquele que se utilizou da gravação, ou, ainda, em caso extremos, for utilizado o princípio da proporcionalidade *pro societate,* como defende corrente respeitável.

Segundo Torquato Avolio, "num caso de extorsão, a gravação clandestina de conversa própria, conquanto ilícita, serviria para demonstrar a inocência do extorquido, mas não incriminar o autor da coação".[478]

Não concordamos com o raciocínio, pois pensamos que, neste caso, a prova deve ser considerada lícita para ambos os fins: ou uma coisa é ou não é, não podendo ter este caráter de ambigüidade.

Apesar de que, hoje, boa parte da doutrina se inclina no sentido do ponto de vista contrário a este, existem posições doutrinárias que amparam nossa posição, entendendo que, aqui, não há violação do dispositivo constitucional e que, se assim fosse, geraria impunidade e intranqüilidade social.

Há não muito tempo, o STF, apreciando *Habeas Corpus* impetrado a favor de juiz que procurava extorquir uma pessoa que gravou a conversa, e com base neste elemento delatou o magistrado, provocando o seu processamento, entendeu, com base no voto do Relator Nelson Jobim, que não haveria afronta ao art. 5º, XII, da CF, pois ali

---

[477] Ob. cit., p. 219.
[478] Ob. cit., p. 221.

não haveria interceptação de conversa telefônica por terceiros, sendo a ordem indeferida.[479]

Com efeito, a questão merece maior reflexão, sendo que vários julgados admitem tal prova, uma vez que a vítima estaria em verdadeiro estado de necessidade, e a única forma de se obter a punição do agente seria a gravação clandestina, *v.g.* caso que acompanhamos, em que o filho era molestado sexualmente pelo pai e ninguém acreditava em suas denúncias, vindo a ser feita a gravação, o que comprovou o delito. Deveria o criminoso ficar impune e ainda detentor do pátrio poder?

Quanto à interceptação ambiental feita em lugar público, pode ser perfeitamente utilizada como meio de prova, o que se tem tornado comum, como se vê em reportagens televisivas onde se comprova corrupção ativa em órgãos públicos, estando a vítima ou o repórter com microfone e câmera escondidos.

Segundo Torquato Avolio:

"Não há que se objetar contra a validade desse meio de prova em se tratando de captação de sons e imagens em locais públicos, merecendo a mesma acolhida em juízo que o testemunho ou a fotografia. Sob o ponto de vista da sua autenticidade, a tecnologia já possibilita condições para sua aferição".[480]

Porém, se a gravação se deu no interior de domicílio, a doutrina já entende que tal prova não poderá ser utilizada, pois se tornaria ilícita por afronta à inviolabilidade domiciliar prevista na Constituição. Mesmo se estiver ocorrendo um crime (flagrante delito), o que é excepcionado pela Constituição para se dar a prisão, segmento doutrinário não admite a utilização de tal prova.[481]

Entendemos que, se a própria Constituição autoriza, inclusive, a prisão com violação do domicílio na hipótese de flagrante delito (art. 5°, inc. XI), ou seja, admite até *a restrição da liberdade da pessoa* e, por conseqüência não se pode afirmar que uma gravação flagrancial da prática do crime seja ilícita, podendo, neste caso, a nosso ver, ser

---

[479] HC 75.338 – RJ, julgado em 11.03.1998, e publicado no *Informativo STF* de 19.03.1998.

[480] Ob. cit., p. 225.

[481] Neste sentido, Torquato Avolio, na ob. cit., p. 226.

utilizada como prova, especialmente se o delito for de tal gravidade que atinge bens constitucionalmente protegidos.

No que refere à interceptação ambiental esta também será possível e não dependerá de ordem judicial desde que haja justa causa e esteja sendo cometido delito em flagrante, sendo que somente no que se refere ao combate ao crime organizado (Lei 9.034, art. 2°, IV, com redação dada pela Lei 10.217/2001) é que se exige ordem judicial. Queremos crer, entretanto, que mesmo no caso de crime organizado se há gravação ambiental de um flagrante delito a prova pode ser utilizada, mesmo sem prévia autorização judicial, já que, como dito, autorizada está inclusive a prisão (o que é mais gravoso).

Questão tormentosa é de se saber se seria possível a interceptação de dados de informática, sendo que, como já visto, Antonio Magalhães Gomes Filho sustenta que o texto constitucional somente excepcionou a interceptação telefônica e não a de dados.

Ocorre que o artigo 1° da Lei 9.296/96, dispõe que "o disposto nesta lei aplica-se à interceptação do fluxo de comunicações em sistemas de informática e telemática".

Defendendo a inconstitucionalidade de tal dispositivo, justifica o ilustre doutrinador que "(...) uma vez que a Constituição, no art. 5°, XII, traz como regra a inviolabilidade da correspondência, das comunicações telegráficas, de dados e das comunicações telefônicas, só excepcionando, *no último caso*, ou seja, *em relação às comunicações telefônicas propriamente ditas* (...)".

Assevere-se que, em se tratando de comunicação via Internet, a regra é que o sistema funcione através de linha telefônica, admitindo-se, a nosso ver, a interceptação de tal comunicação, desde que com prévia autorização judicial, na forma da lei.

De outra parte, há de se distinguir entre sigilo de banco de dados e interceptação das comunicações de dados, pois, conforme bem esclarece Torquato Avolio, "enquanto estas são invioláveis, a teor do art. 5°, inciso XII, parte final da Constituição (...), a quebra do sigilo dos dados constantes de arquivos estanques pode ser autorizada judicialmente, nos casos previstos em lei".[482]

---

[482] Ob. cit., p. 227.

Assim, pode ser autorizada judicialmente a violação do sigilo bancário, de contas telefônicas com registros de ligações, podendo o legítimo detentor, inexistindo obrigação de sigilo, inclusive, trazer tais dados ao processo.

No que se refere à correspondência eletrônica (*e-mail*), abstraindo-se do fato de ser ou não ser a mesma enviada através de linha telefônica, a solução será a mesma, pois, se já arquivada em disco rígido do computador, poderia se dar a apreensão e utilização como prova, pois tratam-se de dados estanques.

A hipótese é a mesma da correspondência comum, pois, conforme Torquato Avolio, "interceptar correspondência significa desvendar o seu conteúdo antes que ela alcance o destinatário, o que constitui, ademais, crime de violação de correspondência. Até então, o sigilo da correspondência, que poderia ser chamado inviolabilidade das comunicações postais, é mesmo uma vedação de caráter absoluto. Já uma vez recebida a carta, não se trata mais de comunicação, mas de documento particular, cuja apreensão pode se dar mediante autorização judicial nos casos previstos em lei".[483]

Também aqui no Brasil muito se discutiu sobre o chamado encontro fortuito (ou casual como é chamado na Alemanha). Indaga-se, assim, se autorizada uma interceptação telefônica e efetuada na forma que preceitua a lei, e acabar sendo descoberto outro crime diverso daquele que justificou a medida, como, *v.g.*, autorizada para investigação de tráfico, descobre-se um seqüestro, se seria válida tal prova.

A reforma ocorrida no processo penal em 2008, procura resolver o problema na inclusão de novos parágrafos no art. 157 do CPP, *verbis*:

> "§ 1º São também inadmissíveis as provas derivadas das ilícitas, salvo quando não evidenciado o nexo de causalidade entre umas e outras, ou quando as derivadas puderem ser obtidas por uma fonte independente das primeiras.
> § 2º Considera-se fonte independente aquela que por si só, seguindo os trâmites típicos e de praxe, próprios da investigação ou instrução criminal, seria capaz de conduzir ao fato objeto da prova."

---

[483] Ob. cit., p. 230/231.

Anteriormente à reforma, se fosse interpretada a lei de forma rigorosa, não seria possível a utilização desta prova, mas, alguns doutrinadores, já defendiam a admissão desde que a origem da interceptação fosse lícita.

Mas, melhor era o meio termo, como defendia Scarance Fernandes:

"Busca a doutrina situar a questão num ponto médio. Admite possível ilicitude por desvio do objeto da interceptação ou busca autorizada, mas nem toda a prova obtida em relação a crime diverso daquele da autorização será ilícita. O critério aventado é o da existência de nexo entre os dois crimes".[484]

Assim, parece que, na redação da reforma, venceu a doutrina neste sentido.

De se observar que Luiz Flávio Gomes e Raúl Cervini denominavam tal situação de *encontro fortuito* e defendiam que, mesmo não havendo conexão, a descoberta valeria como *notitia criminis* para se iniciar a investigação.[485]

Obviamente que, em um encontro fortuito de outra prova, simplesmente desconhecer a gravidade de um crime de seqüestro ou *v.g.*, de homicídio, que também atacam bens constitucionalmente protegidos, seria uma irracionalidade, e a consideração da prova aqui também passa pela necessária adoção de um princípio que desfaça a rigidez absoluta da vedação da prova ilícita, como o princípio da proporcionalidade.

Mas o que devemos distinguir é o tipo de fonte se é *independente* ou *inevitável*, pois uma fonte independente (por exemplo, já existe uma digital ou um DNA do agente no arquivo estatal) poderia ser utilizada perfeitamente.

Assim, a doutrina brasileira já aceitava a utilização desta prova, mesmo havendo ilicitude na sua produção, desde que haja conexão com delitos relacionados na lei passíveis de interceptação e, ainda, também tem sido admitida a utilização para o fim de se dar início ao procedimento de investigação penal. Soluções que, como visto,

---

[484] Ob. cit., p. 94.
[485] Cf. Gomes, Luis Flávio e outro. *Interceptação Telefônica – Lei 9296 de 24.07.96*, p. 193-194.

são criticadas por Kai Ambos, perante o direito alemão, mas que a reforma processual penal brasileira acabou por adotar.

Outra questão, que também desperta discussões na Alemanha, é a referente à utilização ou transposição da prova obtida mediante interceptação regular ou lícita, autorizada por juiz de determinado processo criminal, *para outro processo* (prova emprestada). Tal seria possível?

Para nós, nenhuma dificuldade haverá, em se tratando do mesmo acusado nos dois processos, tendo sido aquela prova obtida mediante o crivo do contraditório, podendo, assim, ser utilizada a interceptação como prova emprestada, limitando-se o valor atribuído a este tipo de prova.

Quanto à utilização em processo cível, autores como Vicente Greco Filho entendem não ser possível a utilização, por ser uma forma de, por via oblíqua, desobedecer a norma constitucional.[486]

Argumenta-se que o art. 5º XII, *in fine* , só admite a interceptação para o processo penal, e daí, não ser admitida no Cível aquela *prova ali produzida, mesmo se nos moldes da lei.*

Assim não pensamos, dado o princípio da *unidade* do processo, já que todos os ramos advêm de um mesmo tronco. A norma constitucional em apreço só autoriza a interceptação para a apuração de crimes, mas caso tenha ocorrido a interceptação para apuração de crimes em um processo criminal, não é vedada a utilização da prova *emprestada*, mormente porque o sigilo foi quebrado licitamente, desde que o contraditório tenha sido realizado no processo criminal e as partes do processo cível sejam as mesmas daquele. O que não pode é haver determinação da interceptação em processo cível.

Se o réu do processo criminal é a parte contra quem se dirigirá a prova no processo cível, nenhuma objeção há de se fazer. Ora, a interceptação foi lícita, e, assim, não vemos motivo para a não admissão da prova, mormente se já houve o trânsito em julgado no juízo criminal. Imagine-se o exemplo de ser necessária a utilização da sentença penal, que serve de título executório no cível, para execução neste Juízo. A própria lei processual estabelece a possibilidade

---

[486] GRECO FILHO, Vicente. *Interceptação Telefônica* – Considerações sobre a Lei nº 9.296, de 24 de julho de 1996. São Paulo: Saraiva, 1996, p. 23/24.

de se utilizar tal sentença condenatória no cível, para fins de ressarcimento de dano (art. 63 do Código de Processo Penal).[487]

Obviamente que não poderá haver impugnação daquela sentença criminal, sob o argumento de que foi baseada em interceptação telefônica, até porque, como sabiamente argumenta José Carlos Barbosa Moreira, existe a *coisa julgada*, pois "tudo que interessa, para a execução civil, é verificar se se trata de sentença passada em julgado. Nenhuma objeção extraída do que sucedeu na instrução do processo-crime pode ter aqui a virtude de impedir semelhante execução".[488]

4.4. A não-auto-incriminação

O que fica evidente, ao se ler o excelente texto do prof. Kai Ambos, é que o direito alemão é mais rico no que se refere às previsões em lei de hipóteses de vedação da prova, especialmente no que se refere à não-auto-incriminação, como se pode ver no capítulo III, onde são citados, inclusive, dispositivos que limitam o uso de coleta de sangue e de células humanas, bem como a intervenção corporal em menores.

No Brasil o direito à não-auto-incriminação vem sendo reconhecido, equivocadamente, como extensão ou efeito do direito ao silêncio, este sim previsto de forma expressa no texto constitucional (art. 5º, LXIII, da CF).

Assim, em corolário, como limitação à prova de acusação, não se tem admitido, também, *intervenções corporais* sem o consentimento do acusado, como, *v.g.*, exames laboratoriais, teste de bafômetro ou exames de DNA e até mesmo a imposição ao indiciado de submissão ao exame grafotécnico.[489]

Costuma-se, no Brasil, invocar o direito norte-americano como a origem ou fonte de influência do *privilege against self-incrimination*, mas, como bem observa, com a acuidade de sempre, José Carlos Barbosa Moreira, "importa notar que entre nós se vem dando à garantia extensão maior no que seu próprio berço. É o que sucede quando

---

[487] Defendem a possibilidade de utilização Ada Pellegrini Grinover *et alii*, na obra já citada, p. 194.

[488] MOREIRA, José Carlos Barbosa. A Constituição e as Provas ilicitamente obtidas, in *Revista do Ministério Público do Rio de Janeiro*, n. 4, p. 112.

[489] Neste sentido, recente acórdão do STF de 8/9/1998, HC nº 77.135.

se extrai do direito ao silêncio, constitucionalmente consagrado, a inadmissibilidade de provas que não se relacionam com aquilo que o indiciado ou o acusado diz. Sirvam de exemplo as impugnações que se têm levantado à utilização de aparelhos destinados a medir o teor da intoxicação por álcool, à exigência do fornecimento de padrões gráficos, e assim por diante. Como antes se demonstrou, tal entendimento não acha apoio no direito norte-americano, nem pode, portanto ser atribuído, *sic et simpliciter*, à sua influência".[490]

Mas, o que se deve levar em conta, em primeiro lugar, é que apesar da tendência de equiparação do princípio *nemo tenetur se detegere* ao direito ao silêncio, por causa da máxima de que "ninguém é obrigado a declarar algo contra si mesmo", e se é certo que o *nemo tenetur se detegere* e o direito ao silêncio são indissociáveis, isto não significa dizer que o princípio da não auto-incriminação existe em decorrência do direito ao silêncio, como é comum se afirmar, pois, na verdade, este é apenas uma faceta daquele.

Assim, o *nemo tenetur se detegere* é muito mais do que o direito ao silêncio e de forma alguma deflui deste, como de forma enganada detecta parte da doutrina, pois se trata, tal conclusão, apenas de uma visão restritiva, já que, segundo Maria Elizabeth Queijo:

"Na realidade, o direito ao silêncio é a mais tradicional manifestação do *nemo tenetur se detegere*, mas o citado princípio não se restringe a ele. O direito ao silêncio apresenta-se como uma das decorrências do *nemo tenetur se detegere*, pois o referido princípio, como direito fundamental e garantia do cidadão no processo penal,como limite ao arbítrio do Estado, é bem mais amplo e há diversas outras decorrências igualmente importantes que dele se extraem".[491]

Ora, o princípio *nemo tenetur se detegere*, além do direito ao silêncio, diz respeito às provas *que dependam da cooperação do acusado para sua produção.*

Portanto, *o direito à não-auto-incriminação não advém do direito ao silêncio*, sendo que *este sim é que é extraído do nemo tenetur se detegere.*

---

[490] MOREIRA, José Carlos Barbosa. "O Processo Penal Norte – Americano e sua Influência", *in Revista do Ministério Público*, Rio de Janeiro, PGJ – RJ, n° 12, jan – dez. de 2000, p. 99.

[491] QUEIJO, Maria Elizabeth. *O Direito de não produzir provas contra si mesmo.* São Paulo: Saraiva, 2003, p. 190.

Na verdade, o princípio da não-auto-incriminação tem sido identificado como um direito fundamental, direito este que tem por fim proteger o indivíduo contra os excessos a serem cometidos pela persecução criminal realizada pelo Estado, sendo que o ente estatal não pode cometer abusos, como violências físicas e morais, mesmo que seja para o fim de apurar delitos.

Argumenta-se que, sendo o Brasil signatário de Pactos e Convenções Internacionais (*v.g.* Pacto Internacional dos Direitos Civis e Políticos e Convenção Americana sobre Direitos Humanos) todos devidamente ratificados, as regras internacionais de tais pactos foram incorporados em nosso arcabouço legislativo, inclusive como Direito Fundamental, na forma do § 2º do art. 5º da CF[492] e, de outra parte, o princípio do *nemo tenetur se detegere* poderia ser extraído do princípio do devido processo legal, do direito à ampla defesa e do princípio da presunção de inocência, tendo, ainda relação com a proteção da dignidade humana, garantias e princípios estes que se encontram expressos na Constituição Federal brasileira.

No que se refere ao devido processo legal, além de significar a necessidade de instauração de um processo para a devida aplicação da pena, significa também a realização de um processo na forma da tipicidade processual, assegurando-se os direitos e garantias processuais às partes, e neste último sentido, é de se considerar que o devido processo legal abrange outras garantias, como a ampla defesa, o contraditório e o direito à integridade física do réu, tudo em busca de um processo ético. Trata-se, como se diz na Alemanha, de um direito ao processo justo.

---

[492] A Emenda Constitucional nº 45 alterou o art. 5º, § 3º da CF , dispondo que os tratados e convenções internacionais sobre direitos humanos que forem aprovados, em cada Casa do Congresso Nacional, em dois turnos, por três quintos dos votos dos respectivos membros, serão equivalentes às emendas constitucionais. Ou seja, a partir desta Emenda se aprovados pelo mesmo *quorum* terão força equivalente às emendas constitucionais.

Em julgamento que ainda está pendente no STF (HC 87.585-8 Tocantins), o Ministro Celso de Mello em seu voto defende que devem ser ressalvadas "... no entanto, como precedentemente já enfatizado, as convenções internacionais de direitos humanos celebradas antes do advento da EC nº 45/2004, pois, quanto a elas, incide o § 2º do art. 5º da Constituição, que lhes confere natureza materialmente constitucional, promovendo sua integração e fazendo com que se subsumam à noção mesma de *bloco de constitucionalidade*".

Já se afirmou, doutrinariamente e de forma equivocada, que o art. 5º, XLIX, da CF, assegura a integridade física e moral somente do preso, na execução penal.

Porém, como no caso do direito ao silêncio, o direito à integridade física e moral não é assegurado somente ao agente que está cumprindo pena, pois de acordo com Maria Elizabeth Queijo:

> "Como direito fundamental tem ele incidência em toda a persecução penal, desde a investigação. Aplica-se, pois, ao acusado e não somente ao sentenciado. Deste modo, vincula-se o referido direito ao *nemo tenetur se detegere* , na medida em que deve ser preservada a integridade física e moral do acusado. Não podem, assim, ser aplicadas ao acusado medidas que atentem quanto à sua integridade física e moral, incluindo-se aquelas que objetivam sua cooperação na persecução penal. Cuida-se de outro direito fundamental que tutela a dignidade humana".[493]

Também aponta a doutrina o princípio da presunção de inocência como fundamento para a não auto-incriminação, pois, em relação à disciplina das provas, o princípio impediria que o agente fosse obrigado a produzir provas contra si mesmo, não podendo se tornar "objeto de prova", impedindo, ainda, que a recusa do acusado em se submeter à realização de prova que exija sua participação, seja valorada contra si.

De qualquer forma, é de se arrematar que mesmo que se entendesse não se poder extrair o *nemo tenetur se detegere* de tais princípios constitucionais, sem dúvida este encontraria agasalho no princípio da *dignidade humana*, sendo este reflexo da proteção aos direitos humanos, estando esculpido no inciso III, do art. 1º da CF, tendo como norma ratificadora o art. 5º, § 2º, da Constituição brasileira, que dispõe que "os direitos e garantias expressos na Constituição não excluem outros decorrentes do regime e dos princípios por ela adotados".

Um dos principais óbices ao reconhecimento do *nemo tenetur se detegere* é o mito da "verdade real ou material" do processo penal, mas, como adverte Maria Elizabeth Queijo,

> "nenhuma incompatibilidade há entre o reconhecimento do princípio *nemo tenetur se detegere* e a busca da verdade no pro-

---

[493] Ob. cit., p. 73.

cesso penal. Aliás, contrariamente a idéia de apuração da verdade processual, dentro dos parâmetros da legalidade e da ética, em tudo se concilia como o princípio *nemo tenetur se detegere*, que representa, sobretudo, o respeito à dignidade humana no processo penal".

Com efeito, a busca da verdade no processo penal sempre chega somente a uma certeza relativa, justamente em vista de que a busca da verdade não pode se dar a qualquer preço ou fora da legalidade, pois existem os limites éticos, legais e constitucionais a serem obedecidos.

Como dito, a lei processual no Brasil não traz nenhuma restrição à utilização da prova obtida em violação à não-auto-incriminação, sendo que o óbice advém da interpretação implícita de princípios constitucionais e regras de tratados e convenções internacionais, e a doutrina costuma dividir as provas que exijam intervenção corporal no acusado em *invasivas e não invasivas*, sendo que as primeiras são aquelas em que se necessita fazer a penetração no corpo humano, seja por cavidades naturais ou não, ou seja através de instrumentos ou de substâncias, e as segundas aquelas obtidas sem a penetração no corpo do acusado.

São provas invasivas, dentre outras: a endoscopia, o exame de sangue, o exame ginecológico, o exame do reto e a perícia dentária em pessoa viva.

São provas não-invasivas, por exemplo: os exames de DNA em fio de cabelo e em pêlos, os exames de matérias fecais, a identificação dactiloscópica e a radiografia.

Existem outras provas que podem ser obtidas por meios invasivos ou não, como são os casos dos exames de esperma, urina e saliva.

Outra classe de provas é aquela que, apesar de não exigir intervenção corporal, dependerá da cooperação do acusado, cooperação esta que pode se dar de forma passiva, como o caso do reconhecimento de pessoas, ou de forma ativa, exigindo um atuar do acusado, como a acareação, a reconstituição do fato delituoso, o bafômetro, o exame grafotécnico e o exame clínico para se verificar a embriaguez.

Apesar de posições em contrário, a recusa do acusado em colaborar para a obtenção da prova não pode se constituir em crime de desobediência, até porque não existem leis penais ou processuais penais no Brasil que estabeleçam o dever do acusado em colaborar na produção de provas.

Outrossim, o STF tem afastado a possibilidade de se obrigar o acusado a colaborar na produção de provas, como decidido em se tratando de reconstituição de crime[494] e de exame grafotécnico.[495]

A doutrina, por outro lado, em sua esmagadora maioria, entende que, em vista da incidência da não-auto-incriminação, o acusado não pode ser compelido a colaborar neste tipo de obtenção probatória, e sua recusa, além de não configurar crime de desobediência, não pode ser valorada no sentido de se extrair um prejuízo para o mesmo e nem sua presunção de culpabilidade.

Porém, não se pode ter o princípio da não-auto-incriminação, ou do *nemo tenetur se detegere,* como direito absoluto do acusado, mormente naqueles casos em que o Estado não tem como suprir a produção daquela prova de outra maneira.[496] Deve-se buscar auxílio, neste caso, tal qual na Alemanha, como demonstrado no estudo empreendido pelo Prof. Kai Ambos, no *princípio da proporcionalidade* ou da *ponderação de interesses.*

De acordo com Maria Elizabeth Queijo, mesmo em se tratando de direito fundamental que não tem limites na Constituição ou nas leis brasileiras:

"a inexistência de limites expressos na própria Constituição ou na legislação infraconstitucional não significa que o *nemo tenetur se detegere* seja um direito absoluto. Os limites do *nemo tenetur se detegere* são imanentes, implícitos e decorrem da necessidade de coexistência com outros valores que, igualmente, são protegidos pelo ordenamento, em sede constitucional (...) a paz social e a segurança pública são bens relevantes socialmente e são protegidos pela Constituição Federal (...). Cuidando-se de restrição a direito fundamental como é o *nemo tenetur se detegere* , operada no plano do processo penal, as limitações a ele deverão operar-se, necessariamente, por lei, que deverá

---

[494] RHC 64.354 – SP, julgado pelo Pleno em 1.07.1987 e HC 69.026 – DF, julgado em 10.12.1991, pela 1ª Turma.

[495] HC 77.135 – SP, 1ª Turma, julgado em 08.09.1998.

[496] Por exemplo, se negando o acusado a se submeter ao exame grafotécnico, poderá se feita busca e apreensão de papéis ou documentos nos quais constem a assinatura ou a grafia do acusado, para fins de servir de padrão.

observar o princípio da proporcionalidade, para que não haja inconstitucionalidade (...)".[497]

Assim, além da necessidade de a lei que regulamentar a utilização de tais provas levar em conta o princípio da proporcionalidade ou razoabilidade, no sentido de adequação, necessidade e proporcionalidade em sentido estrito (ponderação de bens em conflito), o juiz, ao examinar o caso em concreto, deve ter em mente tais requisitos para deferir ou não a medida, dando-se sempre preferência para as provas que não exijam intervenção corporal e, no caso de necessidade de utilização destas, deve sempre preferir as não invasivas.

De qualquer maneira sempre teremos vedações absolutas nesta matéria, como adverte Maria Elizabeth Queijo:

"(...) Vedam-se, assim, as provas produzidas mediante restrições ao *nemo tenetur se detegere* que imponham ao acusado a submissão a meios vexatórios, humilhantes ou nos quais haja violação ao pudor. Outro limite que não pode ser ultrapassado nas restrições ao *nemo tenetur se detegere* é a saúde do acusado, que não poderá ser exposta a perigo. O perigo para a sua saúde deverá ser aferido em abstrato, porque há provas que, por si, podem gerar risco à saúde, como a extração de líquido cefalorraquidiano, mas também em caso concreto, considerando a situação pessoal do acusado. É o caso da radiografia em mulheres grávidas".[498]

Entende-se que, em se tratando de provas que necessitam de intervenção corporal *invasiva*, será indispensável, *sempre, o consentimento do acusado*, sendo realizadas por especialistas médicos, se este for o caso, mas, em se tratando de intervenção corporal *não invasiva*, não será necessário tal consentimento, mormente se não exigir um atuar ativo do agente. Assim, se se tratar de prova que apenas exija a colaboração do acusado, prescindindo de intervenção corporal, poderá ser produzida, especialmente quando não exigir atuar ativo do acusado, mesmo sem seu consentimento, quando determinada pela Autoridade Policial ou Judicial, ou mesmo mediante requisição do Ministério Público, podendo, quando determinada por autoridade administrativa (Delegado ou Promotor), ter controle jurisdicional a

---

[497] Ob. cit., p. 355/356.
[498] Ob. cit., p. 360.

posteriori. Assevere-se que, sempre que se exigir a participação ativa, poderá ser necessário o consentimento do acusado e, na sua negativa, tal fato não pode ser considerado contra o mesmo.[499]

5. Vedações não-escritas de utilização de provas. A proporcionalidade

No que diz respeito às vedações de utilização de provas não-expressas em lei, como visto no estudo anterior do Prof. Kai Ambos, existe na Alemanha todo um esforço de se elaborar teorias e princípios para que se encontrem soluções para aquelas hipóteses que poderiam desafiar a proibição da utilização da prova proibida no processo, ao passo que, no direito brasileiro, a doutrina não tem se detido sobre o problema.

Em muito ajuda, na solução dos problemas concretos relativos ao tema na Alemanha, a adoção cada vez mais freqüente do princípio da ponderação de interesses, enquanto no Brasil tal utilização se faz tímida sendo que somente agora, de forma incipiente, começa-se, passo a passo, a se cogitar de uma adoção mais ampla do princípio da proporcionalidade, que não seja somente *pro reo*.

É evidente que as questões concretas, advindas da problemática sobre a prova ilícita, ainda irão gerar no Brasil embates doutrinários e exigirão, em breve, uma posição mais clara (até sumular) do Supremo Tribunal Federal.

Se, de um lado, devem ser preservados direitos e garantias individuais, outras garantias e princípios constitucionais também devem ser protegidos, e daí pensarmos que, sem dúvida, deverá ser utilizado o princípio da proporcionalidade, não só *pro reo*, mas excepcionalmente, como ocorre em outros países, poderá ser utilizado *pro societate*, mormente quando concorrerem garantias e princípios constitucionais de igual ou maior magnitude, exigindo-se, assim, a realização de uma ponderação de interesses.

Como bem coloca Maria Cecília Pontes Carnaúba,

---

[499] Cf. Maria Elizabeth Queijo, ob. cit., p. 361/371.

"(...) no caso específico da Carta Magna brasileira de 1998, ora em vigor, contamos com o disposto no § 2º do art. 5º, firmando o princípio da proporcionalidade, pois os direitos e garantias expressos nesta Constituição não excluem outros decorrentes do regime e dos princípios por ela adotados. Esse dispositivo visa, justamente, evitar que haja injustiças decorrentes da aplicação intransigente de qualquer norma prevista no artigo em que se insere. Assegura que as normas nele insertas são a regra geral e têm aplicabilidade obrigatória, tal como estão postas, desde que não excluam outros direitos igualmente tutelados pela Constituição".

Com efeito, o dispositivo supra-referido pela autora está no mesmo capítulo onde se encontra a vedação da prova ilícita, e, assim, segundo a mesma, "não há que se excluir a aplicação do princípio da proporcionalidade do âmbito constitucional, relativamente à inadmissibilidade de provas ilícitas no processo, quando se trata de crimes de tráfico ilegal de entorpecentes e substâncias psicotrópicas, ou de crimes que causam lesão ao erário".[500]

Não só nestes crimes, queremos crer, mas quando são atingidos bens protegidos constitucionalmente de maior grandeza, pois o dispositivo citado traz uma hierarquia entre aqueles bens e valores protegidos constitucionalmente, *impedindo que os direitos e garantias individuais sobreponham-se a interesses tão valiosos como eles*".[501]

Em artigo doutrinário, Sérgio Demoro Hamilton, após críticas sobre a extensão dada à regra constitucional, assim conclui:

"(...)
h) muito embora a Carta Política de 1988 não tenha feito expressa menção ao Princípio da Razoabilidade, ele integra, de modo implícito, o sistema que ela adota;
m) em conseqüência do exposto, não vislumbro razão plausível para que não se adote, igualmente, a Teoria da Proporcionalidade pro societate;
n) a Exclusionary Rule (princípio da exclusão do processo de prova obtida ilicitamente) não é tomada em termos absolutos nem mesmo nos Estados Unidos, onde inocorre unanimidade a respeito de sua adoção;

---

[500] CARNAÚBA, Maria Cecília Pontes. *Prova Ilícita*, São Paulo: Saraiva, 2000, p. 100.
[501] Cf. autora, ob. e p. cit.

o) os direitos e garantias assegurados na Constituição Federal não podem revestir sentido absoluto, diante do princípio da convivência da liberdade, impondo-se, por tal motivo, uma interpretação harmônica dos bens jurídicos em contraste. É caso da aplicação do brocardo segundo o qual "meu direito termina onde começa o do próximo";

p) a Constituição Federal protege o direito, não o abuso de direito;

q) a Lei Maior, como de resto qualquer lei, deve apresentar um caráter eminentemente ético, não podendo servir de instrumento para proteger toda sorte de abusos praticados por marginais da pior espécie, em nome da defesa dos direitos e garantias individuais de criminosos (...)".[502]

Melhor seria, como defende o ilustre doutrinador, que o legislador constitucional, ao fim do dispositivo, tivesse colocado a ressalva "na forma da lei, e assim o legislador ordinário poderia mitigar a vedação, melhor regulando a matéria, abrangendo casos excepcionais".[503]

Não tendo assim agido, cabe à doutrina e especialmente à jurisprudência impor interpretação razoável ao dispositivo constitucional, pois, consoante ensina Luís Roberto Barroso, o princípio da proporcionalidade ou razoabilidade faz parte do Direito Constitucional pátrio, e, assim, pode ser aplicado pelo intérprete ao caso concreto, pois *"integra de modo implícito o sistema, como um princípio constitucional não-escrito"*.[504]

Portanto, o papel de interpretar e mitigar o princípio constitucional, no Brasil, deve ser reservado à doutrina e a uma interpretação jurisprudencial adequada, uma vez que não foi a norma constitucional colocada como de "eficácia contida", em vista sobretudo da limitação imposta pelo art. 60, § 4º, IV, da Constituição Federal, que não admite emendas que venham a abolir direitos e garantias individuais.

---

[502] HAMILTON, Sérgio Demoro. "As Prova Ilícitas, a Teoria da Proporcionalidade e a Autofagia do Direito". *Revista do Ministério Público do Rio de Janeiro*, n° 11, PGJ – RJ, jan/jun 2000, p. 264-265.

[503] Cf. ob. cit., p. 263.

[504] BARROSO, Luís Roberto. "Os Princípios da Razoabilidade e da Proporcionalidade do Direito Constitucional". *Revista do Ministério Público do Rio de Janeiro* n° 4, PGJ – RJ, 1996, p. 174.

6. O efeito extensivo

Por fim, como visto do estudo empreendido pelo Prof. Kai Ambos, perante a realidade jurídica alemã é abordada a chamada extensão da proibição de utilização da prova, tratada pela doutrina e jurisprudência daquele país como utilização de prova na modalidade indireta, sendo que, tal proibição advém da própria proibição de produção ou coleta de prova (diretamente falando). Seria direta a proibição de utilização de prova cuja produção, anteriormente, já era por lei proibida, mas o seu reflexo derivado em outras provas, seria considerado, na doutrina alemã, como proibição de utilização de prova indireta.

Também no Brasil a questão muito atormenta a doutrina e a jurisprudência, que indagam, quanto à extensão da inadmissibilidade da prova ilícita, se somente a prova ilícita deve ser inadmitida ou excluída do processo ou se também aquelas provas que *derivam* da mesma deviam ser inadmitidas.

No Brasil, a questão era resolvida com base na doutrina formulada pela Suprema Corte dos Estados Unidos da América,[505] denominada de *fruit of the poisonous tree doctrine*, ou seja, a teoria dos frutos da árvore envenenada, que, basicamente, consiste em que, havendo uma origem ilícita, *v.g.*, uma investigação eivada de inconstitucionalidade, toda a prova decorrente desta, mesmo que não ilícita em si, não poderia ser admitida, pois já estaria contaminada.

Ocorre que a adoção plena desta teoria acaba por dificultar demasiadamente a apuração dos fatos delituosos, dando um efeito por demais exagerado ao reconhecimento de ilicitude de uma prova, tanto assim que países como a Alemanha, como visto no estudo elaborado pelo Prof. Kai Ambos, apesar de reconhecer, como regra, que o desenrolar da coleta da prova ilícita não deve ser aceito no processo, aceita, no entanto, por vezes, a validade de fatos novos advindos no prosseguir da instrução, sobretudo se utilizando do princípio da ponderação de interesses, tendo em vista a gravidade da violação e do fato e a circunstância da obtenção da prova, que, no mais das vezes, poderia, por si mesma, ser obtida licitamente.

Defendia Mirabete que "como a lei ordinária não prevê expressamente a cominação de inadmissibilidade ou nulidade das provas

---

[505] No julgamento do caso *Silverthone Lumber Co.* vs. USA.

ilícitas por derivação, prevalece a eficácia do direito constitucional que veda apenas a admissibilidade da prova colhida ilicitamente, e não a da que dela deriva".[506]

Ocorre que, como já visto, o artigo 157, § 1°, do CPP brasileiro tem, agora, uma nova redação (reforma processual penal de 2008) procurando solucionar a questão e tomando posição no sentido de que também são inadmissíveis as provas derivadas das ilícitas.

Mas, faz uma ressalva, pois dá validade à prova derivada se não evidenciado o nexo de causalidade entre umas e outras, ou quando as derivadas puderem ser obtidas por uma fonte independente das primeiras.

Foi boa a solução, pois se interpretada a lei de forma rigorosa, não seria possível a utilização desta prova, mas, para alguns, mesmo antes da reforma, poderia ser admitida, pois a origem da interrupção teria sido lícita.

Mas o que devemos agora, no Brasil, distinguir é o tipo de fonte de prova, ou seja, se é *independente* ou *inevitável*, pois uma fonte independente (por exemplo, já existe uma digital ou um DNA do agente no arquivo estatal) poderia ser utilizada perfeitamente.

O § 2° do art. 175 dispõe: "Considera-se fonte independente aquela que por si só, seguindo os trâmites típicos e de praxe, próprios da investigação ou instrução criminal, seria capaz de conduzir ao fato objeto da prova".

Aliás como já observavam Ambos e Choukr:

"Interessante notar que nos Estados Unidos, entre outros casos, se tem repelido a tese da ilicitude *'derivada'* ou *'por contaminação'* quando o órgão judicial se convence de que, fosse como fosse, se chegaria 'inevitavelmente' nas circunstâncias, a obter a prova por meio legítimo, isso é, ainda a fazer-se abstração da ilegalidade praticada".[507]

Destarte, consoante bem sintetiza Audrey Borges de Mendonça:

"Pela limitação da fonte independente, a ilicitude da prova fica afastada se se demonstrar que a prova não é decorrente da pro-

---

[506] MIRABETE, Julio Fabbrini. "As provas ilícitas e o sigilo bancário", in *Livro de Estudos Jurídicos*, RJ, IEJ, v. 5, 1989, p. 173/174.

[507] AMBOS Kai. CHOUKR, Fauzi Assan. *A reforma do Processo Penal, no Brasil e na América Latina*. São Paulo: Método, 2001, p. 148.

va ilícita, ou seja, se comprovado que não há nexo de causa e efeito com a prova ilícita. Deverá o magistrado verificar se a prova é originada ou não de fonte independente da prova ilícita (...). Por sua vez, a limitação da descoberta inevitável será aplicável caso se demonstre que a prova seria produzida de qualquer forma, independentemente da prova ilícita originária...quando o órgão da jurisdicional se convence de que, fosse como fosse, se chegaria "inevitavelmente, nas circunstâncias,[508] a obter a prova por meio legítimo (...)".[509]

Faz menção também o autor à teoria da contaminação expurgada ou conexão atenuada, quando um ato posterior, independente, retira a ilicitude originária (ex: policiais prendem alguém ilegalmente que denuncia outro agente, também preso ilegalmente. Depois de solto este último procura a polícia espontaneamente e confessa). Na verdade aqui há um nexo mais distante, e, assim, só poderia ser admitida a prova, nos termos do parágrafo primeiro do art. 157 do CPP, caso não fosse acentuado o nexo entre as provas.

A solução do tema no Brasil antes da reforma não era tranqüila na jurisprudência, sendo que, em julgado de 1993, o STF entendeu, mesmo por pequena maioria, que não se pode aplicar tal teoria, sendo obtida outra prova a partir da prova ilícita, ou existindo prova colhida judicialmente que corroborasse a prática delituosa.[510]

Posteriormente, em duas outras decisões, o STF inclinou-se no sentido de não-admissão da prova ilícita por derivação.[511]

Apesar da reforma operar um "norte" sobre o assunto, a questão ainda certamente irá desafiar discussões, seja em sede doutrinária ou em sede jurisprudencial.

Como bem ressalta Scarance Fernandes, "não há, por enquanto, posição firme a respeito (...) posição muito rigorosa nesse sentido não se mostrou inteiramente adequada. Já se aventou a hipótese de pessoas ligadas a organização criminosa, até mesmo policiais, po-

---

[508] *V.g.* Um corpo foi descoberto graças a um interrogatório ilícito em certo local, mas, porém, aquele local segundo plano comprovado da polícia, já seria objeto de ser diligenciado em poucas horas. Assim, a descoberta seria inevitável.

[509] Ob. cit., p. 175/176, fazendo o autor menção aos ensinamentos de Scarance Fernandes e Barbosa Moreira.

[510] HC n° 69.912 – RS, publicado no DJU de 26/11/1993.

[511] HC nos 69.912 – RS e 73.351 – SP (*Informativos do STF* 30 e 36, de 15/5/1996 e 21/6/1996, respectivamente).

derem forjar uma prova ilícita para, com isso, impedir o sucesso de investigação em andamento. Dessa forma, tudo o que viesse a ser depois obtido seria considerado ilícito".[512]

Mesmo nos EUA colocam-se restrições contra a adoção irrestrita da chamada teoria dos frutos da árvore proibida ou envenenada, com as limitações da *independent source* e da *inevitable discovery*, ou seja, sendo frágil ou tênue a conexão entre a prova lícita original, não havendo estrita relação de causa e efeito entre as que se seguem, poderiam ser admitidas, mormente naqueles casos em que haveria possibilidade de se chegar à prova de forma independente.

Obviamente que não se pode negar que a prova derivada de uma prova ilícita, a princípio, está igualmente contaminada, até em vista de uma relação de causa e efeito, mas, porém é preciso mitigar a extensão dada à ilicitude evitando-se adotar a solução drástica a qualquer preço. Assim, *v.g.* se reconhecida a ilicitude de uma gravação telefônica por não ser autorizada judicialmente, esta *não será admitida ou deve ser excluída do processo, mas outras provas que dêem embasamento à acusação devem ser mantidas pois continuam válidas, desde que não tenham sido obtidas através daquela gravação.*[513]

Em relação à prova ilícita, temos para nós que, paulatinamente, a radical interpretação da vedação extraída de forma açodada da Constituição brasileira de 1988, vem sendo repensada e "temperada" pela mais recente doutrina[514] e por setores da jurisprudência.

Como bem coloca José Carlos Barbosa Moreira, a respeito da teoria dos frutos da árvore envenenada, não se deve importá-la de

---

[512] Ob. cit., p. 83.

[513] No Estado do Rio de Janeiro, funcionamos, como Promotor, em noticiado caso de processo instaurado por corrupção ativa dos chamados "banqueiros do jogo de bicho"; em um presídio, onde feita uma gravação reconhecida como ilícita pelo STF, esta foi retirada do processo, mas este continuou, com base em outras provas obtidas independentemente da gravação. No HC 77.147 – RJ, relator o Min. Néri da Silveira, julgado em 25.08.98, fixou-se que "A existência nos autos de prova obtida ilicitamente (escuta telefônica autorizada por juiz antes do advento da Lei 9.296/96) não basta à invalidação do processo, se há outras provas consideradas autônomas, isto é colhidas sem necessidade dos elementos informativos revelados pela prova ilícita. Vencido o Ministro Marco Aurélio, sob o entendimento de que, na espécie, as demais provas foram obtidas a partir da prova ilícita." (*Informativo STF*)

[514] Vejam as posições de Camargo Aranha, Scarance Fernandes e José Carlos Barbosa Moreira em obras já citadas.

maneira passiva e acrítica, e indaga: "Será ela adequada à realidade do Brasil de hoje? Ampliar em tal medida, para os infratores atuais e potenciais – sobretudo na área constantemente em expansão, da criminalidade organizada – devemos confessar, de resto, com absoluta franqueza, a enorme dificuldade que sentimos em aderir a uma escala de valores que coloca a preservação da intimidade de traficantes de drogas acima do interesse de toda a comunidade nacional (ou melhor: universal), em dar combate eficiente à praga do tráfico-combate que, diga-se de passagem, é também um valor constitucional (...)".[515]

Realmente, todas estas questões colocadas sobre a prova ilícita ainda irão gerar embates doutrinários e exigirão, em breve, uma posição mais clara (até sumular) do Supremo Tribunal Federal.

Se, de um lado, devem ser preservados direitos e garantias individuais, outras garantias e princípios constitucionais também devem ser protegidos; daí pensarmos que, sem dúvida, deve ser utilizado o princípio da proporcionalidade, não só *pro reo*, mas excepcionalmente, como ocorre em outros países, mormente quando concorrerem garantias e princípios constitucionais iguais ou mais relevantes, poderá tal princípio ser utilizado *pro societate*, fazendo-se a ponderação de interesses em cada em concreto.

Portanto, sob todos os aspectos, muito temos que aprender com a experiência alemã, tão bem retratada no excelente trabalho doutrinário do Prof. Kai Ambos acerca da prova vedada no direito alemão, podendo-se perfeitamente, até porque adequadas à nossa realidade jurídica, nos utilizarmos das soluções ali apresentadas, prestigiando, cada vez mais o princípio da proporcionalidade ou da ponderação de interesses.

---

[515] Ob. cit., p. 113/114.